宮内官僚　森鷗外

「昭和」改元　影の立役者

野口武則

角川新書

はじめに

森鷗外《もりおうがい》と言えば、明治・大正を生きた近代日本を代表する文豪である。最近は掲載が減っているようだが、『舞姫』『高瀬舟』などは国語の教科書の定番だった。

だが、自らの小説を「緒餘《しよよ》の小技」（本業のかたわらの拙《つたな》い作品）と称した。本職は高級官僚である。陸軍医・森林太郎《りんたろう》（鷗外の本名）として軍医のトップである陸軍省医務局長（階級は軍医総監。中将に相当）まで出世した。留学先のドイツで学んだ公衆衛生を近代日本に導入し、令和期の今日であれば医務官僚として新型コロナウイルス対策に当たったであろうか。晩年は宮内省（現・宮内庁）高官である帝室博物館総長兼図書頭《ずしよのかみ》を務め、歴史編纂《へんさん》事業を手がけた。

鷗外の遺作となったのが『元号考』である。日本の元号について、典拠となった漢籍や選定経緯を整理したものだ。一九二二（大正十一）年七月九日に六十歳で病没する間際まで取り組んだが未完に終わり、図書寮の部下である編修官・吉田増蔵《よしだますぞう》が引き継いだ。

死の一カ月半ほど前の五月二十六日、学生時代からの友人・賀古鶴所《かこつるど》への書簡で病の進行を伝え、以下のように記した。

女、酒、烟草《たばこ》、宴会皆絶対にやめてゐる。此上《このうえ》は役を退くことより外《ほか》ない。しかしこれは僕の目下やつてゐる最大著述（中外元号考《ちゆうがいげんごうこう》）に連繫《れんけい》してゐる。これをやめて一年長く呼吸してゐると、やめずに一年早く此世をおいとま申すと、どつちがいいか考物《かんがえもの》である。又僕の命が著述気分をすてて延びるかどうか疑問である。ここにどんな名医にも見てもらはないと云《いう》結論が生ずる

医者の診断を拒否し、病を押してでも完成させなければならない「最大著述」であると、『元号考』を位置づけていた。

鷗外の名を世に知らしめた『舞姫』でもなく、自らと重ね合わせて「敬愛」した江戸時代後期の考証学者、藩主付医師の史伝『渋江抽斎《しぶえちゆうさい》』でもなく、なぜ文豪・鷗外の最大著述が『元号考』なのか。大きな謎である。

二〇二五年は「昭和百年」、二六年は昭和改元から百年を迎える。日本における元号は六四五年の「大化」以来の歴史を持つ。だが、元号が天皇の在位期間と一致する「一世一元」

が導入された上に、元号を天皇が亡くなった後の「おくり名」とする今日の慣例が生まれたのは、大正改元以降に過ぎない。しかも、後に見るように「明治」「大正」という元号は、正統とみなされない王朝で過去に使用済みであり、不徹底な「不調べ」だった。天皇のおくり名としてもふさわしいものではなかったのだ。

日本における近代元号制度が確立された後、初めて選ばれた元号が「昭和」である。明治、大正の反省を教訓に、宮内官僚として次の時代に向けて間違いのない完璧《かんぺき》な元号を準備しようとしたのが鷗外だった。

筆者は政治記者として令和改元を取材し、『元号戦記』（角川新書、二〇二〇年）を上梓《じょうし》した。本書はその続編にあたる。前作では、平成期に元号選定事務を一手に担った極秘の「元号研究官」尼子《あまこ》昭彦《あきひこ》氏を追った。源流をさかのぼれば鷗外に辿《たど》り着くはずだ。

平成から令和へと代替わりした第二次安倍《あべ》晋三《しんぞう》政権下では公文書の廃棄、改竄《かいざん》が問題となったが、幸いなことに宮内庁の宮内公文書館には、鷗外が在職した大正期の公文書が残されている。ただ、これまで鷗外研究者の間でほとんど活用されてこなかった。百年前の公文書を紐《ひも》解《と》き、宮内官僚・森林太郎の知られざる姿を描くことで、多分野で活躍しさまざまな顔を持つ鷗外の実像と、近代元号制度が確立（法制的確立にとどまらず内容的にも確立）していく過程で果たした役割に迫ってみたい。

また、鷗外は遺言で「石見人《いわみのひと》森林太郎として死せんと欲す」として、宮内省、陸軍の栄典を一切拒んだ。この解釈を巡り先学による多数の研究がある。本書では死の直前まで取り組んだ宮内官僚としての公務を手掛かりに、遺言の真意についても考察する。

なお、本書は宮内官僚・森林太郎の公務を中心に描くが、一般になじみがある作家としての雅号（ペンネーム）「鷗外」を使うこととする。

鷗外の日記や書簡からの引用は『鷗外全集』（岩波書店、一九七〇年代に刊行の版）による。鷗外作品の引用は、特段断りがない限り『鷗外近代小説集』（同、二〇一二～一三年）、『鷗外歴史文学集』（同、一九九九～二〇〇二年）によった。

また、当時の公文書や書簡、日記などは、読みやすいよう原則として旧漢字は常用漢字に、カタカナはひらがなに直し、必要に応じて句読点、濁点を補うなどした。晩年の日記『委蛇録』は漢文で書かれているが、参考文献を参照するなどして書き下し文に改めた。『帝謚考』について鷗外は「謚」の字を用いるが、一般的に使用される「諡」に統一した。

引用文中の〔　〕は引用者による補足である。

目次

第二章　宮内官僚　森鷗外 …… 127

鷗外（森林太郎）が在職時の大正期宮内省を巡る人物相関図（1916〜22年）

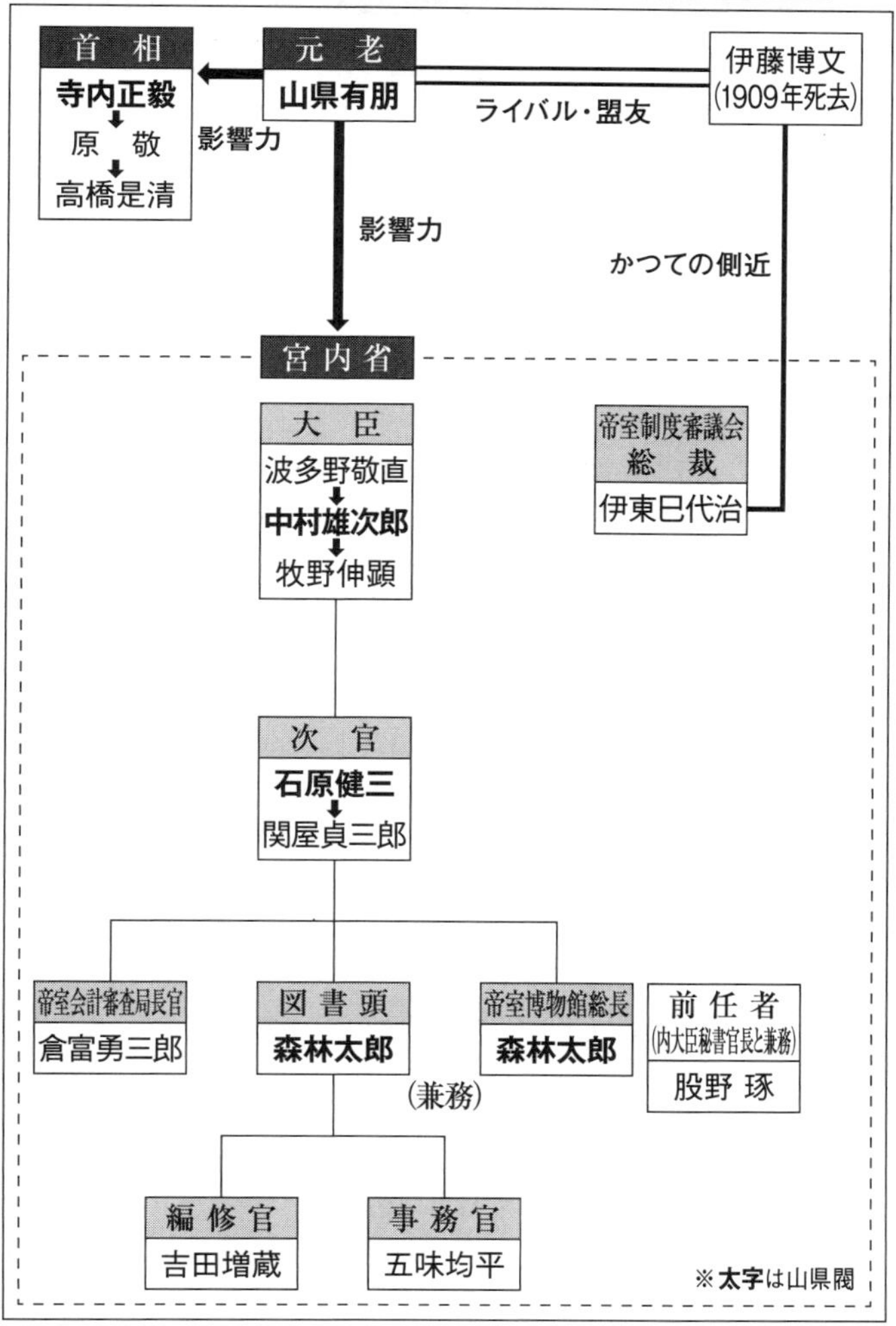

宮内官僚・森鷗外を巡る年表

年	月	日	出来事	大臣	次官
1917（大正6）	11	7	ロシア10月革命でソビエト政権成立。（皇帝一家は翌年に殺害）	波多野敬直	石原健三
	12	25	図書頭兼帝室博物館総長に就任。		
1918（大正7）	9	21	米騒動の責任を取り寺内正毅内閣が総辞職。		
	11	9	ドイツで皇帝が退位し、共和制を宣言。（11日に連合軍とドイツが休戦協定。第1次世界大戦が終結）		
	12	9	大正大礼記録を図書寮が受領したと決裁。		
1919（大正8）	1	27	**六国史校訂**準備委員長となる。		
	3	21	職員増員により『**天皇皇族実録**』の編修を8年間で終える計画を立案。（決裁は12月11日）		
	8		図書寮で編修職員の増員始まる。		
	10	3	『**帝謚考**』を脱稿。		
1920（大正9）	3	30	大正天皇の第一回病状発表。鷗外が発表文を添削。		
	4	28	賀古鶴所宛書簡で大正の元号を「不調べの至り」と批判し、『**元号考**』に着手したと記す。		
	6	18	皇族の臣籍降下規定を巡る混乱で波多野大臣が引責辞任。		
	6	23	昭憲皇太后の追号問題で大臣宛ての意見書を提出。	中村雄次郎	
	10	8	賀古宛書簡で追号問題は「十分考えての上のことにあらず」と批判。（『鷗外全集』の日付は「推定、6月8日」）		
	10	5	吉田増蔵の編修官任用を求める大臣宛の上申書を決裁。（任用は18日）		
	11	1	明治神宮で鎮座祭。昭憲皇太后の追号は変更されず。		

年	月	日	出来事	大臣	次官
1921（大正10）	2	9	宮中某重大事件の責任を取り中村大臣が辞任。		
	3	2	『**天皇皇族実録**』の編修方針を職員に訓示。	牧野伸顕	
	3		『**帝謚考**』を刊行。		関屋貞三郎
	5	5	**六国史校訂**準備委員会で「追而組織すべき委員会」について相談。		
	10	7	牧野大臣が宮内省官制改正を公布。		
	11	25	天皇の病状悪化で皇太子（後の昭和天皇）が摂政就任。		
	12		図書寮で編修職員のリストラ始まる。		
1922（大正11）	2	1	元老・山県有朋が83歳で死去。		
	5	26	賀古宛書簡で病状悪化を伝え、『**元号考**』を「最大著述」と記す。		
	7	6	口述で賀古に遺言を書き取らせる。		
	7	9	60歳で病没。 13日に向島・弘福寺へ埋葬される。		
	12	8	六国史校訂の第二次事業完了。 次の段階の定本化に進まず。		
1923（大正12）	9	1	関東大震災で弘福寺が全焼。		
1926（大正15）	12	25	大正天皇が逝去。 吉田増蔵が考案した「昭和」に改元。		
1927（昭和2）	10	2	三鷹・禅林寺に改葬される。		
1936（昭和11）	12		『天皇皇族実録』を脱稿。		

※**太字**は鷗外が手掛けた歴史編纂事業。
※右の二行は、当時の宮内大臣・次官。網掛けは山県閥を表す。

第一章 『普請中』の近代日本

一、混迷の「大正」改元

三鷹・禅林寺

文豪・森鷗外の墓は東京西郊・三鷹《みたか》市の禅林寺《ぜんりんじ》にたたずむ。一九二二（大正十一）年七月九日に六十歳で病没した。毎年、命日には文京区立森鷗外記念館の事務局により、恒例の「鷗外忌」が営まれる。

ＪＲ中央線を三鷹駅で下車し、南口から中央通りを南へ歩くこと十数分。駅前商店街を抜けて連雀《れんじやく》通りとぶつかる交差点を西に曲がると、寺の正面入り口に出る。

元号「令和」の選定に深く関わったある官僚は、改元の準備に携わりながら、この道を毎月歩んでいた。肩書は内閣官房副長官補付兼国立公文書館主任公文書研究官。大学、大学院で漢籍を学んだ専門職の官僚である。政府が元号考案を依頼した学者をつなぐ連絡役で、提出された元号案が過去に使用されたことはないか、先例や故事に照らしてふさわしいか、などを極秘に調査していた。

平成期を通じてたった一人で改元の事務作業に携わった「元号研究官」尼子昭彦氏は令和改元を見届ける直前に亡くなった。その後任にあたる人物だ。「匿名官僚」「特命官僚」としての極秘任務は、この人物に引き継がれていた。

「令和」は二〇一九年四月一日に公表された。その四カ月ほど前まで、禅林寺の敷地と隣接するほど近いマンションの一室で、『論語』を読む勉強会が毎月開かれていた。日本と中国の思想史に詳しい元大学教授が主催し、この官僚は参加者の一人だった。一歩足を延ばせば鷗外の墓がある。

鷗外は晩年、宮内官僚として元号を研究した。歴代元号の出典を整理した『元号考』は生前に完成を見なかったが、死期が迫る中で親友宛の書簡に「最大著述」だと記している。今日まで続く近代元号制度を整備したのが鷗外だったのだ。およそ百年の時を経てその職を引き継いだ現代の「元号専門官」が、墓前で思いをはせることはなかっただろうか。

禅林寺の正面入り口から駐車場を抜けて山門をくぐると、本堂の手前に鷗外の遺言が刻まれた石碑が建つ。

森鷗外の墓（東京都三鷹市・禅林寺）

余は少年の時より老死に至るまで一切秘密無く交際したる友は賀古《かこ》鶴所《つるど》君なり。ここに死に臨んで賀古君の一筆を煩はす。死は一切を打ち切る重大事件なり。奈何《いか》なる官憲威力と雖《いえども》此《これ》に反抗する事を得ずと信ず。余は石見人《いわみのひと》森林太郎として死せんと欲す。宮内省陸軍皆縁故あれども生死別るる瞬間あらゆる外形的取扱ひを辞す。森林太郎として死せんとす。墓は森林太郎墓の外《ほか》一字もほる可《べか》らず。書は中村不折《なかむらふせつ》に依託し宮内省陸軍の栄典は絶対に取りやめを請ふ。手続はそれぞれあるべし。これ唯一の友人に云《い》ひ残すものにして、何人の容喙《ようかい》をも許さず。

大正十一年七月六日

森林太郎言
賀古鶴所書

幕末の一八六二（文久二）年に石見（現・島根県）・津和野《つわの》藩の典医（藩主に使える医者）の家に長男として生まれ、陸軍医として最高位の陸軍省医務局長（階級は陸軍軍医総監）に登り詰めた。一九一六年四月十三日に五十四歳で職を辞したが、翌一七年十二月二十五日に帝室博物館総長兼図書頭《ずしよのかみ》として再び出仕した。今の東京・上野《うえの》にある国立博物館長と、宮内庁の書寮部長にあたる高級官僚である。生涯、官僚と作家の二足のわらじを履きこなしたが、本名の森林太郎より鷗外と号した文豪としての雅号が知られている。

にもかかわらず、死に臨んで宮内省、陸軍の経歴だけでなく、文豪としての名声も含めて墓石に刻むことを一切拒んだ。残ったのは、一個人としての森林太郎だけである。

本堂の裏に広がる墓地に歩みを進める。森家の墓石は五つある。その中央に鷗外のものが立ち、正面に「森林太郎墓」とだけ彫られている。左側面の左下に「中村鉌太郎《さくたろう》書」と、書家の中村不折の署名が本名で刻まれるところまでは遺言の通りだ。ただし、左側面の中央には「大正十一年七月九日歿《ぼつ》」とある。「森林太郎墓の外一字もほる可らず」との遺言が書かれた石碑を読んだ後に墓石を訪ねると、「大正」の文字が際立つ。なぜ「大正」が刻まれたのか。官としての業績も文豪としての名声も一切を拒絶した鷗外だが、元号だけは別だったのか。

詩人の木下杢太郎《きのしたもくたろう》は、鷗外を「テエベス百門の大都」と呼んだ。「百の門を持つ」と繁栄が謳《うた》われた古代エジプトの都・テーベ（テエベス）になぞらえ、鷗外の知識や取り組んだ分野の幅広さを称《たた》えた。

鷗外の作家や軍医としての側面を描いた研究書や著作は汗牛充棟《かんぎゅうじゅうとう》のごとくある。一方、宮内官僚としてはほとんど注目されていない。しかし、官としての事績なら、公文書から辿《たど》ることができるはずだ。

「鷗外論の最も大きな、そして最後の課題は、この遺書を読み解くことにあるといって過言ではない」（宗像、二〇二二年）とされる。晩年の公務を解き明かすことで、遺言を巡る新たな「門」を開くことができるのではないか。

元号に苦言を呈する

鷗外は生涯の親友である賀古鶴所（東京大学医学部の同級生であり、陸軍医としても同期）へ宛てた一九二〇（大正九）年四月二十八日の書簡でこう記した。

（前略）諡《おくりな》のことが済んで（印刷はまだ許されず）年号にとりかかり候《そうろう》。明治は支那《しな》の大《だい》理《り》と云《い》ふ国の年号にあり。尤《もつと》もこれは一作㆓明統㆒とあるゆゑ、明治ではなかつたかも知れず。大正は安南《あんなん》人の立てた越《えつ》といふ国の年号にあり。又何も御幣《ごへい》をかつぐには及ばねど、支那にては大いに正の字の年号を嫌《きらひ》候。「一ニシテ而止ル」と申《もうし》候。正の字をつけ滅びた例を一々挙げて居《おり》候。不調べの至《いたり》と存《ぞんじ》候（以下略）

図書頭として二年半ほど務めた鷗外は、まず天皇の死後につけるおくり名（諡号《しごう》）の典拠を調べた『帝諡考《ていしこう》』の編纂《へんさん》を終え、次いで歴代元号の典拠を調べる『元号考』の作成に取りかかっていた。大正は過去にベトナムにあった「越」という国で既に使用されており、「正」の字を上下に分離すると「一」にして「止まる」となり縁起が悪いと、中国で議論されたことがあると言うのだ。にもかかわらず、「大正」という元号が選ばれてしまい、「不調べの至」だと断じている。

　なぜ、この時、鷗外は大正を「不調べ」と評したのか。鷗外が正しいとすれば、なぜ大正は選ばれてしまったのか。そもそも、鷗外はどのような経緯で『元号考』に取り組んでいたのか。

　宮内公文書館と国立公文書館が蔵する公文書に、鷗外就任前の大正改元の経緯が詳細に記録されている。一九一八年八月三十日までに完成した大正の『大礼記録』全一二八冊である。近代国家として初の代替わりを記録した史料であるため、単に『大礼記録』とされているが、後世のものと区別するため、以下は『大正大礼記録』と記す。長らく部外秘だったが、平成期に閲覧できるようになり、皇室研究の大家である所功《ところいさお》・京都産業大名誉教授が『近代大礼関係の基本史料集成』（国書刊行会、二〇一八年）で改元の部分を翻刻紹介している。

『大正大礼記録』巻五（第二輯《しゅう》　践祚《せんそ》改元）のうち、「第二編　改元」の項にある「第一章　元号の建定」と「第二章　元号建定の次第」に経緯の概略が記される。

一九一二（明治四十五）年七月十九日、天皇は宮中で夕食中に倒れ、翌日に病状が国民に公表された。体調の悪化を受けて、当時の首相・西園寺公望《さいおんじきんもち》が新たな元号の準備を始めたのが七月二十八日。天皇の死が公式発表される二日前のことだ。「是の日　二十八日　元号撰《せん》進《しん》の命を受けたる者を左の五人と為す」と、元号案の作成を命じられた者の名前が以下のように記されている。

内大臣《ないだいじん》秘書官長　股野《またの》琢《たく》
宮内省御用掛《ごようがかり》　多田好問《ただこうもん》
学習院教授　岡田正之《おかだまさゆき》

図書助《ずしよのすけ》　高島張輔《たかしまちようすけ》
内閣書記官室事務嘱託　国府種徳《こくぶたねのり》

戦前の学習院は宮内省の組織だったため、五人のうち内閣の国府を除く四人が宮内省の官吏や関係者だ。

まず、股野は帝室博物館総長を長年勤めた鷗外の前任者である。勅書など天皇が発する文書の事務を所掌する内大臣秘書官長を兼務していた。

次に図書助の高島だが、「明治四十五年　職員録（甲）」を見ると、同年五月一日時点で図書寮の「主事」として名前が記される。図書頭が図書寮のトップで、主事は事務を取り仕切るナンバー2の位置づけだ。高島の肩書は、一九〇六年六月三十日から〇八年一月一日までは図書助、〇八年一月一日から一四年七月八日まで主事となっており、以前の「図書助」の肩書で記されたのだろう。大正改元時の図書頭・山口鋭之助《やまぐちえいのすけ》は学習院長を務めた理学博士だったため、漢籍に通じた高島に役目が回ってきたとみられる。因《ちな》みに、股野は「藍田《らんでん》」、高島は「九峰《きゆうほう》」の号を称し、漢詩人としても著名だった。また、岡田は漢文学者であり文学博士だ。

以上、大正改元時の元号考案を担った専門家の肩書を鷗外と比べてみよう。鷗外は一九一三年から宮内省の臨時御用掛を務めている。衛生学を専門とする陸軍医として宮中の衛生管理が主な任務だったが、その他に皇室関係の勅語の添削も行った。帝室博物館総長兼図書頭への就任を機に形式上は臨時御用掛の任を解かれたが、その後も文書添削の業務は続けている。また、鷗外は医学博士だけでなく文学博士の資格も有していた。

さらに、帝室博物館総長の股野と図書助の高島を合わせた常勤の役職を、一九一七年十二月以降は鷗外が一人で兼ねた。つまり、大正の代替わりで元号考案に関わった宮内省側の四人の肩書を、鷗外が全て兼ねていくことになる。

前例踏襲が旨の官僚制の下では、近代日本最初の改元は以後の先例となり得る。実際、内閣側では「大正」を考案した国府が、昭和改元時も考案者の一人に名を連ねた。帝室博物館総長兼図書頭は、次の元号考案を担うべき役職だったと言える。

急ごしらえの大正改元

では、『大正大礼記録』の中身をさらに詳しく見てみよう。

西園寺が元号案の作成を命じた翌日の一九一二（明治四十五）年七月二十九日、元号案が西園寺のもとへ届けられた。まず提案されたのは「永安」（高島の案）と「乾徳」（岡田の案）だった。京都の公家《くげ》・徳大寺《とくだいじ》家の生まれで漢籍の素養があった西園寺は、自ら審査し、「永安」は中国・蜀《しょく》の宮殿名として用いられている、「乾徳」は中国・宋で初代皇帝の時代に使われた元号だ、と指摘した。西園寺の様子は「坐《ざ》に一書冊を挟むことなきに拘《かか》らず、勘進《かんじん》案を一見して直《ただち》に之を難詰《なんきつ》し、所謂難陳《いわゆるなんちん》を労するの余地なからしむ」と記される。書物を参考にすることもなく問題点をそらんじ、議論の余地なく即座に却下したのだ。

二度目の審査では、「昭徳」（股野の案）と「天興」（国府の案）が提案された。これも西園寺が、「昭徳」は中国・唐の王妃に名前があり、「天興」は拓跋《たくばつ》氏が建てた北魏（四〜六世紀）の元号にあると、再び却下する。中でも、中国に統一王朝がなかった五胡《ごこ》十六国の時代に、北方民族の拓跋氏が建てた北魏は、正統な王朝ではない「偽僭《ぎせん》の国」であり、「末季の世に於ける元号」と指摘し、「之を避くること、古来の慣例なり」と理由を説明した。西園寺の博学の前に、「勘進者は共に出典の調査粗笨《そほん》を免がれざりしを愧《は》づるのみ」という有り様だった。

また、「興」の字について西園寺は「繁画にして書し易からず、挟書《きょうしょ》の児童を苦しましむるの虞《おそれ》あり」と注文を付けた。画数が多いため子どもには書くのが難しく、日常的に使う元号としてはふさわしくないというのだ。

さらに調査を重ねた上で案が出された三度目の審査で、「大正」（国府の案）と「興化」（多田の案）が提案される。これを見た西園寺は、大正を「直《ただち》に」採択した。分かりやすく子どもでも書きやすい二文字である。三度目の審査で初めて登場した多田好問が、二度目の審査で却下されたはずの「興」の字を提案したのは解せない。その理由は『大正大礼記録』の記述からは判然としないが、謎解きは後に回し、まずは大正が決まった経緯を追う。

最終的に枢密院に諮られたのは、第一案「大正」、第二案「天興」、第三案「興化」で、大正が提案通りに採用された。本命の「大正」以外は、形式を整えるために並べただけだろう。首相に何度も却下されながら、実質一日という短期間の議論で作り上げた様子がうかがえる。

「忌み避くる文字」の基準

「第三章　元号建定に関する参照事項」では、先例を引きながら大正が選ばれた根拠が詳述される。まず「第一節　大正の元号勧進理由」のうち「第一項　元号勧進の標準考定」によると、元号考案の指示を受けた「七月二十八日」、担当者は最初に四書五経《ししょごきょう》や歴史書など元号の出典となりえる漢籍の範囲や、過去に使用された文字を調べた。「七月二十九日」には、四案が西園寺から却下されて再提案を求められた際、「昔時聖賢《せきじせいけん》の最も尊重せし易経《えききょう》」から引用する方針を定めた。儒教経典の一つである易経の「大いに亨《とお》りて以て正しきは、天の道なり」の部分が、「大正」の典拠となったのは周知の通りだ。

また採用すべき文字の条件を調査し、以下の六つの基準を示した（傍線は筆者）。

一、吉祥《きつしよう》の字、嘉慶《かけい》の字、好義の字を撰《せん》するを原則とす。
一、従来、難陳を経て多く議に上りたる文字を採り、其の範囲に於て適当の配置を得しむるを慣例とす。
一、異邦に於て曾《かつ》て一たび用ひたる連用文字、若《もし》くは内外に於て諡号・宮名・殿名・地名に之あるものと同一なる連用文字は、之を避くるを例と為す。但し、本邦に於て異邦の年号と同一のものを用ひしを例外となす。
一、字義不祥なるもの、字形不祥なる他の文字に近似せるもの、析字して不吉不好の讖《しん》を成すもの、連用して発音の不祥なる他の文字の発音と相近きもの、等を忌み避くるを定規となす。
一、嘗《かつ》て其の字を用ひ適不祥の事ありしとして知らるる如き文字、又は同一の文字を名称としたるものにして不祥・災異等の事ありしとせらるる如き文字も、亦《また》之を忌み避くるを成例となす。
一、以上の条件を充たさしむるのみならず、更に経史《けいし》中に確実なる出典あるものたるを正軌《せいき》と為す。

三番目の基準に挙げたように、異国で使用済みの連用文字を避けるのが原則で、後醍醐《ごだいご》天皇の「建武の新政」で知られる「建武」など異国と同じものを日本で使用したことがあるのは、あくまで「例外」である。また、四番目の基準によると、漢字を分解して悪い意味になるものも避けるべきで、具体的に「正」の字が「諱《い》み避くるべき文字」として挙げられている。鷗外の問題意識は、この原則に沿っている。

大正の根拠には疑義が示されていた

さらに「第三章」「第一節」を読み進めると、「第二項、大正の元号勘進に至りし理由」の「第一目、大正の元号勘進の根拠」で、大正を選んだ根拠や出典の是非を巡る議論が詳述される。ただし、先述の「第一項」には「七月二十八日」「七月二十九日」と日付が記され、考案当時に行われた調査や議論だと明示しているのに対し、「第二項」は「今、大正の出典とする所を易経に求むるに、其の語諸処に散出せり」と論証が始まる。「今」とあるのは、『大正大礼記録』を作成するに当たり、後日に検証したような書きぶりだ。

「第二項」を読み進める。「不祥とするの説と不祥にあらずとなすの説とを比《ひ》摧《かく》し」たところ、「正字の不祥説は、崇《す》徳《とく》天皇大治六年、天承と改元ありし際の改元定《さだめ》に於て、正字を析すれば一止となるを理由とし、之を難じたる者あるを嚆矢《こうし》と為す」という。

その上で、江戸時代の国学者・天野《あまの》信景《さだかげ》の随筆『塩尻』を引用し、「謝肇淛《しゃちょうせい》〔中国・明の文人〕曰く、古より正を以て号と為さば多く利あらず。梁《りょう》の正平・天正、元《げん》の至正の類《たぐい》の如し。其文たる一にして止まれば也、と云々」と続く。中国南朝・梁の「正平」（五四八～四九）は反乱軍に推された皇帝の一族が使用した正統でない元号。梁の「天正」（五五一）は、反乱軍に皇帝が廃され四カ月で終わった。また梁末の混乱期に、別の皇帝の一族が「天正」（五五二～五三）を使用した。中国・元は「至正」（一三四一～七〇）年間に、大都（現・北京《ペキン》）から北方へ追われた。

それに対し、過去に日本や中国で正始、正隆、正平、正暦、正法などの元号が使われたが、必ずしも乱世や悪政だったわけではなく、「正の字も用ひどころによるべし」と江戸時代に医師・漢学者の茅原虚斎《ちはらきよさい》が『茅窓漫録《ぼうそうまんろく》』に記している。他にも、江戸中期の政治家・新井白石《あらいはくせき》が毎年の一月を正月と名付けていると随筆『折《おり》たく柴の記』で、指摘したことなどを挙げて、「正字不祥説の拠る所は茲《ここ》に全く否定せられ」と結論づけた。さまざまな典拠を示しながら、後から「大正」を正当化した作業のようにも読める。

気になるのは最後の一段落だ。「然《しか》るに、勘進の当時」と始まり、この部分だけは改元当時の記録と明示している。「大正」は安南《あんなん》（現・ベトナム）で過去に使用された元号ではないか、と考案者の一人である岡田正之が指摘した。「此の二字を用ひたる年号、或《あるい》は安南等に於《おい》て之《これ》なかりしや」との岡田の言葉を受けて、直ちに『大越史記全書』を閲覧した。すると、確かに使用例があった。

だが、「其の所謂《いわゆる》莫《まく》氏なる者、実は明の附庸《ふよう》に過ぎず、僭国《せんこく》として見るに足らざることを知り得たり」として、問題なしとされた。つまり、莫という人物がベトナムに建てた国は、中国・明王朝の従属国なので正式な王朝と見なさなくてよい、と判断したのだ。そして、その国が大正という元号を使ったことも、「固《もと》より重視するに足らざることを認めたり」と結論づけた。

ただし、二度目の審査で却下された「天興」も、北方民族の拓跋氏が建てた北魏で過去に使用された元号である。中国から見てさらに周辺のベトナムに位置し、「見るに足らざる」国で使用された元号を容認するのは、一貫性がない。過去に使用済みだった歴史的事実は黙認されてしまったのだ。

元号の漢字二文字には、国が目指す理想が込められる。どの文字を使うかには、守るべき先例や原則がある。不吉かそうでないかを巡り過去に何度も議論された字を使うよりも、別途新たにふさわしい字を探した方がよい。『大正大礼記録』で大正は「問題なし」と結論づけたが、その根拠が薄弱だと鷗外には映ったのだろう。

前掲の使用するべき文字の六つの基準が記された直後には、以下の説明が続く（傍線は筆者)。

此の如き種々の制限を付せらるるを以て、古来元号奉撰《ほうせん》の案に供せられたる文字には、自《おのず》から一定の限度あり。其の以内の文字にあらざれば採らず。但し、調査の不完なりしが為《ため》、知らず識《し》らず是等の制限を侵したるの例、是れなきにあらず

傍線を付したくだりは過去の話でなく、大正改元にそのまま当てはまると鷗外は受け止めたのではないか。賀古宛書簡に書いた「不調べの至」という問題意識は『大正大礼記録』の記述とほぼ重なる。

図書頭「受領」のサイン

『大正大礼記録』には、国民向けに刊行された簡略版と、外部に秘密とされた未刊行の詳細版(全一三一冊、うち三冊は目次)の二種類がある。いずれも一九一八(大正七)年八月三十日までに完成した。改元のくだりは詳細版の「巻五」に掲載されている。

簡略版の扉に保管状況が以下のように記される。

大礼記録に二種あり。第一種は、永く軌範《きはん》を後代に貽《のこ》さむが為にする者にして、詳密を旨とし、一切の事項を網羅し、二本を作製して、一は宮内省図書寮に、一は内閣文庫に蔵し、之を世に公にせず。第二種は、儀典の根柢《こんてい》に存する真精神を国民一般に周知せしめむが為にする者にして、本書即ち是れなり

鷗外が帝室博物館総長兼図書頭《ずしよのかみ》に就任したのが一九一七年十二月二十五日なので、その約八カ月後までに完成し、詳細版（第一種）二本のうち一本が図書寮で保管された。そこで、筆者はこの時期の宮内省の公文書を調べることにした。

宮内公文書館は皇居内の宮内庁書陵部にある。戦後に組織改変されるまでは宮内省図書寮の名称だった。鷗外が勤務した頃は霞《かすみ》が関《せき》にあり、その後、今の地に移転した。

宮内公文書館ホームページから資料検索ができるので、『大正大礼記録』が完成した一九一八年から、鷗外が賀古宛書簡を書いた二〇年までの図書寮の文書を調べた。「大正」「図書寮」とキーワードを入力すると多数の史料がヒットしたが、その中から関係がありそうなものを探し、「図書録」という史料に目星を付ける。宮内公文書館に電話で閲覧の予約を取り、該当史料の識別番号をメールで伝え、後日、書陵部に向かった。

地下鉄東西線の竹橋《たけばし》駅から皇居・北の丸方面へ坂を上る。深い壕《ほり》と堅固な石垣の向こう側に城門がそびえる。この北桔橋門《きたはねばしもん》をくぐると正面に江戸城天守台跡が目に入るが、左折してすぐに書陵部の建物がある。地下一階にある閲覧室の机の上に、大正期の「図書録」が数冊用意されていた。冊子をめくると、書籍や史料の保管や、貸し出しなどについての記録が記された決裁文書が綴《と》じられていた。「宮内省」と赤で印字された用紙に用件が毛筆され、決裁の印が押されるなどしている。大半のものは「図書頭」と印字された箇所の下に、鷗外のものとみられる決裁サインの花押が毛筆で書かれている。

「図書録　自《より》大正三年至《いたる》大正七年」という冊子をめくるうち、一九一八年の部分に「大礼記録」の記述があった。

大正七年十二月五日
図　書　頭
総務課長
領収
総務課第三七三号を以て大礼記録一部当寮に於《おい》て保管の為《ため》御送付相成正《あいなりまさ》に領収候也《そうろうなり》

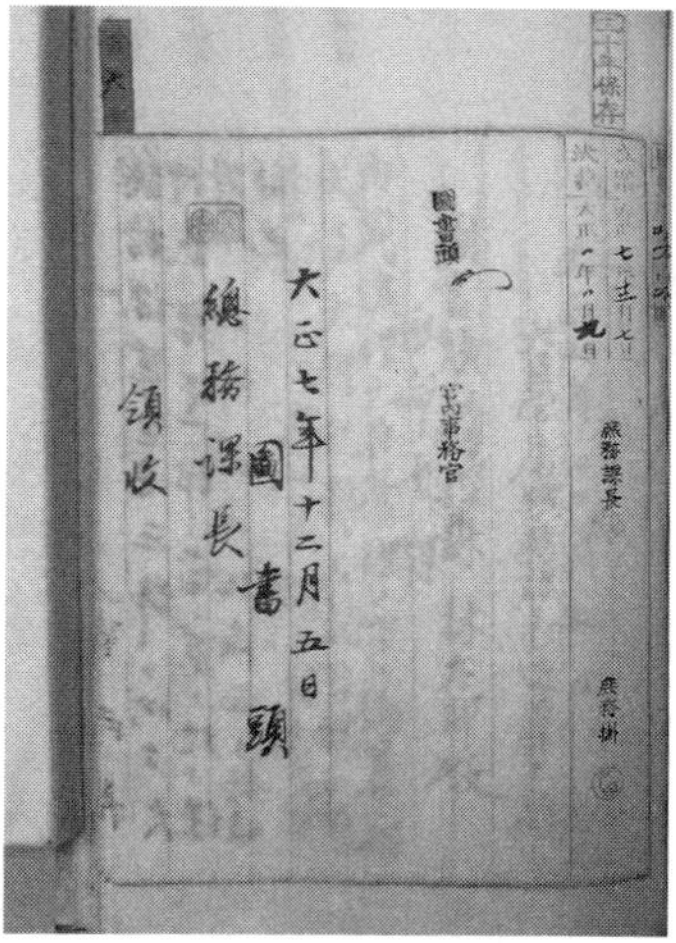

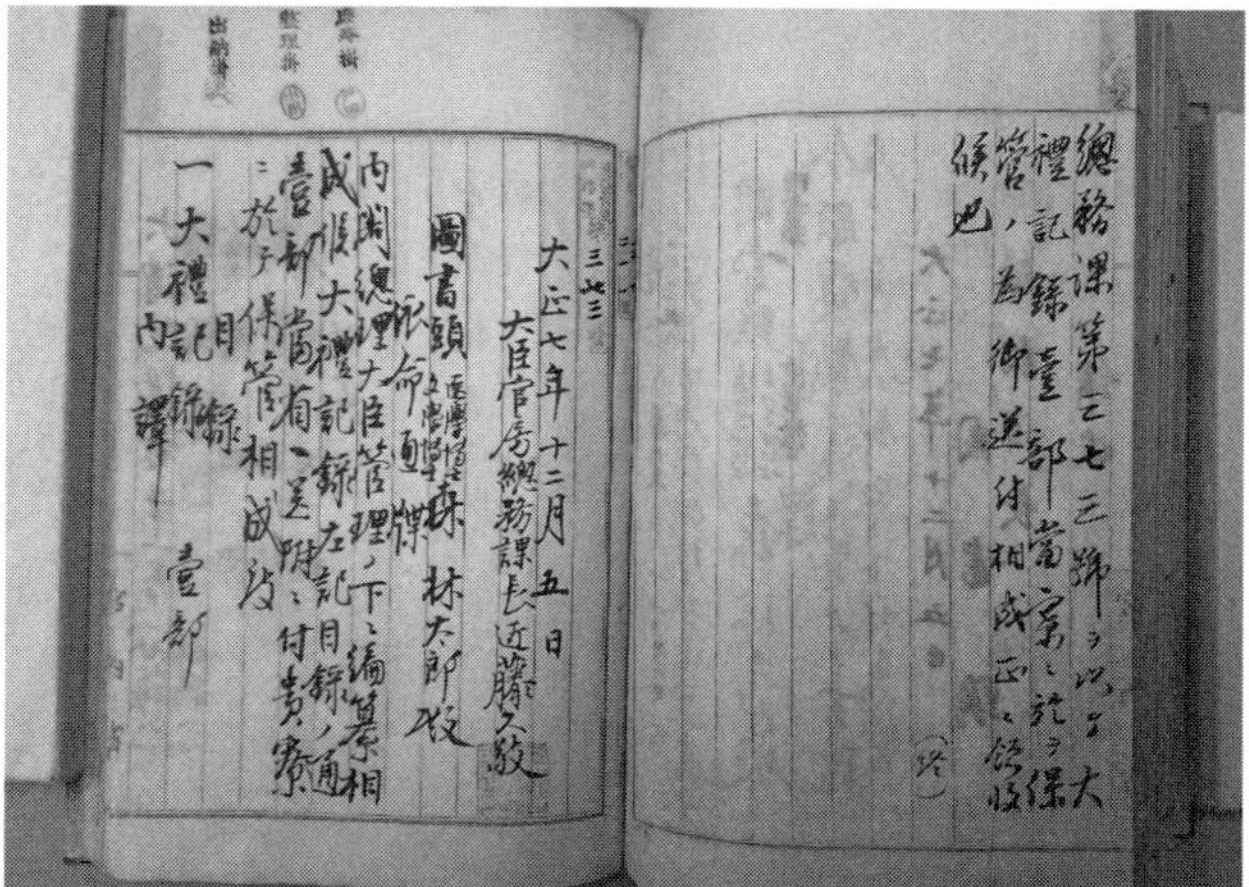

鷗外が「大礼記録」を受領した記録（「図書録」（大正７年）収録）＝宮内公文書館蔵

第三七三号
大正七年十二月五日
　大臣官房総務課長近藤久敬
図書頭　医学博士文学博士　森林太郎殿
　依命通牒
内閣総理大臣管理の下に編纂相成候《へんさんあいなりそうろう》大礼記録、左記目録の通一部当省へ送附に付、貴寮に於て保管相成候
　目録
一　大礼記録　一部
　内訳
大礼記録百三十一巻（二十七帙《ちつ》入）
絵図（巻物）　（桐箱入）
絵図　四帖《じょう》
写真　四帖
裂地　七帖
以上

領収した文書の冒頭右上には、「図書頭」の下に鷗外のものとみられるサインが毛筆で記され、決裁日は十二月九日となっている。

鷗外の日記を見ると、十二月五日から十九日まで病気のため自宅療養中で、九日に帝室博物館の主事・経理課長の神谷《かみや》初之助《はつのすけ》が訪ねて来た。この時、書類に決裁したようだ。『大正大礼記録』が鷗外在職中の一九一八年十二月から図書寮で保管され、鷗外がその存在を認識していたことが公文書で裏付けられた。次の時代の新元号を考案する可能性の高い公職にあった鷗外は、『元号考』の編纂に着手しようとしていた。「不調べの至」と書簡を出した二〇年四月までに、前例調査のため閲覧していたと考えるのが自然だ。

明治天皇逝去を巡る「空白の二時間」

当時の公式発表では、天皇の逝去は七月三十日午前〇時四十三分。公的記録である『明治天皇紀』にも同様の時刻が記された。

しかし、実態は異なる。二〇一四（平成二十六）年に宮内庁が公表した『昭和天皇実録』では、明治天皇逝去の時刻として、「七月二十九日」の条に「午後十時四十三分、天皇崩御す」と明記した。その上で「天皇の崩御は、喪を秘すこと二時間、三十日午前零時四十三分として公表される」と、事実と異なる発表だったことを公式に認めたのだ。

　とすると、当時の首相・西園寺《さいおんじ》公望《きんもち》が新元号案の作成を宮内省や内閣の専門家に命じたのは七月二十八日なので、天皇逝去の前日だったことになる。そこから急いで「事前」に準備を整えた。西園寺内閣の内務大臣だった原敬《はらたかし》は二十九日の日記に、発表を二時間遅らせた理由について、「〔天皇の逝去は〕実に維新後始めて遭遇したる事とて種々に協議を要する事多かりしなり」と記した。「協議を要する事」の一つに、改元準備も含まれていたのではないか。

『大正大礼記録』によると、二十九日に「大正」が内定した後、西園寺が「元号建定の詔書案〔天皇の言葉を記した文書〕」と「元号勘文案〔意味や由来を説明する文書〕」の作成を内閣書記官長に命じた。「両案夜を撤して共に成る」と記載された後に、「七月三十日午前一時、天皇登遐〔逝去〕あらせられ」と続く。二つの文書の完成時刻は記されていないが、「夜を撤して」という表現は、夜通しという意味になる。実際の逝去の時間を超え、日付をまたいだことを示唆するようにも読める。改元手続きの文書が完成するまで、天皇逝去の発表を遅らせたのではないかとの疑念が浮かぶ。

事実と異なる発表をした訳

そもそも、なぜ「空白の二時間」が生じたのか。それを解く鍵《かぎ》が、一九〇九（明治四十二）年に制定された皇室令「登極令《とうきょくれい》」にある。改元手続きの詳細を初めて明文化した。

第二条　天皇践祚《せんそ》の後は、直《ただち》に元号を改む。元号は、枢密顧問に諮詢《しじゅん》したる後、之を勅定《ちょくぢやう》す。

第三条　元号は、詔書《しょうしょ》を以て之を公布す。

皇位継承後、「直に」改元することが重要な点だった。帝室制度調査局の御用掛《ごようがかり》として制定に関わった多田好問《こうもん》は、一九一四（大正三）年に記した解説書「登極令義解《ぎげ》」で、第二条の意味をこう説明する。

元号は天皇の一世を表示せらるるものたるを以て、宜《よろし》く践祚の後直に之れを改むべし

明治改元を機に天皇一代に元号一つの一世一元とする原則を採用したことによって、天皇の治世と元号を一致させなければならないとしている。

登極令に二十年先立つ一八八九年、大日本帝国憲法と共に制定された旧皇室典範は、第二

章「践祚即位」で代替わりのルールを明文化した。第十二条で「践祚の後元号を建て一世の間に再び改めざること明治元年の定制に従ふ」と、一世一元を明文化したものの、詳細な改元手続きはこの時点では定めていない。初代首相の伊藤博文《いとうひろぶみ》を総裁とする帝室制度調査局が設置され、実施細則の作成に明治政府が着手したのは、それから十年後の一八九九年。そして、登極令の公布まで更に十年を待たなければならない。

この二十年間にあったのが、日清戦争（一八九四〜九五）、日露戦争（一九〇四〜〇五）という、近代国家・日本の存亡を懸けた対外戦争である。明治憲法を制定した伊藤は、天皇を「国家の機軸」と位置づけ、中央集権的な国家体制を目指した。国民がバラバラでは戦争に勝てないと、国民を糾合する重要性が高まっていた。代替わりによる空位は、一時的であっても国家の中心を真空状態にしてしまう。そのため逝去後「直に」皇位継承を行い、新元号を国民に明示する必要があったのだ。

西園寺が一九一二年七月二十九日に作成を指示した大正の改元詔書は、明治天皇の逝去が発表された当日の七月三十日に施行され、「大正元年」はその日から始まった。逝去が「七月二十九日午後十時四十三分」だった場合、その日のうちに新天皇が即位の儀式を終え、改元するのは物理的に難しい。天皇の治世と元号の時代にずれが生じてしまう。

事実と異なる時刻の発表や政府内の混乱があろうとも、明治天皇の逝去後、「直に」新天皇の下で新元号を国民に向けて公表することが時代の要請であり、国家の体裁として求められていた。

近代以前の改元は、代替わりに関係なく頻繁に行われた。例えば幕末の孝明《こうめい》天皇の治世（一八四六～六七）は、弘化、嘉永、安政、万延、文久、元治《げんじ》、慶応と七つの元号が使われた。代替わりによる改元は、新天皇の即位後に手続きが始まり、時間的に余裕があった。

ところが、天皇を中心とする近代国家の下で元号制度の様相は一変した。にもかかわらず、近代で初めて迎えた改元は準備不足だった。法令は整えたとしても、明治天皇が倒れて九日も経てから漢籍専門家に考案を依頼したのは遅きに失した。

制約された時間内に選定しなければならないが、第一回、第二回の審査で提出された案は不完全だった。天皇の容体が悪化していく状況で焦りもあったのだろう。第三回の審査で提出された「大正」を、首相の西園寺が十分に吟味することなく「直に」採用したのも無理はない。不完全な元号であることを認識しながら不問に付されてしまったのだ。

稿本に残る修正の跡

『大正大礼記録』の編纂経緯は、巻一二八に記される。一九一五（大正四）年十一月に即位礼と大嘗祭《だいじょうさい》を終えたことを受け、翌一六年五月二十九日、内閣に大礼記録編纂委員会が設けられた。関係官庁から集められた編纂材料は、歴史や故実に詳しい専門家で構成する史実文章掛《がかり》によって審査され、さらに宮内次官ら編纂幹部の目を通した上で、浄書、製本化された。

史実文章掛に就いたのは、久保得二《くぼとくじ》（中国文学者）、国府種徳、多田好問、三上参次《みかみさんじ》（東京帝国大学教授兼史料編纂官）の四人。国府と多田は大正改元に自ら考案者として関わった。詳しく編纂の手続きを定めた「第一種大礼記録編纂材料審査手続」には、久保→国府→多田→三上の順で審査し、それぞれ青・黄・黒・朱の墨色で記入するよう記される。

『大正大礼記録』の詳細版は製本された完成版だけでなく、審査の過程が分かる稿本も残る。こちらは内閣文庫の史料を戦後に引き継いだ国立公文書館だけに保管されている。

国立公文書館公文書専門官の鈴木隆春は論文「『大正大礼記録』の編纂について」（鈴木、二〇二二年）で、「稿本と正本の比較検討、昭和以降の大礼に関する記録との比較など、様々な研究の余地が残されている」と指摘する。つまり、まだ手付かずの分野だ。

改元が記された『大正大礼記録』稿本四（完成版では巻五）の表紙には、史実文章掛の四人の名前の下に朱や青など異なる墨色でサインが記される。審査済みの印だろう。このうち国府の欄の下にだけ、黒の墨書で「起」と書かれている。改元の担当部署は内閣なので、考案に関わり内閣書記官室に勤務した国府が原案を起草したようだ。

稿本の中身を読み進めていこう。「大礼記録編纂委員会」と印字された原稿用紙に黒字で原案が毛筆され、その上から赤字や青字などで加筆、修正されている。削除や追加の記述を読み解くと、編纂の意図がにじんでくる。

例えば、「第二章　元号建定の次第」「第一節　元号案並元号建定詔書案作成の次第」の中の「第一項　元号案の作成」「第一目　元号の勧進」では、完成版には一九一二（明治四十五）年七月二十八日に首相の西園寺が専門家に元号案作成を命じた際、以下の方針を伝えたと記してある。

明治の御宇には、開国進取の洪基《こうき》を樹《た》てさせられ、国運進暢《しんちょう》の局面を恢弘《かいこう》せられたれば、陛下百年の後、御宇新なるに至らば、帝国の正しく雄飛すべき時運に際会するや必せり、皇図の昌《あきら》にして国勢の隆《さかん》なるを祝するの意を寓して、元号を選進《せんしん》せしむべし、との旨を伝へたり

しかし、稿本を見ると原案には一切なく、追記されたことが分かる。準備不足のドタバタを考えれば、考案を指示したその場で勅語のような整った文言を伝えたとは考えにくい。遺漏なく準備を進めたように潤色すると共に、仰々しく調子を整えるために追加された文言だった可能性がある。

公的記録に残せぬ事実

この種の修正は公的記録にはよくある話だろう。だが、稿本を読むうちに、完成版では疑問が残った部分を解きほぐす手掛かりが出てきた。

例えば冒頭の「第一章　元号の建定」「第一節　総説」で、大正が内定し、首相の西園寺が内閣書記官長に元号建定詔書案と元号勘文案の作成を命じた部分である。完成版は「両案夜を撤して共に成る」と記す。「夜を撤し」とあることから、文書の完成は日をまたぎ明治天皇の逝去後だったのではないかと、先に疑問を提起した。

稿本では以下の文言だった（傍線は筆者）。

両案共に暁に撤して成る

「暁」なら、夜半から明け方という意味になる。日をまたいだのは確実だ。明治天皇が実際は二十九日午後十時四十三分に逝去したにもかかわらず、改元関連の文書作成が間に合わなかったとの疑いが強まる。代替わりの準備が整わないために天皇逝去の公式発表を事実より二時間遅い三十日午前零時四十三分とせざるを得なかったのだとしたら、失態だ。稿本は実態に近い表現だったが、失態を覆い隠すために審査の段階で表現を直したのではないか。

このような修正は他にもある。例えば、七月二十八日に首相の西園寺が専門家に元号考案を命じた部分だ。稿本に書かれた以下の部分が、完成版では削除された。


践祚《せんそ》並大喪《たいそうし》使官制に関する百般の準備も亦《また》是の夕を以て著手せられ、陛下百年の後、万一の遺漏なからしめむことを期し命を承けたる宮中府中の諸員は、何《いづ》れも寝食を忘れて其の事に従へり

即位式や大喪礼など数多くある儀式の準備も、元号選定と同じく二十八日夕方に着手したのだという。漏れがあってはならないと、指示を受けた宮内省や政府の職員は、寝食を忘れて取り組んだという内容だ。

明治天皇が宮中で夕食中に倒れたのが七月十九日で、翌日に国民に向けて病状が発表された。逝去したのは二十九日午後十時過ぎだが、その前日の夕方まで代替わりの準備に着手していなかったことになる。

天皇逝去の前から新天皇即位や大喪の準備をしていたことを公にすれば、不敬との批判を受けかねない。一方、実務を担う政治家や官僚たちは、水面下で最悪の事態に備えなければば

ならないはずだ。まして、天皇を中心とする近代国家は、代替わりがあったとしても一時も空位は許されない。稿本の記述が事実だとすれば、後段で「寝食を忘れて」と懸命さを強調しても、病状発表から九日間、政府中枢は何をしていたのかと問題になりかねない。いずれにせよ、公的記録として残すことができない事実だったのではないか。

第五の考案者が追加されていた

さらに読み進めると、事実関係を訂正している箇所を見つけた。完成版では「是の日 二十八日 元号撰進の命を受けたる者を左の五人と為す」と記される。ところが、稿本の原文は以下のようになっていた（傍線は筆者）。

是の日命を受けて元号撰進の事に当りし者は左の四人と為す

稿本に記された名前は、内大臣秘書官長 股野琢、図書助 高島張輔、学習院教授 岡田正之、内閣書記官室事務嘱託 国府種徳の四人のみだ。完成版に名前がある宮内省御用掛 多田好問は原案になく、追記されていた。これは何を意味するのか。

完成版では首相の西園寺による元号案の審査（勘進《かんじん》、難陳《なんちん》）は三段階だったが、稿本は二段階となっていた。稿本には第二回と第三回が混在する表記が一部あるが、整理すると以下のようになる。

【稿本】

第一回　永安（高島が提案）×、乾徳（岡田が提案）×、昭徳（股野が提案）×、天興（国府が提案）×

第二回　大正（国府が提案）○、興化（多田が提案）×

【完成版】

第一回　永安×、乾徳×

第二回　昭徳×、天興×

第三回　大正○、興化×

稿本によると、七月二十九日の第一回審査で提出されたのは四案。指示を受けた四人が一つずつ出した。西園寺がその場で四案とも却下したのは同じだが、完成版で第一回と第二回に分けている審査は、実際は一度にまとめて行っていたようだ。完成版のように三段階とする記述だと、多田が後から追加されたのが分かりにくくなる。

また、第一回（完成版だと第二回）審査で提案された「天興」について、完成版では西園寺が「前に伝へし帝国雄飛の吉祥を表するの旨に契《ちぎりかたら》ふと雖《いえども》、興の字は繁画にして書し易からず」と述べたことになっている。だが、前段の「前に伝へし帝国雄飛の吉祥を表するの旨に契ふと雖」という好意的な評価は稿本になく、追記されたものだと分かる。そもそも「帝国雄飛の吉祥を表する」ような新元号を作成するようにとの西園寺の指示が、後から挿入された可能性もある。原案だけだと、天興は「興」の字が難しく、偽僭《ぎせん》の国である北魏で用いられたという問題点を指摘するだけになってしまう。一度は却下されたものの、最終的には大正に続く第二候補に残ったので、後付けでも何らかの意義を強調する必要があったのだろう。

不発に終わった「切り札」

考案者が「不調べの至」だった様子は、いずれでも隠すことなく指弾されている。完成版で「勘進者は共に出典の調査粗笨《そほん》を免がれざりしを愧《は》づるのみ」と記された部分は、稿本の原案では続けて「随《したがつ》て撰進者にして一人敢《あえ》て総理大臣の所難に対し弁疏《べんそ》執申する者なることなし」と綴《つづ》られた。西園寺の博学の前に四人の専門家は調査不足を恥入り、言い訳をしたり、取りなしたりする者はなかったという。だが、明治天皇の病状が悪化する中、時間ばかりが過ぎてゆく。このような状況を受けて、第二回（完成版だと第三回）審査で考案者を補充する必要があり、急遽《きゅうきょ》第五の専門家として多田好問が加わることになったと推測される。

多田は一八四五（弘化二）年に京都で生まれ、公家の岩倉《いわくら》家に仕えた。明治維新の中心人物である岩倉具視《ともみ》に従い上京した後は新政府に入り、内閣書記官などに就く。『岩倉公実記』の編集者で宮中の儀礼に詳しく、岩倉死後は、伊藤博文の下で元号制定手続きなど代替わりの詳細を定めた登極令の制定に関わった。元号選定が迷走する中、皇室制度を知り尽くした切り札的な存在として声が掛かったのかもしれない。

しかし、多田が提案した「興化」には、第一回（完成版だと第二回）審査で既に却下された「興」の字が含まれていた。それまでの議論の経緯を承知していなかったためだろう。これで、多田がなぜ却下済みの「興」を含む案を最後に出したのか、という謎が解けた。

代替わりの手続きや儀礼を知り尽くしていたとしても、新元号の中身を整える準備まではしていなかったのだ。宮中の故実に詳しい多田は恐らく、明治天皇の葬儀や新天皇即位の儀式など儀礼の準備に取りかかっていたはずだ。それに加えて元号考案の代役まで回って来たのだから、不発に終わったのも致し方あるまい。このような状況だったため、西園寺が「直に」大正に飛びついてしまったのだろう。

西園寺が大正を採用した理由は「古来難陳の理由既に明白なるものありとして、正の字の不祥にあらざるを認め」たからだと稿本に記される。実際には、過去に正の字は元号で使われたことがあるものの、不祥か否かを巡り議論になっている。不吉だとして採用されなかった先例もある。完成版ではこの理由の部分が削られた。

同様に、興化を却下した理由も「興字、児童の書するに艱《くるし》むべきを以て之を不可とし」と稿本にあるが、完成版で採用されなかった。最終的に興化が第三候補となったため、即座に否定された事実が残っては不都合だったのだろう。

続きは廃棄されてしまっていた

先に紹介したように、完成版には、大正が安南（現・ベトナム）で過去に使用されたことを確認しながら、不問となった記述がある。中国・明に従属する正式の王朝でないため、「固《もと》より重視するに足らざることを認めたり」と結論づけて、記述は終わっている。ところが、稿本にはこの続きが記されていた。

然《しか》れども唯此《ただこ》の一事あるが為《ため》他の幾

原稿用紙の左端の行に記され、文字の上から赤く縦線が引かれて不採用となった。この直後で改行となっているため、紙をめくると、次のページの冒頭から「第二目」が始まっていた。不採用となった続きの部分の原稿は残念ながら稿本の冊子に綴じられることなく、廃棄されてしまったようだ。

恐らく、過去にベトナムで使用された「一事」をもって、採用しないという理由にはならない、との趣旨が続いたのだろう。だが、使用済みの元号を使わないことが原則であれば、その一事をもって原則に反するはずだ。それでも大正を採用したのは、牽強附会《けんきょうふかい》と言わざるを得ない。

消された皇太子の関与

さらに重要な情報が完成版ではなくなっていた。稿本の冒頭に戻るが、「第一章　元号の建定」「第一節　総説」で、以下の文書が完成版からバッサリと削除された。大正が内定し、首相の西園寺が内閣書記官長に元号建定詔書案と元号勘文案を作成するよう命じる直前の部分だ。

〔西園寺は〕元号案を難詰《なんきつ》し、更に自から陳申《ちんしん》すべき理由を具し内奏　皇太子嘉仁《よしひと》親王

殿下の旨《むね》に叶《かな》ふ

西園寺は元号案を審査した後、正式決定前に皇太子（大正天皇）に面会して自ら報告し、皇太子の意向にかなっていたので詔書案と勘文案の作成手続きを進めた、という内容だ。

戦後の日本国憲法の下で元号法は「元号は、政令で定める」と規定し、天皇は選定手続きに関与しない。事前に天皇や皇太子の意向を聞いて決めれば、国民主権の原則との整合性から憲法違反の疑義が生じる。だが、天皇主権の大日本帝国憲法下で意向を聞くことは問題ないはずだ。なぜ削除する必要があったのか。

さらに西園寺が書物を見ることなく次々と案を却下したくだりでも、皇太子に関する部分が削除された。「総理大臣は宮中に在り」に続いて、稿本で「皇太子殿下に咫尺《しせき》して」と記された部分に上から線が引かれ削除されている。新天皇となる皇太子に拝謁し、その目の前で審査が行われていたと読める記述だ。

稿本のままだと、不調べを新天皇が容認したことになり、大日本帝国憲法で「神聖不可侵」とされて政治責任が免責されたはずの天皇に責任が及んでしまう。

また、国民向けには絶対的な天皇主権を演出したとしても、実際の国家運営は国務各大臣の「輔弼《ほひつ》」を得ていた。天皇の意向や関与を強調し過ぎると立憲君主としての矩《のり》をこえ、明治国家の制度設計者の意図とかけ離れてしまう。天皇の名で発表された新元号も、あくまで内閣の責任で選んだものにしなければならなかった。削除されたのも無理はない。

因みに、国民向けに刊行された『大正大礼記録』簡易版（第二種）では、「〔西園寺が〕命を伝へて、元号勘文案を作進せしめ、案成るや、天顔に咫尺して進奏し」となっている（傍線は筆者）。勘文案の文書が完成した後、皇太子に面会して報告したという時系列になっている。

『大正大礼記録』巻一二八の「大礼記録編纂経過概要」によると、詳細版は「後代の典拠に供するの目的を以て一切事項を網羅し固より詳密正確を旨とすべく」との方針で編纂されたはずだった。だが、全てをありのままに公的記録として残したわけではなさそうだ。稿本を読むと、「不調べ」の様子がより際立つ。

この稿本にのみ残る経緯も、鷗外は耳にしていた可能性がある。後述するように、鷗外は帝室博物館総長の前任である股野琢と、漢詩人同士の交流を深めていた。『大正大礼記録』の稿本に記された改元の経緯を、当事者の股野は見聞きしていた。鷗外との間で話題になった可能性は否定できない。

また、鷗外が図書頭在職中にたびたび面会した宮内次官・石原健三《いしはらけんぞう》は、大礼記録編纂委員会委員に名を連ね、編纂幹部の一人だった。いずれにせよ鷗外と近い宮内省幹部は、『大正大礼記録』に記載された改元を巡る「不調べ」を承知しており、鷗外に伝わっていた可能性が高い。

二、昭憲皇太后はなぜ誤りなのか

新聞をにぎわせた追号問題

一九二〇（大正九）年は、鷗外が『元号考』の編纂に取りかかった年である。そのさなか、皇室を巡るある騒動に関わることとなる。

東京・代々木《よよぎ》の地に政府によって明治神宮が造営され、十一月一日に鎮座祭が行われることになった。祭神は明治天皇とその皇后だった昭憲皇太后《しょうけんこうたいごう》である。ところが、鎮座祭を目前に控えた十月、追号を巡る問題が新聞紙面をにぎわせた。十月十六日付の東京日日新聞（現・毎日新聞）が以下のような事情を報じた。

三度《みたび》元老会議が諮りしは／昭憲皇后と申上げん議／十一月一日明治神宮に御合祀の事より＝／会議未だ纏《まとま》らず昨日も其儘《そのまま》散会／皇室典範も教科書も改正か

（前略）先頃端なくも一元老より御神体に御謚号《しごう》を併《あわ》せ記し奉る際、昭憲皇太后と申上ぐるは、御母君の如き意を後世の国民に胎《のこ》さずや、との建言《けんげん》ありたる為め、過般来遽《にわか》に元老の会議となり、果ては山県《やまがた》、大隈《おおくま》公侯の来往となり、政界の暗雲など世間の臆測もありしが、実は最近三回の元老会議にも、主なる議題として此の建言が議論されたるものなりと聞く。昨十五日の元老会議に於ても此の重大問題付議されしが、事軽々に決定さるべからざる性質のものとて、尚《な》ほ未決の儘散会したる（以下略）

しばらく後、十月二十七日付の東京朝日新聞は、経緯や構図を分かりやすく解説している。

昭憲皇太后／御称号の論議／学者側は「皇后」説を主張し／有力大官等は「皇太后」説／新殿祭を明日に控えて／解決は一元老の手に

来月一日、明治天皇と御同座にて明治神宮に鎮座申上ぐる昭憲皇太后の御称号に就《つい》ては、予《かね》て篤学《とくがく》なる某高官が歴史的研究を基礎として「昭憲皇后と称し奉る方が正しい」といふ議を宮内大臣の手許

昭憲皇太后＝東京大学総合研究博物館蔵

に提出したのが発端となつて、当局間の問題となり、御神体なる御神鏡に御称号を刻すべき関係もありて、旁《かたがた》本月中旬に執行される筈《はず》であつた新殿祭も廿八日に延期された次第であると伝へられる

要するに、昭憲皇太后という追号は誤りなので、昭憲皇后に正すべきだという議論である。天皇の后《きさき》の称号は皇后だが、代替わりで天皇の母となれば皇太后、さらに次の世代になり天皇の祖母になれば太皇太后《たいこうたいごう》へと変わる。明治天皇の皇后だった美子《はるこ》は、天皇の逝去によって称号は皇太后となり、その後、一九一四年四月九日（公式発表は四月十一日）に六十四歳で亡くなった。その際に昭憲皇太后と追号（おくり名）が贈られたのだが、これが間違いだったというのだ。

明治神宮は誤りと認めている

明治神宮のホームページに「Q＆A～よくあるご質問と回答～」の項目があり、「なぜ、昭憲皇后ではなく昭憲皇太后なのですか？」という問いと回答が掲載されている。

亡くなった人に対しては生前の最高の位で呼ぶのが通例で、「皇太后」の称号では「皇后」より下位になってしまう。さらに、天皇と皇后を並んで称する場合は「天皇・皇后両陛下」

となる。明治天皇と共に祭るのならば、「明治天皇・昭憲皇后」として天皇と対になる皇后の称号を使うのがふさわしい。「皇太后」の称号で一緒に祭ると、明治天皇の母だと勘違いされる。にもかかわらず、美子が亡くなり追号を贈る際、当時の宮内大臣が「皇后」に改めないまま、当時呼ばれていた「皇太后」として大正天皇に上奏し、裁可を得てしまったというのだ。

因みに、大正天皇后の節子《さだこ》は貞明《ていめい》皇后（一九五一〈昭和二十六〉年逝去）、昭和天皇后の良子《ながこ》は香淳《こうじゅん》皇后（二〇〇〇〈平成十二〉年逝去）と追号された。いずれも天皇が逝去した後に皇太后となっていたが、贈られたのは「皇后」である。つまり、昭憲「皇太后」が誤りだったことを、後に宮内庁は認めている。

波紋を呼んだ某高官の建言

東京朝日新聞の記事に戻ろう。「篤学なる某高官」がこの年の五月下旬、七月下旬、九月下旬の三回にわたり、「皇后」と改めるべきだと主張する論文を宮内大臣に提出したという。七月下旬ごろから「宮内省図書、諸陵《しょりょう》両寮及び式部職中には同氏の説に賛意を表明する者も出て」、賛同が広がった。図書寮にも賛同者がいたというから、鷗外もその一人だろうか。

結局、この建言は受け入れられず、十一月一日に昭憲皇太后のまま明治神宮に祭られ、今日に至っている。

　東京朝日新聞は十一月二十三日付の記事で、「某高官」は「国学者として有名な陸軍中将榊原昇造《さかきばらしようぞう》氏」と種明かしをした。軍人として著名ではないが、韓国駐剳《ちゆうさつ》軍参謀長、広島湾要塞《ようさい》司令官、由良《ゆら》要塞司令官などを歴任し、一九一四（大正三）年に予備役に編入された。幕末・明治期に活躍した津和野藩出身の国学者・福羽美静《ふくばよししず》の門人で、宮内官僚の栗原広太《くりはらこうた》によると、陸軍内で評判になるほど熱心な尊皇家だった。陸軍省医務局長時代の鷗外の日記には、韓国に派遣される榊原を新橋《しんばし》まで送った（明治四十二年八月二十二日条）ことが記されるなど、二人の間には親交があった。

　榊原本人はその後、一九二二年二月一日発行の「国学院雑誌」に、「宮内省の大官等に寄送」したという論文を発表した。論文の日付は二〇年の「五月七日、十日」「七月二十八日」「九月二十八日」で、二〇年十月の東京朝日新聞の記事とおおむね一致する。本人の論文からも、「某高官」は榊原と断定できる。

憤りを連ねた「特異」な書簡

『鷗外日記』に昭憲皇太后を巡る問題が初めて登場するのは、大正九年六月七日条である。賀古鶴所《かこつるど》宛書簡で大正の元号について「不調べの至」と不満を伝えてから、およそ一カ月半後のことだ。

晴。〔博物〕館に参ず。石原次官、昭憲皇后を称するを允《ゆる》す可《べ》きや否やを咨《はか》る。予《よ》告《つ》ぐるに、允す可きを以《もつ》てす

新聞報道の四カ月ほど前に宮内省内で話題に上っていたのだ。宮内次官の石原健三から「昭憲皇后」と称してよいかと相談があり、鷗外は「認めてよい」と答えている。日記の六月二十五日条には「〔宮内〕省に参じ、昭憲謚号の事を議す。又、新宮相に見《まみ》え、皇統譜《こうとうふ》之《の》事《こと》を言う」とある。省内で昭憲皇太后の謚号を巡る議論があり、鷗外も参加していた。「皇統譜之事」が何を意味するのかは、全集の日記や書簡を見る限りでは判然としないが、次節で考察する。さらに九月十五日条に「榊原昇造来たり英照《えいしょう》、昭憲両皇太后追号の事を言う」と記される。英照皇太后は幕末の孝明天皇の后のことだ。榊原が訪ねて来て、「昭憲皇后」に改めるよう主張したのだろう。

この問題について鷗外が意見を述べた賀古宛の書簡が、『鷗外全集』に収録されている。封筒が欠けているため正確な日付は不明だが、文末に「八日」と記される。日記の六月七日条で石原次官とこの問題について協議していることなどを根拠に、全集では「書簡一三八三

推定、六月八日」となっている。長文なので前半部分のみを紹介する。

拝啓昭憲皇太后問題は

一、昭憲と其《その》前の英照とが吾国《わがくに》に先例なき支那《しな》風の諡をなししにて之を為したるが、十分考への上のことにあらず。極言すれば軽率なりしにあらずや

若《も》しこんな支那風之《の》諡が必要なることならば、何故に明治天皇に真の諡を上《たてまつ》らざるか。元号（年号）は世間に何の名の上にも冠するものにて、尊貴なる御尊号《ごそんごう》とするには不似《ふに》合《あい》にはあらずや

二、昭憲の下に皇太后と云《い》ふは、我国には故実なきことなり。支那は奈何《いかん》といふに、漢以来、皇太后にせよ太皇太后にせよ喪が畢《おわ》つて廟《びょう》（我国なら皇霊殿《こうれいでん》）に祭り込む（礼に此祭を祔《ふ》と云《いふ》）以上は必ず皇后と称す。「廟に入りては皇后といふ」とは諺《ことわざ》の如くになり居ることとなり。此程のこともしらべずなしたるさかしらなり

枢密院《すうみついん》にては「皇太后を皇太后とせしは誤《あやまり》にあらず。誤にあらざるゆゑ直す筈《はず》はなし」と法律的に論ずる由《よし》なり（二上某《ふたがみぼう》立案にて山県公の御耳に入居る）。これは「廟に入りては」と云ふ故事を知らぬ故のことなり

殊に神宮の祭神を皇太后と云ふに至ては、不体裁此上もなきことにて榊原の申す通な

り

三、しかし、こんなことは外《ほか》にも沢山あり。それ故に御来示の如く根本的に弊《へい》を除くには、帝室制度審議会に諮詢《しじゅん》機関（支那の三礼 周礼《しゅらい》、儀礼《ぎらい》、礼記《らいき》に通ずるもの少くも一人、我国の典故《てんこ》に通ずるもの少くも一人、ことによると双方をまとめて使ふ世話やき一人入用かも不知《しらず》也）を置く外なしと思考す

審議会には礼や典故を知るもの一人もなし。それ故伊藤博文公時代に多田好問を使つて作つた原案が絶待《ぜったい》の権威を有し居候なり。それがどれほど不調かと云へば、一二例として次の項を挙ぐることを得べし（中略）

四、しかし、これは審議会のみの問題にあらず。宮内省全体が典故に関する機関を有せぬは欠典《けってん》にあらずや（以下略）

鷗外の主張は主に以下の通りだ。

〈一、昭憲、英照という「支那風の諡」（漢風諡号）は我が国の先例にない。漢風諡号が必要ならば、なぜ明治天皇に真の諡号を贈らないのか。

二、我が国で亡くなった天皇の后を「皇太后」と称する先例はなく、中国でも必ず「皇后」と称する。

三、昭憲皇太后問題のようなことは「外にも沢山」ある。根本的に正すには、宮内省が所管する帝室制度審議会に専門家による諮詢機関を新たに置く必要がある。
四、しかし、これは審議会だけの問題でなく、宮内省全体が歴史的な先例や故実に関する知識を欠いている——〉

鷗外の激しい憤りが伝わってくる。「十分考への上のことにあらず」「軽率なりしにあらずや」「此程のこともしらべずなしたるさかしらなり」「不体裁此上もなき」「礼や典故を知るもの一人もなし」「それがどれほど不調か」と、畳みかけるように宮内省に対する不満を書きなぐっている。大正を「不調べの至」と断じた書簡に比べ、分量も熱量も段違いだ。

鷗外研究者の山崎國紀《やまざきくにのり》は『森鷗外の手紙』（大修館書店、一九九九年）でこの書簡を紹介し、「全鷗外書簡の中でも、特異なものであることを強調しておきたい」としている。

全集に記された通りに「六月八日」に書かれたものだとすれば、石原次官から相談を受けた翌日に、なぜかくも激しく憤っているのだろうか。怒りの対象は何だったのか。

宮内大臣に宛てた鷗外の提案書

鷗外は賀古宛書簡で、昭憲皇太后という追号は誤りで「榊原の申す通」と記した。しかも、榊原の考えに個人的に賛同しただけではない。図書頭として宮内大臣に正式な働きかけを行っていたのだ。

鷗外が宮内大臣に提出した「昭憲皇太后の御追号に関する件」と題する公文書（以下〈図書頭文書〉と記す）が、宮内公文書館に残されている。図書寮の「重要雑録　大正二〜九年」という冊子に収められた「大正九年六月廿二日第一二号文書」である。鷗外在職中の図書寮の公文書は、宮内庁書陵部編修課主任研究官の沼倉延幸《ぬまくらのぶゆき》によって整理、紹介されていたが、この文書の内容や意義についてはこれまで注目されてこなかった（沼倉、二〇一六年）。

〈図書頭文書〉は二編からなる。冒頭の文書は毛筆で清書されている。図書頭の花押と宮内事務官、庶務課長の印が押され、宮内大臣宛で計三頁。その後に、ペンで手書きされた参考資料のような書類が計十八頁続き、合わせて一つの文書になっている。

まずは毛筆で清書された冒頭の文書を見てみよう。六月二十三日付で執行済みの印が押され、立案、決裁は二十二日となっている。

昭憲皇太后の御追号に関する件
曩《さき》に帝室制度審議会に於《おい》て調査せる皇統譜《こうとうふ》令草案に基《もとづ》き大統譜《だいとうふ》案目下編修中の処《ところ》、昭憲皇太后の御追号に関し疑義相生《あいしょう》じ　候《そうろう》に付ては、左記の通、相心得可然《あいこころうべくしかりや》哉。何分の御指令相成度《あいなりたく》、此段　相伺《あいうかがい》　候也大正五〔「五」の上に二重線が引かれ、横に「三」とある〕年五月九日、宮内省告示第九号を以て、故皇太后の御追号を昭憲皇太后と仰出《おおせいだ》されたり。然るに、皇統譜令施行規則案付録様式皇后の欄には何年何月何日何皇后と追号すと記載すべき旨《むね》定められあり。謹《つつしみ》て按《あん》ずるに、皇太后に此《かく》の如き御追号を上られしは、古くは神功《じんぐう》皇后、近くは英照皇太后の御二方なり。而《しこう》して英照皇太后は御生前后位に在らせられざりしが故に、昭憲皇太后と同じからず。之に反して、神功《じんぐう》皇后は仲哀《ちゆうあい》天皇の皇后にして、御子《みこ》応神《おうじん》天皇降誕後、摂政元年十月二日皇太后と尊称せられ、後に至り日本書紀に神功皇后と書したり。是に由りて観れば、昭憲皇太后は御生前に於て、初め皇后、後に皇太后にてあらせられし御方に、崩御の後、御追号を上《たてまつ》られたる者なること、神功皇后と同じきが故に、前告示に昭憲皇太后と仰出《おおせいだ》されし御称謂《ごしょうい》以外に、書紀《しょき》の例を準用し、大統譜登録の場合には御追号を昭憲皇后と記載す。

概要は以下の通りだ。

〈当時、宮内省で作成中だった皇統譜令施行規則案の付録様式では、逝去した皇后の追号を皇統譜に記載する際には、年月日と共に「何皇后と追号す」と記載するよう決められている。皇太后に漢風の諡号が送られた例は、これまで古代の神功皇后と近年の英照皇太后の二例し

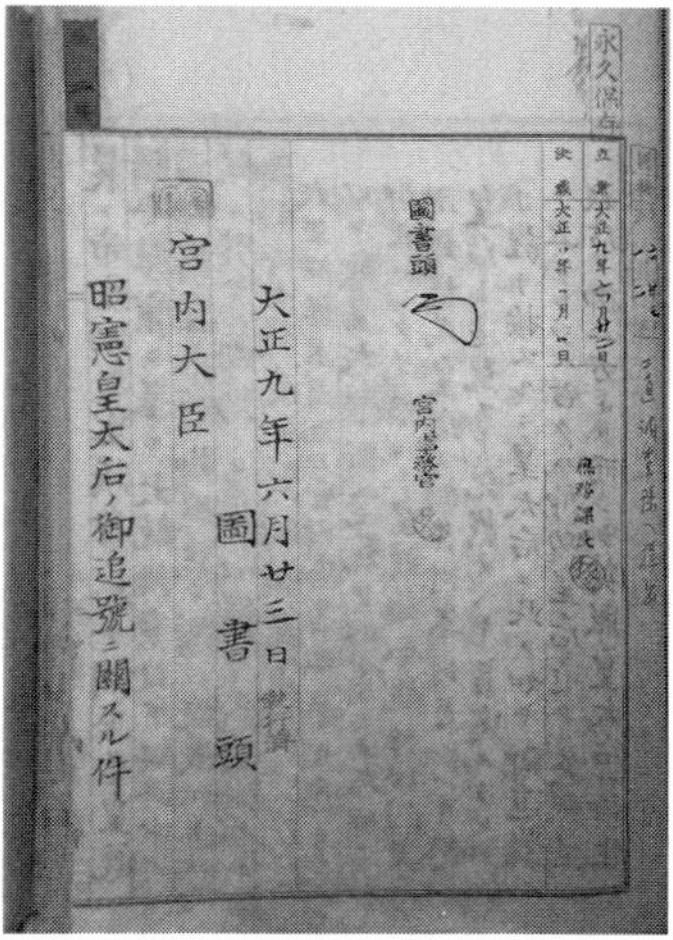
永久保存
立案 大正九年六月廿三日
決裁 大正九年七月 日
圖書頭
宮内書記官
庶務課長
大正九年六月廿三日 圖書頭
宮内大臣
昭憲皇太后ノ御追號ニ關スル件

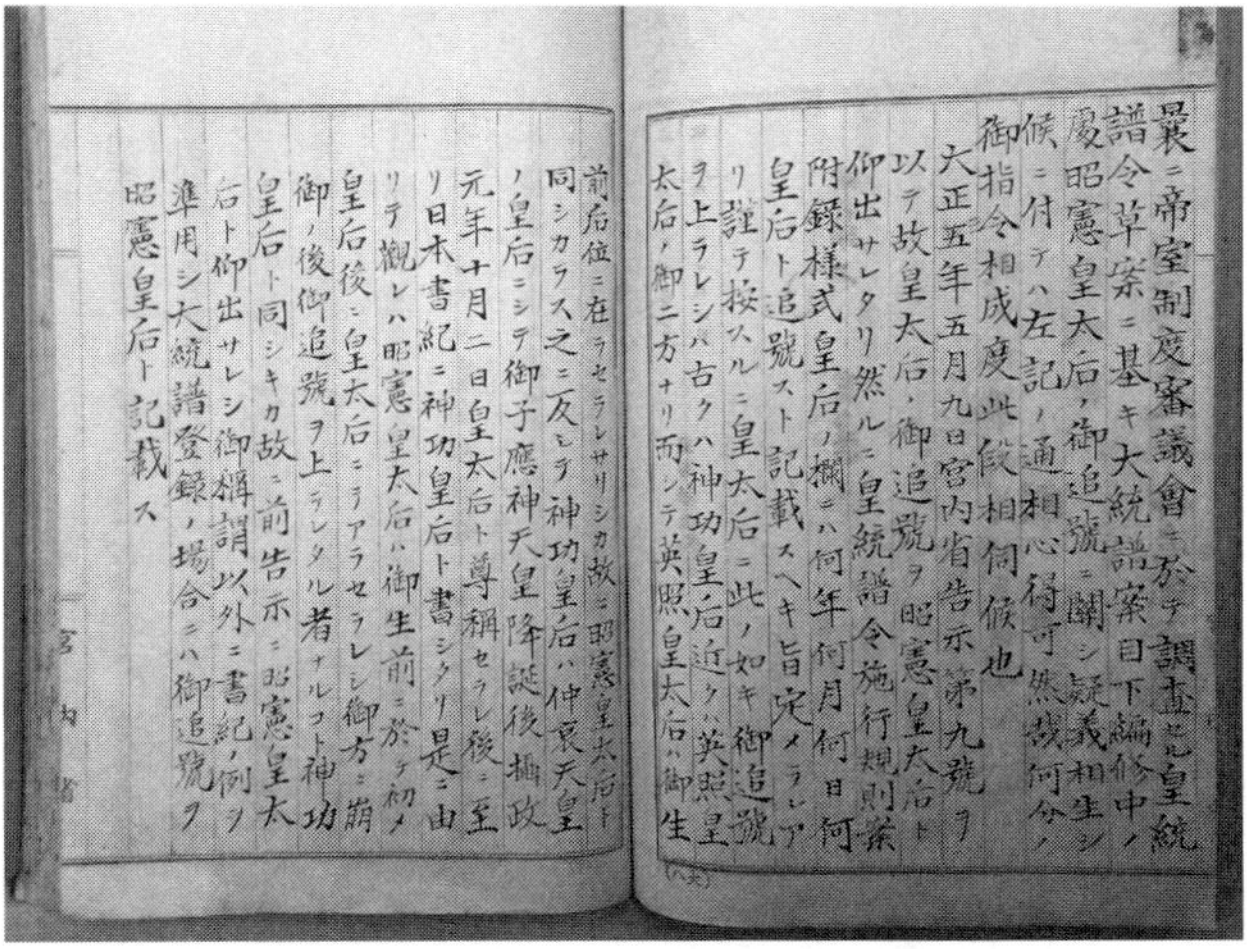
曩ニ帝室制度審議會ニ於テ調査セル皇統譜令草案ニ基キ大統譜案目下編修中ノ處昭憲皇太后ノ御追號ニ關シ疑義相生シ候ニ付テハ左記ノ通相心得可然哉何分ノ御指令相成度此段相伺候也
大正五年五月九日宮内省告示第九號ヲ以テ故皇太后ノ御追號ヲ昭憲皇太后ト仰出サレタリ然ルニ皇統譜令施行規則案附錄様式皇后ノ欄ニハ何年何月何日何皇后ト追號スト記載スヘキ旨定メラレアリ謹テ按スルニ皇太后ニ此ノ如キ御追號ヲ上ラレシハ古クハ神功皇后近クハ英照皇太后ノ御二方ナリ而シテ英照皇太后ハ御生前后位ニ在ラセラレサリシカ故ニ昭憲皇太后ト同シカラス之ニ反シテ神功皇后ハ仲哀天皇ノ皇后ニシテ御子應神天皇降誕後攝政元年十月二日皇太后ト尊稱セラレ後ニ至リ日本書紀ニ神功皇后ト書シタリ是ニ由リテ觀レハ昭憲皇太后ハ御生前ニ於テ初メ皇后後ニ皇太后ニテアラセラレシ御方ニテ崩御ノ後御追號ヲ上ラレタル者ナルコト神功皇后ト同シキカ故ニ前告示ニ昭憲皇太后ト仰出サレシ御稱謂以外ニ書紀ノ例ヲ準用シ大統譜登錄ノ場合ニハ御追號ヲ昭憲皇后ト記載ス
宮内省

「昭憲皇太后の御追号に関する件」（図書寮「重要雑録」（大正２～９年）収録の鷗外が宮内大臣宛に提出した提案書）＝宮内公文書館蔵

かない。孝明天皇の后だった夙子《あさこ》（逝去後に英照皇太后と追号）は生前に正式な皇后の地位に就かなかったので、明治天皇の正式な皇后だった美子《はるこ》とは異なる。これに対し、神功皇后は第十四代仲哀天皇の皇后であり、子の第十五代応神天皇が生まれた後に皇太后と称せられ、後に日本書紀では神功皇后と記された。神功皇后と同じく昭憲皇太后も、生前に皇后だったが、夫である天皇が逝去して皇太后となった後に追号が贈られた。神功皇后の先例にならい、一九一四（大正三）年五月九日の宮内省告示で昭憲皇太后と追号したものとは別に、今後、皇統譜に登録する際は昭憲皇后と記載するべきである——〉

図書頭の職務を越えない巧妙な提案

次に〈図書頭文書〉の後半部分を見てみよう。ペンで手書きの「英照皇太后昭憲皇太后の追号を英照皇后／昭憲皇后と改むべき議」と題する参考資料のような文書が添えられている。無記名だが、提出から三年ほど後、一九二三（大正十二）年七月一日発行の「国学院雑誌」に五味均平《ごみきんぺい》の名義で全文が掲載されている。五味は、鷗外が図書頭在職中に図書寮庶務課長兼図書課長として支えた事務官である。榊原が論文を公表した約一年半後であり、同じ雑誌に発表された。分量が多いので、以下に概要のみ記す。

〈皇太后、皇后らの死後、一般には追号が贈られないことが多いが、国風諡、漢風諡、院号の三種がある。日本において、漢風諡は明治以前に后や皇妃に贈ることはなかった。江戸時代後期の光格《こうかく》天皇以後に天皇への諡号で漢風諡が復旧したことを典拠に、皇后にも初めて英照皇太后、昭憲皇太后という漢風の追号を定めた。しかし、「皇太后」という諡号は、中国における皇后に贈る諡号の先例には当てはまらない。必ずしも中国に依拠する必要はないが、他に採用するべき事例がないため、中国歴代の后諡の制度を調べることで、将来に追号を用いる際の基礎にしようと思う。

一、皇后の在位中に亡くなった者の諡号は、某皇后または某后と称する。
二、皇后から皇太后、または更に太皇太后となった後に亡くなった者の諡号は、某皇后と称する。
三、皇太子妃として亡くなった後に夫が即位したり、正室の順位にある女官が正式に皇后とならずに亡くなったりした場合の諡号は、某皇后と称する。
四、亡くなった側室に対して皇帝が諡号を贈る場合も、皇后と称することを通例とする。
五、側室の子や孫が皇帝に即《つ》いた後、亡くなった先代や先々代の側室に諡号を贈る場合、某皇后、某皇太后、某太后と称する。

結論として、英照皇太后は例三、昭憲皇太后は例二に当てはまるため、共に「英照皇后」「昭憲皇后」と改めるのが妥当である――〉

後半部分は、皇后の諡号を巡り日本と中国の先例を列挙しており、『后諡考』とも言える内容だ。先例によると、皇帝の正妻は死後に「皇后」と諡号を贈られるのが通例で、正式な皇后の場合は例外なくそうなっている。側室でも死後に「皇后」の諡号が贈られる場合もあるが、皇后だった者に「皇太后」が贈られる例はない。こうした先例に基づけば、英照皇太后も昭憲皇太后も共に「皇后」に改めるべきである。

ただし、〈図書頭文書〉の冒頭部分で書かれた具体的な対応策は、宮内省が根底から誤りを認めて追号を改めるよう求めるものではない。図書寮が管理する皇統譜に「昭憲皇后」という本来贈られるはずの正しい追号も追記すべきという提案で、図書頭の職務の範囲内に収まっている。

先述のように、一九二〇年六月七日に石原次官が鷗外に「昭憲皇后としてよいか」と相談している。そして、二十五日に鷗外は宮内省を訪ねて「昭憲諡号事」を協議し、宮内大臣に着任したばかりの中村雄次郎《なかむらゆうじろう》と会って「皇統譜之事」を言った。

〈図書頭文書〉は二十三日付なので、石原からの相談を受けて作成されたものだ。『日記』の二十五日条に記された「昭憲諡号事」とは、〈図書頭文書〉を巡る協議だったと推察される。そして、中村宮内大臣に言った「皇統譜之事」とは、〈図書頭文書〉の提言に沿って皇統譜に「昭憲皇后」と記載するよう求めたものとみられる。

日程不詳の二つの書簡

〈図書頭文書〉は一九二〇（大正九）年六月二十三日付である。昭憲皇太后問題を巡る賀古宛書簡（書簡一三八三）は、『鷗外全集』の日付だと「推定、六月八日」で、〈図書頭文書〉より前となる。書簡に書き綴った憤りを基に、〈図書頭文書〉が作成されたことになる。

全集にはもう一通、昭憲皇太后問題に関する賀古宛書簡が収録されている。「書簡一三八六　六月、日不詳　秘親展　博物館より（使持参）」というものだ。昭憲皇太后問題が話題になっていることから、全集で「六月」に分類されたとみられる。

同月十一日老公の御耳に入る、議は既に決しあり、皇太后は皇后に改む可《べ》く二上枢密書記長を以て当務者たる床並《(次)》内務を説きつつあり、実は御鏡に御名を刻む可く事は切迫しある也、（中略）
床並等我を張りて遂に聞かれず
但し此議は帝室制度審議会（伊藤巳《ママ》代治）に妨げられ遂に成立せざりき

「同月十一日」と始まることから、六月のうち十一日以降のいずれかの日に送られたものだ。

鷗外と賀古は山県のことを「老公」と呼んでおり、「床並」は神社行政を所管する内務大臣の床次竹二《とこなみたけじ》郎《ろう》、「伊藤巳代治」は帝室制度審議会総裁の伊東巳代治《いとうみよじ》を指すとみられる。ただ、書かれている内容が断片的なため分かりにくい。いずれにせよ二つの書簡は一連のものだと考えられる。

帝室制度審議会は皇室に関する法令を起草・審議する機関で、大正期に宮内省に設置された。伊東は初代首相・伊藤博文の側近として明治期に憲法や皇室典範の起草に関わって以来、一貫して皇室制度の整備に携わってきた。枢密顧問官も務め、大正期には有力政治家の一人だった。図書頭の鷗外は同審議会の御用掛を務めており、後にある事業を巡って伊東と衝突することになる（第三章）。

二つの書簡には「二上某立案にて山県公の御耳に入居る」（一三八三）、「二上枢密書記長を以て当務者たる床並《（次）》内務を説きつつあり」（一三八六）と、共通して「二上」が出てくる。枢密院書記官長の二上兵治《ふたがみひょうじ》を指していると推定できる。当時の枢密院議長・山県有朋《やまがたありとも》を支えた官僚だ。二上と山県の動きが分かれば、書簡と〈図書頭文書〉の前後関係が判明するはずだ。

「メモ魔」倉富勇三郎の日記を紐解く

これらの書簡を巡って従来の鷗外研究では、当時の新聞記事や『原敬日記《はらたかし》』(乾元社)を用いて考察されてきた。これと合わせて、近年刊行が続く『倉富勇三郎日記』(国書刊行会、以下『倉富日記』と記す)を援用してみたい。二〇一〇年に第一巻(大正八、九年)が刊行され、第三巻(大正十二、十三年)まで出版されている。

倉富勇三郎《くらとみゆうざぶろう》(一八五三〜一九四八)は司法官僚出身で、法制局長官や貴族院議員などを歴任し、昭和改元時に枢密院議長を務めた。一九二〇(大正九)年当時は宮内省の部局である帝室会計審査局の長官だった。日々面会した宮内省幹部や部下との会話を、伝聞も含めて詳細に記録しており、鷗外も登場する。「メモ魔」(佐野眞一、二〇〇七年)と称されたほど膨大な分量で、大正期宮内省を知るための貴重な歴史的記録である。以下、特に断りがない場合は『倉富日記』からの引用に基づく。

『倉富日記』において、初めて昭憲皇太后問題が話題になるのは、一九二〇年六月十五日である。石原健三宮内次官の事務所を訪れた倉富に対し、石原は「前皇后の御追号を昭憲皇太后となしたるは当時の間違ひにて、明治神宮の霊所は明治天皇と昭憲皇太后にては不都合なり。之《これ》を皇后と改むるには如何《いかに》すれば宜《よろ》しきや」と問いかけた。倉富は「当時の告示を改めても宜しきに非《あら》ずや」と疑問を呈した。この時に石原は、榊原の意見書を倉富に渡した。鷗外が石原から相談された八日後のことである。石原は宮内省の各所に追号問題で意見を聞いて回っていたようだ。

六月十七日に倉富は宮内省調査課長の南部《なんぶ》光臣《みつおみ》から、次のような経緯の説明を受けた。明治神宮に祭る際に祭神に関する告示を「皇后」と改めるよう内務省と交渉したところ、反対された。戦前の神社は内務省が管轄していた。そもそも一九一五年五月一日に明治神宮の創立を内務省が告示した際、内務省神社局長は祭神を「皇后」とするよう主張したが、宮内省の委員が「絶対に反対」したため、「皇太后」となった経緯がある。今更改めるのは、当時「皇后」を主張した委員の手前できない、と内務省は言うのだ。

そこで石原が妥協策を提案した。まず内務省から宮内省に対し、神社に祭る際の祭文などでは「皇后」と称しても「差支《さしつかえ》なきや」と照会する。これを受けて、宮内省が「差支なき」と回答し、それを宮廷録事として官報に掲載するという案だ。内務省が応じるかは疑わしいが、交渉してみる、というのだ。

明治天皇の后だった美子の追号を巡っては、二つの告示がある。一つは、逝去して間もない一九一四年五月九日に宮内省が出したもので、「追号」を「昭憲皇太后」とした。〈図書頭文書〉で言及された告示のことだ。

もう一つは、明治神宮創立に関するもので、内務省が翌一五年五月一日に出し、祭神の名前である「神号」を「昭憲皇太后」とした。「追号」と「神号」を巡り、「皇太后」としてしまった間違いをどちらの責任で取り繕うか、という宮内省と内務省の面子《メンツ》の問題となっていた。両省が対立する中、二つの告示について政治的解決をどう探るかが焦点だった。

書簡は六月ではあり得ない

『倉富日記』において、次に追号問題が出てくるのは七月六日。宮内書記官の二荒《ふたら》芳徳《よしのり》によると、「皇后」への変更が受け入れられない場合、榊原が「他に同志者もある故、相当の処置を取る」と話しているという。鷗外が宮内大臣宛の文書を提出したのが六月二十三日なので、榊原が言う「同志者」に鷗外も含まれていただろう。

七月十日にも石原は倉富に「昭憲皇太后の追号を昭憲皇后とすることに付、工夫はなきや」と対処法を相談したが、倉富は「内務省にては明治神宮の祭神は明治天皇と昭憲皇太后なりと告示し居るに付、其告示を改めずして明治神宮の祭神を皇后と為さんとするは無理なり」と原則論を述べた。石原によると、帝室制度審議会総裁の伊東巳代治《みよじ》は「一旦皇太后として神霊にも申告せられたるものなる故、之を改むべきものに非ず」と、変更に反対だという。

倉富によれば前年、明治神宮の神号を議論した際、宮内省式部長官の戸田《とだ》氏共《うじたか》が皇太后説を主張して「皇太后」と決定した。戸田の主張は明治天皇の侍従や宮内省調査課長を務めた栗原広太の意見に基づくもので、「皇太后」に反対していた伊東も「今日は学者が皇后と改むることは承知せず」と、栗原らの主張に押されているというのだ。

鷗外の書簡一三八六には、「議は既に決しあり」とあるが、七月十日の段階で何か方針が決した様子はない。書簡一三八六は六月でない可能性が高い。

『倉富日記』によれば、八月六日、石原が再度「何とか追号を改めずして、皇后と称する工夫はなきか」と相談し、倉富が新たな提案をした。「一と思ひに追号を改むることと為しては如何《いかん》。之を改むるならば、寧《むし》ろ昭憲の字も改め、明治皇后と為《な》す方宜《よろ》しからん」。根底からの変更である。

石原は「改むるならば其方が宜し」と一旦《いったん》同調したものの、倉富は問題点も指摘した。「皇后の方が先《さ》きに崩《ほう》せられたるとき、直《ただち》に年号を以《もっ》て皇后の追号と為すは不都合なるべし」。しばらくして石原も「第二又第三の皇后ある様の場合には、年号を以て追号と為すことは出来ざるべし」と、別の問題点を提起した。結局、この提案は難しいとなり、倉富は「此事に付ては尚《な》ほ攻究《こうきゅう》の必要あり」と結論づけた。

責任を押し付け合う宮内省と内務省

ここまでの主な主張を整理すると、以下の三つとなる。倉富の「明治皇后」案は論外なので省く。

Ⅰ　榊原＝追号を昭憲皇太后とした宮内省の告示を「皇后」に改めるべき

Ⅱ　伊東＝昭憲皇太后の追号は神霊に申告したものなので改めるべきではない

Ⅲ　内務省＝宮内省が最初に出した追号の告示を「皇后」に改めなければ、明治神宮の祭神の神号を「皇后」と改めることはできない

ⅠとⅡは宮内省が皇后に改めるか否かの対立関係にある。Ⅲは宮内省が追号の誤りを認めて改めれば、内務省は神号を改めてもよいという考え方になる。ただし、いずれにせよ宮内省は誤りを認めようとしていない。そこで八月十日、石原が新たな提案をした。宮内省と内務省で玉虫色の決着を図る政治的妥協策と言える。

Ⅳ　石原＝宮内省告示の「昭憲皇太后」という追号には触れず、神社を管轄する内務省から明治神宮の祭神を「昭憲皇后」と称したいと宮内省に照会し、宮内省が同意する

石原は、宮内省による追号の告示と、明治神宮の神号に関する告示を切り離すことで、打開を試みた。ただし、石原によると「内務大臣（床次竹二郎）、次官（小橋《こばし》一太《いちた》）等は、祭神として丈《だ》けでも皇后と称し度考《たきかんがえ》にて照会する考へなる様なるも、神社局長塚本《つかもと》某（清治《せいじ》）が絶対に反対し居る趣《おもむき》に付、内務省よりも多分照会することなかるべし」という。さらに宮内省内部にも反対意見があり、「結局決定する所なし」に終わった。

三、宮内省 vs. 内務省

政治的な解決を図る

一九二〇（大正九）年六月から宮内省内で懸案となっていた昭憲皇太后の追号を巡る問題は、夏の盛りになっても足踏み状態が続いていた。明治天皇の皇后だった美子《はるこ》の逝去後に追号を贈った際、「皇太后」としたのは誤りだったと認識しながら、宮内省と内務省が責任を押し付け合っていたのだ。

前節で紹介したように、図書頭《ずしょのかみ》の鷗外は六月二十三日、宮内大臣宛てに「昭憲皇太后の御追号に関する件」と題する公文書〈図書頭文書〉を提出している。皇室の戸籍簿にあたる皇統譜《こうとうふ》に記す際には「昭憲皇后」と正すよう提案したが、その扱いはどうなったのか。

引き続き『倉富日記』を読み進める。八月十日、図書寮事務官で庶務課長兼図書課長の五味均平が帝室会計審査局長官の倉富や宮内次官の石原健三らに対し、追号を巡る「取調の結果を報告」した。五味の報告は「日本にては后妃に支那《しな》風の謚号《しごう》を贈られたるは英照《えいしょう》皇太后、昭憲皇太后のみなる故《ゆえ》、日本の先例は準拠すべきものなし。依《より》て支那の例を調査したるに、生前皇太后、太皇太后《たいこうたいごう》となりたる人にても謚号は総《すべ》て皇后なり」というものだった。〈図書頭文書〉の後半部分に書かれた内容だ。

さらに五味は「諡号は諡号の文字のみに止《とど》め、皇后とか皇太后とかを諡号外に置くこと、例へば昭憲のみを諡号とし、皇太后は諡号に非《あら》ずとしたる例は一も之《これ》なし」とも説明した。

これは前日の八月九日に、明治神宮奉賛会長・徳川家達《とくがわいえさと》が出した建議書に対する回答とみられる。建議書では、「昭憲」は追号だが、「皇太后」は皇室典範に基づく称号にあたるとして、祭神としては「昭憲皇后」と称することを求める内容だった。追号と称号を分けて扱うことで打開を狙ったが、五味は先例がないと説明した。倉富は「結局、五味の調査も本問を決する理由となるものなし」と日記に記した。

〈図書頭文書〉は、本来であれば「皇后」とすべき歴史的根拠を明らかにしたものだ。しかし、石原や倉富が求めたのは典故《てんこ》の正しさでなく、政治的な解決策だった。昭憲皇太后にとどまらず、幕末の孝明天皇の后だった英照皇太后の誤りまで指摘されては、問題が収束するどころか拡大しかねない。鷗外が追究した「正しさ」は、顧みられなかった。

元老・山県も巻き込み

石原は八月十日に五味と会った後、内務省を訪れ、双方が飲めるような妥協案について交渉した。誤りの発端となった宮内省告示には触れず、神社を管轄する内務省から宮内省に対し、明治神宮の祭神を「昭憲皇后」と称したいと照会すれば、宮内省が同意するという案である（前節で紹介したⅣ）。しかし、「内務省より発議することは承諾せず」と受け入れてもらえなかった。

そこで石原は帝室制度審議会総裁の伊東巳代治《みよじ》を訪ねた。伊東によると、元宮内省調査課長の栗原広太が、出発点となった宮内省告示を「皇后」に改める提案（前節で紹介したⅠ）にも、Ⅳにも強く反対しているという。さらに栗原は、「昭憲」という諡号はかつて中国でも使われたが、その人物の素性がよくないというくらいでは改める理由にならない、とも話しているというのだ。「昭憲」という諡号がふさわしくないと認めながらも、改めることに抵抗するのは、もはや宮内省の面子や体裁の問題になっていると言わざるを得ない。

翌十一日に石原から報告を受けた倉富は「伊東は当初昭憲皇太后の追号を定むることに関係を有したるに非《あら》ざるや」と問うた。これに対し石原は「伊東自身は之に関係せず。自身が関係したらば固《もと》より明治皇后とする意見なりと云《い》ひ居りたるも、或《あるい》は関係し居るやも計られず」と応じた。

伊東が反対しているのは、一九一四（大正三）年の宮内省告示で誤った追号を決定した際、伊東自身が関与したからではないかとの疑念が、石原と倉富の間で話題になった。

また、石原は十一日の倉富との面会で、元老で枢密院議長だった山県有朋《やまがたありとも》の動向を説明している。石原によると、山県は陸軍中将・榊原昇造《さかきばらしょうぞう》が提出した昭憲皇太后という追号の誤りを正すよう求めた意見書を見た上で、伊東を呼んで質《ただ》した。伊東が榊原の意見に反対したので、山県は「自分（山県）は話が下手にて榊原を説得し難し。君（伊東）が反対の意見ならば、君（伊東）より之を説得し呉《くれ》よ」と話したという。

この時点で山県は、賛否の確固たる意見を示していない。ただし、榊原が七月下旬までに二度目の論文を提出後、山県はそれに同調するようになった。八月二十四日の『倉富日記』で、石原は現状について「内務省にては大臣が大分改め度《たき》方になり」となった一方、伊東らが「強く反対」していると説明した。そこに山県が宮内大臣の中村雄次郎に対し「榊原の云《い》ふ所は大に理由ある様なり」と、副官を通じ、榊原の二度目の意見書を示して伝えてきた。

「二上」から賀古宛書簡の日付を読み解く

事態が動くのは九月下旬以降だ。『倉富日記』の九月二十二日条に注目すべき記述がある（傍線は筆者）。

> 午前十一時後、石原健三来り、二上兵治の起草にて山県有朋の昭憲皇太后の追号に関する意見書を示す

意見書の趣旨は、追号は現天皇から亡くなった皇太后に対して贈られるものなので「昭憲皇太后」とするのが適当とする一方、先帝と併称する場合は「昭憲皇后」と称するのが適当で、内務省が明治神宮の祭神として「明治天皇、昭憲皇太后」と告示したのは軽率である、というものだという。

根底にある宮内省告示の追号については誤りを認めず、その後に出された内務省告示の神号が誤りだとした。ただし倉富は「山県の意見書は理由貫徹せず。（中略）所謂《いわゆる》併称の場合なるものあることなし」と否定的だった。

ここで、前節で紹介した鷗外の賀古鶴所宛書簡「推定、六月八日」（書簡一三八三）を見返してもらいたい。「枢密院にては『皇太后を皇太后とせしは誤《あやまり》にあらず、誤にあらざるゆゑ直す筈《はず》はなし』と法律的に論ずる由《よし》なり（二上某立案にて山県公の御耳に入居る）」とある（傍線は筆者）。「二上某立案」が『倉富日記』に記された「二上兵治の起草」による意見書だとすると、書簡一三八三のこの部分は以下のように解釈できる。

山県が枢密院議長、二上兵治《ふたがみひょうじ》は枢密院書記官長だったので、「枢密院にては」とは二上が起草した山県の意見書と考えてよい。意見書の内容は、現天皇（大正天皇）が故皇太后（明治天皇の皇后）に対して贈る追号を「皇太后」とするのは法律上、誤りではないため、「皇太后」とした宮内省告示を直す必要はないというものだ。誤りではないから直す必要はないと「法律的に論ずる」ことに、鷗外は不満をにじませたという趣旨だろう。

書簡一三八三は続けて、「これは『廟《びょう》に入りては』と云ふ故事を知らぬ故のことなり」となっている。〈図書頭文書〉の後半部分に、中国では「廟に入りては后と称し夫に繋《つな》げ」という故事を基にして、皇帝の后の諡号を「皇后」と記した例が紹介されている。鷗外が言いたいのは、そもそも宮内省告示で「皇太后」としたのは故事に基づかない誤りだった、という根本的な問題だ。

とすると書簡一三八三は、二上立案の山県による意見書が書かれた後のものということになる。書簡の最後に「八日」とあるが、六月八日ではなく九月下旬以降のはずだ。

宮内省vs.内務省の顚末

書簡の日付を確定する前に、このまま『倉富日記』を読み進める。

十月十三日、倉富は日記に「午前十一時頃石原健三来り、昭憲皇太后の追号の事が喧《かまびす》しくなりたり」と書いた。事態は最終局面に入った。

石原が倉富に話したところによると、石原は先日、内務省の小橋一太次官と塚本清治神社局長に対し追号問題についてこう伝えたという（傍線は筆者）。

宮内省の問題に非《あら》ず。専《もっぱ》ら内務省の問題なり。宮内省にては、御追号は之を改めざることに決定し、只今《ただ》は御神号のみの問題なる

宮内省は二上案に乗り、宮内省告示の追号は改めないと「決定し」た。そして、内務省告示に基づく明治神宮の神号を改めるかどうかの問題に絞られたという。

その後、中村宮内大臣が山県を訪れ協議すると、山県は「二上の意見書は自分（山県）が二上に口授して書かしめたるものなるも、自分（山県）の考へ通りにもなり居らず。結局、二上の意見なり」と答えたという。これを受けて、「一昨日」つまり十月十一日に中村は宮内大臣官舎に二上を呼び、意見を聞いた。二上は「枢密院にては神号を皇后とすることに付ては一人も反対するものなく」と言う。ただし、中村は「内務省にては内務省の問題と考へ居らざる」と答えたので、二上は「然《しか》らば自分（二上）より内務省に話し、内務大臣より神号を皇后とすることに付、枢密院に諮詢せらるることを奏請《そうせい》して決定することには意見なきや」と、床次竹二郎内務大臣を訪ねることにした。

二上案は、神社を管轄する内務大臣が神号を昭憲皇后と変更したいと枢密院に諮れば、枢密院は賛同し、宮内省もこれを認めるだろうという案だ。しかし、「二上より内務大臣に話

したるも、（中略）同意せざるる模様なり」という結論に終わった。床次の答えは「宮内省の処置にて如何《いか》なる場合にも皇后と称して差支《さしつかえ》なきこととなれば、神号も皇后と改むべきも、左《さ》もなければ神号を改めず」というものだった。

最初に出した宮内省告示による追号の誤りを認めずに、内務省に根回しして明治神宮の神号だけ改めるという奇策に対し、倉富は「矢張《やは》り宮内省より御追号改定の議を出す方宜しくはなきや」と石原、中村に疑問を呈した。しかし石原と中村は、「先日伊東巳代治を訪《おとな》ひ、御追号は改めざる旨を確言して、意見書までも書かせ居る故《ゆえ》」に、今更変えるわけにはいかないと弁明した。宮内省告示を改める根本的な変更は伊東の抵抗にあったので、奇策のような妥協策を提示するしかなかったというのだ。

「議は既に決しあり」

ここまでの話を整理し、もう一通ある昭憲皇太后問題に関する鷗外の賀古宛書簡「六月、日不詳」（書簡一三八六）の記述と、『倉富日記』十月十三日条を読み比べてみる。

中村が山県を訪れて二上案について協議し、これを受けて「一昨日」（『倉富日記』）つまり十月十一日に宮内大臣の中村が山県側近の枢密院書記官長の二上を呼んだ。この日、「同月十一日老公の御耳に入る」（書簡一三八六）との記述は、二上案を巡る協議の経緯が山県の耳に入ったことを指すと考えられ、「議は既に決しあり」（書簡一三八六）は、宮内省が二上案に乗って追号の告示を改めないことを「決定し」（『倉富日記』）、内務省に神号の告示を変更するよう求めることを指すとみられる。

「二上枢密書記長を以て当務者たる床並《(次)》内務を説きつつあり、（中略）床並等我を張りて遂に聞かれず」（書簡一三八六）は、内務省から神号変更を枢密院に申し出るようにと「二上より内務大臣に話したるも、（中略）同意せざるる」（『倉富日記』）という記述に対応する。「但し此議〔二上案〕は帝室制度審議会（伊藤《ママ》巳代治）に妨げられ遂に成立せざりき」（書簡一三八六）は、「先日伊東巳代治を訪《おとな》ひ、御追号は改めざる旨を確言して」（『倉富日記』）と一致する。

そして、十月十三日に原敬首相が床次内務大臣と中村宮内大臣を呼んで協議し、追号も神号も変更しないことで決着した。その日に原は山県にも会い「此際は皇太后の儘《まま》に致し置《おき》、其内《そのうち》いづれの場合にも皇后と称することを得る様にすべし」（『倉富日記』十月十四日条）と伝えた。

これまで、「原日記では、床次内相は御称号変更につき告示を改める事に異議はない、と柔軟な返事をしたことになつてゐる」（小堀、二〇一三年）という見解と、書簡一三八六の「床並等我を張りて遂に聞かれず」が整合していなかった。だが、『倉富日記』と合わせて

『原敬日記』の大正九年十月十三日条を読むと、以下のように矛盾なく読める。

〔床次〕内相は各方面に於《おい》て異議なく、其根本に於て〔昭憲皇太后と追号した大正三年の宮内省告示を〕改正あるに於ては〔明治神宮に祭る際の神号を昭憲皇太后とした大正四年の内務省〕告示を改むる事には異議なしと言ひ、〔中村〕宮相は〔宮内省告示の〕根本を改むる事には同意し難しと言ふ

『倉富日記』と鷗外の二通の賀古宛書簡は内容がほぼ一致する。追号問題に関し、図書頭だった鷗外には宮内省や山県の動きを巡る情報が入っていた。それを書簡で賀古に伝えたとすると、書簡の日付はいずれも六月ではなく十月ということになる。「八日」とだけ日付が記される書簡一三八三は「十月八日」と確定する。

本当に伊東巳代治に「妨げられ」たのか

鷗外書簡一三八六（全集では「六月、日不詳」。実際の日付は十月十三日）によると、明治神宮の祭神の神号を昭憲皇太后から昭憲皇后に変更しようとする試みは「帝室制度審議会（伊藤巳《ママ》代治）に妨げられ遂に成立せざりき」という結末に終わった。では、同審議会総裁の伊

東巳代治は実際のところ、どのような動きをしていたのか。

宮内公文書館の史料を探すと「昭憲皇太后追号の件／（昭和）」「昭憲皇太后御追号問題／大正九年」「諡号追号に関する件」と題する史料群に当時の関連文書がまとめられていた。問題を提起した榊原昇造が伊東や山県有朋に宛てた書簡（六～九月に山県宛一通、伊東宛五通）、これに対して宮内省が内部で作成した見解、鷗外が宮内大臣に提出した〈図書頭文書〉の筆写、図書寮事務官の五味均平が帝室制度審議会委員の岡野《おかの》敬次郎《けいじろう》に送った書簡、伊東が宮内大臣へ宛てて九月に提出した意見書――などが未整理のまま残されている。

これらの文書で最も時期が早いものは、一九二〇（大正九）年六月十四日付で伊東が枢密院議長の山県へ宛てた書簡の下書きである。宮内省の罫紙《けいし》にペンで書かれ加筆修正の跡が分かる下書きと、後年にタイプライターで宮内省の罫紙に打ち直されたものの二種類が残されている。

書簡は時候のあいさつの後、「一昨々日」つまり六月十一日に、山県に仕えた入江《いりえ》貫一《かんいち》枢密院書記官から榊原の意見書二冊を示され、「御垂命《ごすいめい》に従ひ逐一閲読」したと始まる。鷗外が石原宮内次官から初めて相談を受けた四日後のことだ。

一九一四年に昭憲皇太后と追号された経緯について、伊東は「当時宮内省の議は英照皇太后の御例と同《おなじ》く崩御《ほうぎょ》の時皇太后なりしが故に皇太后の字を用ひたる趣《おもむき》に仄聞致候《そくぶんいたしそうろう》」と説明する。倉富らは伊東自身も関与していたのではないかと疑惑の目を向けていたが、「小生等当時宮内当局より何等諮問を受けたること無之為《これなきため》に、所懐《しょかい》を披瀝《ひれき》するの機会を得ざりし次第に之有《これあり》候」と否定している。

では、昭憲皇太后という追号について伊東はどのように考えていたのか。皇太后は存命中の称号のため、亡くなった後は「皇太后とするも皇后とするも皇室典範に照して何等支悟《しご》する所なき」という。「悟」は悟《さか》らうと訓読みする。つまり、追号を皇太后とするか、皇后とするかについて、皇室典範には根拠の支えとなる条文もなければ、妨げとなる条文も記されていないというわけだ。法律的な視点から論じることで、是非についての積極的な判断を保留している。

ただ、明治天皇と昭憲皇太后を併記する場合、皇太后では明治天皇の先帝の皇后のように受け取られかねないとして、「後人の疑惑を招くの嫌《きらい》あれば之を避くる為、昭憲皇后とせらるる方、穏当なりと愚考致候《ぐこういたしそうろう》事有之《ことこれあり》」と、昭憲皇后とするのが「穏当」だとしている。ここまで読むと、伊東は皇后論者である。

しかし、書簡の後段は以下のように続く。

御追号撰定《せんてい》の際なるに於ては皇后の字を用ひられ候様《そうろうよう》、当局に進言すべきも、既に一旦

勅定《ちよくじよう》を経て公布せられたる今日に至り更に之を改むるは、（中略）絶対に不可能の事なりと存《ぞんじ》候《そうろう》

つまり、選定する際に相談を受けていたら「皇后」にすべきだと進言していたが、一旦、大正天皇の名の下に決定してしまった以上、変更はできないと結論づけたのだ。さらに、「念の為、帝室制度審議会有数の人々にも内々相諮《あいはか》り候処《ところ》、全然同意見に有之《これあり》候」と、自身だけの考えではないとも付け加えている。ただし、鷗外は同審議会の御用掛だったが、伊東から意見を聞かれなかったとみられる。

史料群には、伊東の山県宛て書簡の十日後、「榊原陸軍中将提出／皇太后御追号に関する論議に対する意見／大正九年六月二十四日稿」という文書も含まれる。宮内省の原稿用紙に十八頁にわたってペン書きで綴られ、「秘」の印が押されている。作者は記されていないが、「皇太后」と追号したのは英照皇太后の先例に倣ったと仄聞《そくぶん》していること、当時は当局から諮問がなかったことなどを挙げているのは伊東書簡と同じだ。「御追号勅定を遺憾」として榊原の論に大筋で「同感」しながら、一旦決めた勅定を変更することは「単に不可なりと云《い》ふのみに止まらずして、寧《むし》ろ不可能の事なりと云ふべし」とする論旨まで伊東書簡と類似している。

伊東自身の意見、もしくは伊東の意向に沿って宮内省内で作成されたものと推察される。鷗外が〈図書頭文書〉を提出したのとほぼ同時期に、伊東側も対応方針を固めていたのだ。

「皇后」にこだわる人々に怒る伊東

これを基に伊東が中村雄次郎宮内大臣に提出した文書も残されている。『倉富日記』十月十三日条に「先日伊東巳代治を訪《おとな》ひ、御追号は改めざる旨を確言して、意見書までも書かせ居る」と記述があるのは、この意見書のことだとみられる。

封書の表には宛先として「中村宮内大臣殿／至急　親展」、裏は「厳封」の朱印が押され、差出人として「伊東帝室制度審議会総裁」と書かれている。

本文の右上冒頭に「秘」の朱印が押され、日付は一九二〇（大正九）年九月十三日。十九頁にわたり宮内省の罫紙に毛筆されている。

伊東による中村大臣宛意見書は、これまでの主張と論旨は変わらないものの、一旦勅定された追号を変更できない理由をより強調している。

伊東は追号を皇太后としたのは誤りだと承知しているので、皇后とすべきとの意見について「将来の追号勅定に際して篤《とく》と考慮せられ然るべき事」と意見書の後半で認めている。しかし、現実に求められていたのは、政治問題に発展しないよう目の前の事態を収め、十一月一日に迫った明治神宮の鎮座祭を無事に終えることだった。

先に山県宛て書簡の下書きで書いたように、皇室典範の条文に追号を皇太后とするのは誤りであると明記されていないのであれば、皇太后のまま収めればよいと伊東は考えている。意見書でも「皇太后とするも将又《まさに》皇后とするも何等皇室典範の明文に矛盾せざる」と記した（傍線は筆者。以下同）。

鷗外書簡一三八三で、枢密院において「『皇太后を皇太后とせしは誤《あやまり》にあらず。誤にあらざるゆえ直す筈《はず》はなし』と法律的に論ずる」のは「故事を知らぬ」ことだと批判している対象は、二上だけでなく伊東も含まれている可能性がある。山県率いる枢密院と伊東がトップの帝室制度審議会で、同様の議論が行われていたようだ。

これに対し伊東の意見書は、歴史的根拠を踏まえて皇后にこだわる論者に対して厳しい見方を示す。問題を提起した榊原を念頭に「古例に反すと論難《ろんなん》するが如きは、畢竟《ひつきよう》時世の変遷を閑却《かんきやく》したる偏見に過ぎず」と断じた。

また、倉富日記の記述にあったように、「昭憲」という諡号が過去に中国や朝鮮で使用例があったことも俎上《そじよう》に載せられていた。だが、これを理由に追号を変更したとなれば、「勅定の失当《しつとう》なりしこと并《ならび》御追号の勘撰《かんせん》に付き粗《そ》漏杜撰《ろうずさん》の実ありたること」を認めることになってしまう。そうなれば「当局の責任は実に重且大《じゆうかつだい》なりと謂《い》ふべし」と、宮内省の責任問題に発展することは必至だ。

伊東から見ると、昭憲皇太后という追号の誤りに固執する人々は「何等の障害なきに拘《かかわ》らず故《こと》さらに言議《げんぎ》を弄《ろう》して風無きに波を起し、果して何の効益《こうえき》ありやを疑ふ」と映っていた。伊東がそのように見なした人々の中に、鷗外も含まれていた。

伊東の意見書は以下のように締めくくられている（傍線は筆者。以下同）。

右は本会委員総会の議を経たるものに非《あら》ざるも、特に委員岡野敬次郎、平沼騏一郎《ひらぬまきいちろう》両法学博士に諮議《しぎ》し、茲《ここ》に卑見《ひけん》を開陳《かいちん》して供御参考候也

伊東が山県宛書簡に記した内々に意見を聞いた「有数の人々」とは、審議会委員で法学博士の岡野と平沼だった。

鷗外書簡一三八三で「審議会には礼や典故を知るもの一人もなし」「審議会は法学博士と宮内大官揃《そろ》ひで小生などは『傍聴希望ならば出席せよ』との命令にて出るのみなり」と皮肉っているが、伊東の意見書を指しているかのようだ。史料群にはこの意見書の写しや草稿も含まれており、極秘ながらも宮内省内で共有されていたことがうかがえる。榊原らを批判する内容が鷗外に伝わっていたとすれば、激しい憤りの理由も理解できる。

書簡の新たな意義付けと憤りの矛先

書簡一三八三の日付が十月八日と確定したことで、内容の意義付けが変わってくる。『鷗外全集』に記された従来の六月八日だと、前日に石原から「昭憲皇后」でよいかと相談されたことを受けて、急いで「昭憲皇太后」の不備を賀古に書き送ったとされていた。六月二十三日の〈図書頭文書〉は、この書簡の後に書かれたことになる。

ところが、書簡一三八三が十月八日なら、石原から相談を受けてから四カ月も問題がこじれ、ようやく決着に動き出したころに書かれたものとなる。追号を誤った責任を宮内省と内務省のどちらが取るかで押し付け合い、政治家や官僚たちは政治的妥協策を探ろうと奔走した。この間の動きを見聞きした上で、鷗外の憤りが、書簡にぶつけられた。

「審議会には礼や典故を知るもの一人もなし」と、憤りの矛先は伊東巳代治が総裁を務めた帝室制度審議会に向けられただけでなく、「宮内省全体が典故に関する機関を有せぬは欠典《けってん》にあらずや」と、宮内省全体にも及んだ。さらに、伊東と共に明治期の皇室制度設計に携わった多田好問らの実名を挙げ、故実の専門家の力量不足にも不満を漏らした。

鷗外が〈図書頭文書〉で上申したのは、皇統譜への登録は「昭憲皇后」とすべきである、というものだった。図書寮の所管で第一に挙げられる皇統譜の登録という主要な職務の範囲

昭憲皇太后の追号を巡る経緯

1914(大正3)年	
5月 9日	逝去した明治天皇の妃の追号を昭憲皇太后とすると宮内省が告示。

1915(大正4)年	
5月 1日	明治神宮の祭神を明治天皇と昭憲皇太后にすると内務省が告示。

1920(大正9)年	
5月 7日 5月10日	榊原昇造が「皇太后」との追号は誤りだと政府高官らに意見書を送る。
6月 7日	石原健三・宮内次官から相談を受けた鷗外が、「皇后」と称することを容認すべきだと答える。
6月14日	伊東巳代治・帝室制度審議会総裁が山県有朋・枢密院議長宛に「皇太后」でやむを得ないとの書簡を送る。
6月23日	鷗外が宮内大臣宛の意見書を提出。
6月25日	鷗外が宮内省に赴き「昭憲謚号の事を議す」。
8月10日	五味均平図書課長が石原次官らに鷗外の意見書に基づく調査を報告するが、採用されず。
9月13日	伊東が中村雄次郎宮内大臣に、追号は変更できないとの意見書を提出。
9月15日	榊原が鷗外を訪ね、追号問題について話す。
10月 7日	鷗外が宮内省で石原次官に会い話をする。
10月 8日	鷗外が賀古鶴所宛書簡で追号問題は「十分考えての上のことにあらず。軽率なり」と批判。(『鷗外全集』の日付は「推定、6月8日」)。
10月13日	鷗外が賀古宛書簡で「議は既に決しあり」。(『全集』の日付は「6月、日不詳」)。原敬首相が中村宮内大臣、床次竹二郎内務大臣と協議後、山県とも協議し、「皇太后」のままで決着。
11月 1日	明治神宮で鎮座祭。

内で提案した。

　しかし結局、皇統譜には「昭憲皇太后」と登録されたままになっている。皇統譜を見ると、明治天皇后・美子が逝去して間もない一九一四（大正三）年六月二日、当時の図書頭・山口鋭之助《えいのすけ》が「昭憲皇太后」と登録した。筆者は宮内公文書館が蔵する『皇統譜録』という皇統譜の記録に関する文書を閲覧したが、それ以降に鷗外が「昭憲皇后」と修正したり、注釈を書いたりした記述は見当たらない。〈図書頭文書〉を提出直後の一九二〇年六月二十四日の『鷗外日記』に「皇統譜に注《ちゆう》す」とあるのは、皇族の結婚や誕生などを皇統譜に記した通常業務で、昭憲皇太后問題とは関係ないものだった。

　追号を巡る〈図書頭文書〉による鷗外の意見具申は、結局、受け入れられなかった。ただし、事態の経緯を宮内官僚として間近で経験することになった。この時に生じた問題意識が『元号考』へとつながることとなる。

四、『帝謚考』から『元号考』へ

そもそも謚号とは何か

追号問題に先立ち、鷗外は『帝謚考』を書き上げていた。天皇が亡くなった後のおくり名

（諡）の典拠を考証したものだ。鷗外の末弟・森潤三郎《もりじゅんざぶろう》が書いた『鷗外森林太郎』（丸井書店、

一九四二年）によると、「図書頭に就任した当時、図書寮では帝諡考を編輯《へんしゅう》するや否やが問

題になつてゐたさうであるが、兄は就任後直ちに編輯する事に決定した」という。就任から

およそ一年十カ月後の一九一九（大正八）年十月に脱稿し、死の前年の二一年三月に宮内省

から刊行された。

総論である冒頭の「第一　天皇追号の種類」で「天皇崩後の追号にして美刺《びし》の意義を有す

る者を諡と云《い》ふ（中略）美刺の意義なき者は単に追号と書す」と、諡号《しごう》と追号は別のものだ

と定義する。「美刺」は「善をほめ、悪をそしる」という意味だ（『大漢和辞典』）。

つまり、諡号とは、親や先代の生前の業績を子孫が評価して名付けるものである。祖先祭

祀において重要な役割を果たし、亡くなった皇帝や王に諡号を贈ることで後継者としての政

治的正統性を示すことができる。

古代中国の制度に由来する漢風諡号と日本独自の国風諡号（和風諡号）に分けられ、漢風

諡号には根拠となるルールがある。古代中国で理想とされた周王朝の王の言行や制度が記さ

れた『逸周書《いつしゅうしょ》』の一編である「諡法解《しほうかい》」などに記されたものだ。儒教の道徳観に基づき、事

跡が素晴らしい「美諡《びし》」、平均的な「平諡《へいし》」、悪い「悪諡《あくし》」に分類される。

野村朋弘著『諡　天皇の呼び名』（中央公論新社、二〇一九年）によると、諡法のランクに

は諸説あるというが、美諡としては主に以下のものが挙げられている（傍線は筆者。近代以降に日本の元号で使用された文字）。

神、聖、賢、文、武、成、康、獻、懿、元、章、釐、景、宣、明、昭、正、敬、恭、荘、粛、穆、戴、翼、襄、烈、桓、威、勇、毅、克、壮、圉、魏、安、定、簡、貞、節、白、匡、質、靖、真、順、思、考、顕、和、元、高、光、大、英、睿、博、憲、堅、孝、忠、恵、徳、仁、智、慎、礼、義、周、敏、信、達、寛、理、凱、清、欽、益、良、度、類、基、慈、斉、深、温、譲、密、厚、純、勤、謙、友、広、淑、栄、比、舒、賁、逸、退、偲、宜、哲、察、通、儀、経、庇、協、端、休、悦、容、確、紹、世、果

例えば、「文」であれば「学に勤《いそ》しみ問いを好む」、「神」は「民能《たみよ》く名づくる無し」（人民が言葉に言い表せないほど素晴らしい）という場合に贈ると定められる。

初代天皇とされる「神武《じんむ》」の漢風諡号を見ると「神」も「武」も美諡で、神のような武徳を持ったという意味になる。また、「神日本磐余彦尊《かむやまといわれひこのみこと》」という大和《やまと》言葉をあてた国風諡号もあった。

一方、平諡は「懐、悼、哀、隠」、悪諡には「野、伐、荒、蕩、煬」などが使われる。王

朝交代のあった中国では、新王朝の正統性をアピールするため前王朝の皇帝に悪諡を贈ることもあった。隋《ずい》の二代皇帝に贈られた煬帝《ようだい》という諡号は、隋王朝を滅ぼした唐王朝によって付けられたため悪諡が使われた。一方、天皇家が古代から一貫して続くとされる日本では、天皇の漢風諡号には美諡のみが使用される。

幕末に復活した漢風諡号

平安時代初期までは漢風諡号と国風諡号を共に贈られた天皇が多かったが、第五十代の桓《かん》武《む》天皇（在位七八一～八〇六）以後に諡号は徐々に使われなくなった。『帝諡考』は理由を「仏教の影響に因《よ》ること論なし」としている。以後、国風諡は「永廃」され、儒教に基づく制度だった漢風諡も「中絶」した。

一方、追号とは、後世による顕彰や賛美を含まず、地名や寺院などに由来する呼称である。平安時代以降は一部例外を除けば、天皇の死後に贈られたのは追号である。例えば、譲位後の住まいに由来する嵯峨《さが》、淳和《じゅんな》、清和《せいわ》、寺名に関係する円融《えんゆう》、花山《かざん》などがある。また、後白《ごしら》河《かわ》、後鳥羽《ごとば》、後醍醐《ごだいご》など、過去の追号に「後」を付けたものも多い。

諡号が復活するのは幕末になってからだ。『帝諡考』は「天保の末に至るに及びて漢風諡再興せられ、相継いで之《これ》を光格《こうかく》、仁孝《にんこう》、孝明《こうめい》の三帝に上《たてまつ》られき。津田邦儀の如きは以て復古の盛挙《せいきょ》と為す」と記す。

津田は加賀藩の学者。第百十九代の光格天皇（在位一七七九～一八一七）は長らく廃絶していた朝廷の儀式を復興させるなど、徳川幕府と衝突しながらも天皇や朝廷の権威の復活に努めた。最近では上皇さま（平成期の天皇）の退位（譲位）が、光格天皇以来およそ二百年ぶりだったことで注目を集めた。

「光」は美諡で「能《よ》く前業を紹《つ》ぐ」という意味がある。日本の天皇で「光」の漢字が使われたのは、光仁《こうにん》（在位七七〇～七八一）、光孝《こうこう》（同八八四～八八七）、光格の三人だ。本流の皇統が途絶えた際、傍系の血筋から即位した天皇の諡号として使われるのが、「光」だった。

光格天皇の追号で画期的だったのは漢風諡号に加え、「天皇」号も合わせて復活させたことである。平安時代以降、天皇は長らく「何々院《いん》」と呼ばれていたが、「諡号」＋「天皇」で呼ばれるのは約九百年ぶりだった。

国内外での幕藩体制の危機によって朝廷や天皇が相対的に強くなった時代背景を受け、古代の律令国家における政治の中心であった天皇のイメージが復活した。その後、幕末に尊皇攘夷《じょうい》思想が広がり、王政復古を掲げる明治維新へと進むことになる。

こうした流れの中で新政府が発足すると一八七〇（明治三）年、廃位されるなどで過去に諡号が贈られていなかった天皇にも、顕彰のため新たに漢風諡号が贈られた。第三十九代の弘文《こうぶん》天皇（壬申《じんしん》の乱で破れた大友皇子《おおとものおうじ》）、第四十七代の淳仁《じゅんにん》天皇、第八十五代の仲恭《ちゅうきょう》天皇である。

ところが、『帝諡考』の総論部分にある「第三　本朝の漢風諡」は、以下のように記して閉じられる。

明治天皇に至りて漢風諡再絶す

諡号と追号を厳密に区別する鷗外から見れば、「明治」は諡号ではない。過去の三天皇に漢風諡号が贈られた一八七〇年から、天皇睦仁《むつひと》の逝去後に「明治天皇」の追号が贈られた一九一二（大正元）年までの間に、諡号を巡り何か変遷があったのだろうか。

不可解な「英照皇太后」決定の経緯

先に紹介したように、明治天皇の皇后だった美子《はるこ》に「昭憲皇太后」という追号を誤って贈ってしまったのは、「英照《えいしょう》皇太后」の先例を踏襲したからだった。ここではその経緯をさかのぼってみたい。

孝明天皇の正妻だった夙子《あさこ》が六十四歳で亡くなったのは、一八九七（明治三十）年一月十一日である。天皇に準じる三后（天皇の祖母である太皇太后《たいこうたいごう》、天皇の母である皇太后、天皇の正妻である皇后）の葬儀を近代国家として初めて執り行うこととなり、以後の先例になり得る事態だった。明治天皇の母にあたり（実際の生母は別）当時は皇太后と呼ばれていたため、英照皇太后と追号された。

『明治天皇紀』の明治三十年一月三十日条によると、「英照」の出典は、中国唐代の政治家であり詩人でもあった李徳裕《りとくゆう》の漢詩「遙《はる》かに紫藤《しとう》の垂れるを懐《おも》い／繁英《はんえい》は潭黛《たんたい》を照らす」である。咲き誇る藤の花が暗い水面に照り映える情景を詠じた。夙子は藤原氏を源流とする公家の九条家出身で、「藤」の印を日ごろ用いていたため、「藤に因《ちな》み」引用した。

ただし、政府内で議論があった。「初め皇太后に諡号を上《たてまつ》るべきの議あり」、明治天皇が文事秘書官長の細川潤次郎《ほそかわじゅんじろう》に調査、検討をさせた。先述のように、幕末に光格天皇という漢風諡号が復活したことは「復古の盛挙」とされた。一八七〇年には廃位されるなどした三人の天皇に漢風諡号が贈られている。皇太后にも諡号を贈るべきという議論は、復古に基づく維新という時代の流れの中から出てきたのかもしれない。

しかし、細川が天皇へ回答した内容は、要約すると以下の通りだった。

〈我が国では太皇太后、皇太后、皇后に諡号を贈った例は乏しい。国風諡号を贈った例はあるが、「天之高藤広宗照姫之尊《あめのたかふじひろむねてらすひめのみこと》」（桓武天皇の皇后）などと長い上に読み方が難しいため今日では不便である。「女院」や「院」と称する例はあるが、これは出家したことを示すものなので真の諡号ではない。古来の例では、姓の下に諱《いみな》（貴人の本名）を加えるものだが、亡くなった皇太后のことを臣下が夙子と呼ぶのは恐れ多い。そこで、古来の例として甚だ多く使われた御所の名称を採って、「青山皇太后」と称するべきではないか――〉

『明治天皇紀』には「是の日、潤次郎の議を参酌《さんしゃく》して此の追号を定めたまふ」と記されている。しかし、細川の意見は採用されなかった。結局、「初め皇太后に諡号を上るべきの議あり」という所に戻ったのか、漢風諡号のような追号が贈られることになった。

そもそもこの時、称号を「皇太后」とすべきか、それとも「皇后」とすべきかについて議論になった形跡はない。夙子は孝明天皇の正妻だったものの、正式に皇后となる前に天皇が急死してしまい「準后《じゅごう》」という位置づけだった。鷗外の〈図書頭文書〉の後半部分に従い古代中国の先例に基づけば、皇后にならずとも正妻の地位にあれば「英照皇后」とするのが筋である。

正式な皇后と見なさないのであれば、「英照皇太后」とすることもあり得るかもしれない。明らかな誤りである「昭憲皇太后」に比べれば、「皇太后」とするか「皇后」とするかは議論の余地がありそうだ。

とはいえ、天皇の后に先例がない漢風諡号をわざわざ贈ろうとしたのは、故人を敬い顕彰しようという強い思いがあったからであろう。わざわざ格下の準后と見なして「皇后」の称号を贈らないと判断するのは不自然だ。とすると、「英照皇太后」という追号も、鷗外が指摘するように「十分考への上のことにあらず」に贈ってしまった可能性がある。

明治時代は日本が近代国家として出発したばかりの過渡期だった。諡号か追号か、皇后か皇太后か、という皇室を巡る制度や原則が確立しておらず、一貫性のない対応となってしまったことは否めない。

「明治天皇」は不適切な諡号か？

前述したように、『倉富日記』の大正九年八月六日条に、追号と元号を巡る議論が記されている。昭憲皇太后という誤った追号を付けたことについて、宮内次官の石原健三に対して倉富が「一と思ひに（中略）明治皇后と為《な》す方宜《ほうよろ》しからん」と提案した。しかし、皇后が天皇より先に逝去したり、後妻として二人目や三人目の皇后を迎えたりすると不都合が生じるため、「年号を以て追号と為《な》し難《がた》し」と、その場で断念した。

歴史や漢籍の専門家ではない実務官僚同士の本気ともつかない会話だが、このような浅薄な議論を鷗外が聞いたら何と思うだろうか。

さらに『倉富日記』の同年八月十一日条によると、「昭憲」はかつて中国で使用済みだったことを、追号の決定に関わった元宮内官僚の栗原広太が指摘したという。鷗外が親友の賀古鶴所宛書簡一三八三（『鷗外全集』では「推定六月八日」、実際は十月八日）で「十分考へての上のことにあらず」などと憤慨するのは、こうした事情を知っていたこともあるだろう。

倉富は問題の決着を聞いた十月十四日、宮内省調査課長の南部《なんぶ》光臣《みつおみ》と交わした会話を日記に記した。南部によると、本来あるべき漢風の諡号なら「諡法」に基づいて徳を称賛する漢字をあてるが、「明治」はそうなっておらず、そもそも「明治天皇」と追号したことは不適切だった。宮内省御用掛の国文学者・関根《せきね》正直《まさなお》も同じ意見だという。

これに対し倉富は、次のような主張をした。次代の天皇や臣下が、前天皇の徳を評価するのが間違いである。今の日本で使っているのは漢風諡号ではなく追号であり、「明治は唯《ただ》年号の字を用ゐたるまでなり」。

南部と、専門家である関根が典故にこだわり、倉富が世間に流布している考え方をそれぞれ代弁している構図だ。昭憲皇太后問題を通じて、「明治」は漢風諡号か、それとも単なる追号か、という根源的な問いが浮かび上がった。

因みに、明治天皇という追号が決定された直後の一九一二（大正元）年八月二十八日、読売新聞朝刊五面に以下のような「関根文学博士」の談話が掲載されている。

私など旧弊な者には矢張《やは》り年号を以て御追号にあてる事は畏《おそれ》多い様に思ふ。併《しか》し如何《いか》なる文字を以てしても二字で先帝の御鴻業《ごこうぎょう》〔大きな事業〕を彰《あらは》すのは困難であらう。昔ならば斯《か》う云事《いふこと》には専門に平生《へいぜい》から宮中に仕へてゐる文章博士が案を具して奉るのであるが、それも今回の様に崩御の後一月を経ない内《うち》に奉る事はない。年号を御追号にせらるる事が御新例であるのみならず。斯く早いのも前例のない御事《おんこと》である

「御尊号とするには不似合」

鷗外の考えは、関根と同じだった。一九二〇（大正九）年の賀古宛書簡一三八三で、昭憲皇太后に先例がない漢風諡号を贈ったのなら、「何故に明治天皇に真の諡を上《たてまつ》らざるか」と疑問を呈した。そして「元号（年号）は世間に何の名の上にも冠するものにて、尊貴なる御尊号とするには不似合にはあらずや」と続けた。

実際、明治天皇の逝去後には漢風諡号を贈るべきだとの議論が政府内であった。追号が発表される前日の一九一二年八月二十六日、東京日日新聞朝刊は三面の記事で、「神照《じんせう》」が一時有力な説となり、案の中に「叡明《えいめい》」「光武《こうぶ》」「光烈《こうれつ》」「大明《たいみん》」などがあるという内大臣秘書官長・股野琢の談話を報じた。ところが、政府が決定したのは、元号をそのまま当てる「明治天皇」だった。

『明治天皇紀』は、追号奉告の儀が行われた同年八月二十七日条に「先帝を明治天皇と謚したてまつる」と記す。つまり、公式記録として「明治」は謚号となっている。ただし、元号をそのまま亡くなった天皇や皇帝の謚号とするのは「和漢其《そ》の例を見ず」と、日本だけでなく中国でも先例が全くないという。にもかかわらず、なぜ「明治」の二字が追号として選ばれたのか。「先帝四十五年間の大業を表彰するに足るべき適恰《てきこう》せる文字を得ること容易ならず」というので、「先帝治世の元号は、最も聖績《せいせき》を徴象《ちょうしょう》する」からだと説明している。偉大な業績を表現するのにふさわしい漢字二文字を選ぶのが難しかった、という消極的な理由である。

明治時代は幸いなことに、維新による新政府が軌道に乗り、日清、日露の対外戦争で勝利した「大業」「聖蹟」と言える時代となった。しかし、これを新たな先例にすると、以後の時代で不運にも災害や戦乱などが相次いだ場合でも、災難の時代だと人々に記憶された元号が、天皇の追号になることもあり得る。

明治時代の始まりに伴い一世一元制を採用した際、元号が将来の天皇の謚号（追号）になることは予見されていなかった。追号を贈る手続きを定める皇室喪儀《そうぎ》令を作成していた一九〇二（明治三十五）年十二月八日の段階では、公式解説書である皇室喪儀令義解《ぎげ》の再修正案に「皇室典範一世一元の制に因《よ》り元号を以《もっ》て之《これ》に充《み》つるも亦妨《またさまたげ》なかるべし」との文言があった。宮内公文書館が所蔵する「皇室喪儀令関係」という史料から確認できる。しかし、一九〇六年に上奏された定本では、この文言は削除されている。

　再修正案の一文は、元号を追号として使用することは選択肢の一つとして支障はないという主旨であり、義務付けるものでもない。それすら結局、政府見解からは省かれた。

　元号と追号（諡号）が日本史上初めて一体化したのは、天皇睦仁《むつひと》の追号を「明治」と決定した時である。これが先例となることによって、元号には将来、天皇が逝去した際の追号にもなるという新たな意味が加わり、今日まで続いている。それまで以上に元号の重みが増したという自覚が、当時の政府や宮内省にあっただろうか。直前の大正改元が急ごしらえだった様子からはうかがえない。

間違いのない諡号を贈るために

「明治」も「大正」も過去に使用済みで「不調べ」だと鷗外は知っていた。以後も元号が追号となることが続けば、当時の天皇に将来贈られる追号は「大正天皇」となり、不完全なものになってしまう。

　鷗外は昭憲皇太后問題に関わったことで、こうした思いをより一層強くしただろう。鷗外が構想していたのは、「美刺の意義を有する」諡号であり、単なる追号ではない。しかし、倉富が日記に記したように、「明治」は実質的には単なる追号となってしまった。ならば、帝室博物館総長兼図書頭という立場にある自らが、完璧《かんぺき》な次の元号を用意するしかない。そうすれば、将来の天皇に贈られる追号を、間違いのない真の諡号とすることができるのだ。晩年に病魔に侵され死期が迫る中、『元号考』を「最大著述」（大正十一年五月二十六日の賀古宛書簡）と位置づけたことには、こうした背景があるのではないか。

鷗外は、皇統譜に「昭憲皇后」と正しい追号を記すよう自らの職分の範囲内で提案した。しかし、宮内省に受け入れられなかった。そのため残りの人生を『元号考』の完成に注力することになる。

五、漢学官僚の系譜

『普請中』の近代国家

話は鷗外が陸軍省医務局長を務めていた一九一〇（明治四十三）年にさかのぼる。この年に発表した小説『普請中』は、渡辺参事官という中年の官僚が、若き日に留学先で親しくしたドイツ人女性と日本の西洋風ホテルで再会する一場面を描いた。ドイツに留学した官僚・太田《おおた》豊太郎《とよたろう》とドイツ人女性・エリスの悲恋を描いたデビュー作『舞姫』の後日譚《たん》として読める一方、日本の近代化に対する批判も込められている。

　渡辺はソフアに腰を掛けて、サロンの中を見廻した。壁の所々には、偶然ここで落ち合つたといふやうな掛物が幾《いく》つも掛けてある。梅に鶯やら、浦島が子やら、鷹やら、どれもどれも小さい丈《たけ》の短い幅《ふく》なので、天井の高い壁に掛けられたのが、尻を端折《はしよ》つたやうに見える。食卓の拵《こしら》へてある室の入口を挟んで、聯《れん》のやうな物の掛けてあるのを見れば、某大教正《だいけうせい》*1の書いた神代文字《じんだいもじ》*2といふものである。日本は芸術の国ではない。（中略）

「それが好い。ロシアの次はアメリカが好からう。日本はまだそんなに進んでゐないからなあ。日本はまだ普請中だ。」

「あら。そんな事を仰《おつし》やると、日本の紳士がかう云つたと、アメリカで話してよ。日本の官吏がと云ひませうか。あなた官吏でせう。」

「うむ。官吏だ。」

*1　大教正＝神道布教のために明治政府が制定した教導職十四級中の最高位。一八七二年四月二十五日に始置され、八四年八月十一日に廃止された。

*2　神代文字＝漢字渡来以前、神代から日本にあったといわれる文字。江戸時代に平田《ひらた》篤胤《あつたね》（一七

七六〜一八四三）など一部の国学者の間で存在説が盛んにとなえられたが、現代では後代の偽作として否定されている。

明治維新は英語で「restoration（復興）」と訳され、今ある体制を壊して全く新しい体制に改める「revolution（革命）」ではない。最後の将軍・徳川慶喜《よしのぶ》による大政奉還を受けて一八六七（慶応三）年に出された「王政復古の大号令」は、「神武創業の始《はじめ》に原《もと》づき」天皇を中心とした政治に戻ることを宣言した。江戸幕府だけでなく長らく続いた武家政権の時代を否定し、祭政一致で天皇が自ら政治を行った時代へ回帰するというのだ。

ただし、初代の神武天皇は神話の世界の話である。それに「原き」と言われても、新政府の高官でさえ具体的にどのような治世だったかは知りようがない。実際の国家形態は奈良時代の律令国家の制度を模した。一八六九年の官制改革では、古代の大宝令《たいほうりょう》にならって神祇官《じんぎかん》と太政官《だじょうかん》の二官が置かれ、神祇官は官制の最高位に位置づけられた。大蔵省、宮内省など新政府の官職名は、律令制の名称を復古させたものだ。鷗外が勤務した図書寮も同様である。

つぎはぎだらけだった「復古」の根拠

開国や文明開化を進める際、「復古」を同時に行ったのが近代日本だった。西洋列強と同等な近代国家だと認めてもらおうと制定された大日本帝国憲法は、外国の制度や思想を単に輸入したものではない。伊藤博文の名で出版された公式解説書『憲法義解《ぎげ》』では、「万世一系」の天皇を中心とした近代国家の根拠として、日本最古の歴史書『古事記』、朝廷の公式な歴史書『日本書紀』、律令の解説書である『令義解《りょうのぎげ》』などがふんだんに引用されている。新政府が統治の正統性を強調するために国家の中心に据えた物語は、奈良時代に編纂された日本書紀や古事記に記された神話だった。

他方、「律」（刑法）、「令」（行政法）や朝廷儀礼は中国の制度をモデルにしたものである。漢文で日本書紀を編纂し、神武天皇以下に漢風諡号を一括で贈ったとされるのも、この時代だ。

「旧制を改易《かいえき》」（明治改元の詔書《しょうしょ》）して新たに採用した一世一元制は、中国の明・清王朝に倣った。中央集権の新たな体制を作るために行われた廃藩置県は、中央から地方に派遣された役人が統治を行う古代中国の郡県制が参考にされた。ただし、郡と県の位置づけが日本と中国では逆である。「復古」と言っても、ある時は神武天皇の時代への回帰、ある時は別の時代や中国王朝の援用と、ご都合主義だった。

外形上は伝統に基づく体裁を整えたように見える近代国家の舞台裏は、つぎはぎだらけで「普請中」だった。洋行経験のあるエリート官僚の鷗外は、天皇を中心とした国家が「創られた伝統」であることを承知している。歴史的な根拠が不確かだったり、不調べだったりすることが、よく見えていた。しかしその上で、その伝統を創り、守る側にいた。

『普請中』の舞台、精養軒《せいようけん》ホテルは、外見も内装も西洋風で近代的である。ところが、天井の高さに不釣り合いな日本風の掛け物や、歴史的な根拠が怪しい神代文字が飾られている情景は、近代国家日本のちぐはぐさを象徴しているようだ。

小説という表現を借りたとしても、陸軍医トップとして国家の不備を直接的な表現で指摘するのは差し障りがある。主人公の渡辺参事官が「日本は芸術の国ではない」と評した情景は、「日本は歴史の国ではない」ことの暗喩《あんゆ》だったのかもしれない。日本の近代化に対するこのような問題意識が、後年に昭憲皇太后問題で激しい憤りに駆られた背景にあるのだろう。

公文書に記された「股野同意」

昭憲皇太后問題の出発点となったのは、一八九七（明治三十）年に決定された英照皇太后という追号だった。これらの選定過程で、歴史的な妥当性をチェックできる人物はいなかったのだろうか。公式記録からは経緯が分からないため、宮内公文書館の史料を調べることにした。

英照、昭憲両皇太后がそれぞれ亡くなった時期を中心に関連しそうな文書を閲覧する中、

『明治天皇紀』明治三十年一月三十日条の基になったとみられる細川潤次郎・文事秘書官長の意見書が収録されている文書を見つけた。「内大臣府文書五／大正九年写」と題する文書で、『明治天皇紀』を編修するために宮内省に設けられた臨時帝室編修局が収集した史料である。

英照皇太后の追号（諡号）に関して最も早い一八九七年一月二十日の日付で細川が記した文書は「皇太后に御諡号を上《たてまつ》るべきや否の議」と題したものだ。だが、話の発端として誰からどのような検討の指示を受けたのかは特定できない。ただし、文書の冒頭に「此文書は明治天皇御手許《おてもと》書類にして徳大寺《とくだいじ》侍従長の御預をしたるもの今内大臣府に保管す」と記されており、あるいは明治天皇本人の指示だったのかもしれない。

細川の提案内容は『明治天皇紀』の通りだが、それがどのように処理され、なぜ「青山皇太后」が採用されなかったのかを記した文書はない。

ところが、文書をめくるうちに「（英照皇太后御追号勘文《かんもん》）」と頁の冒頭に書かれているのが目に入った。「勘文」とは、朝廷の諮問にこたえて専門家が報告をすることで、元号の勘文なら学者が元号の候補案を提出することを意味する。とすると、この文書には「英照」の選定過程が記されているはずだ。文書は計四枚あり、想定通りに選考に上った諡号案が複数記されていた。

まず、最初の頁に記された「此花」は「先帝の御別号」、次いで「静徳」は孝明天皇の正妻だった夙子の父・九条尚忠《ひさただ》の書斎に飾られていた文字だという。

二頁目は「藤」と書かれ、「含春」「地龍」「繁英」「英照」の四案が挙げられる。「繁英」の下に「李徳裕の詩」「股野同意」と記され、左隣の「英照」の下にも「同上」「同」と書かれる。

三頁目は「宜陽」「宜春」「天春」「英照」「藤清」の五つで、「宜陽」の下に「李白詩／花蔓宜陽春」と記される。四頁目は「延英」「栖霞」の二案。因みに、この四枚の文書に諡号に関する記述はないが、「英」の字は美諡にあたる。

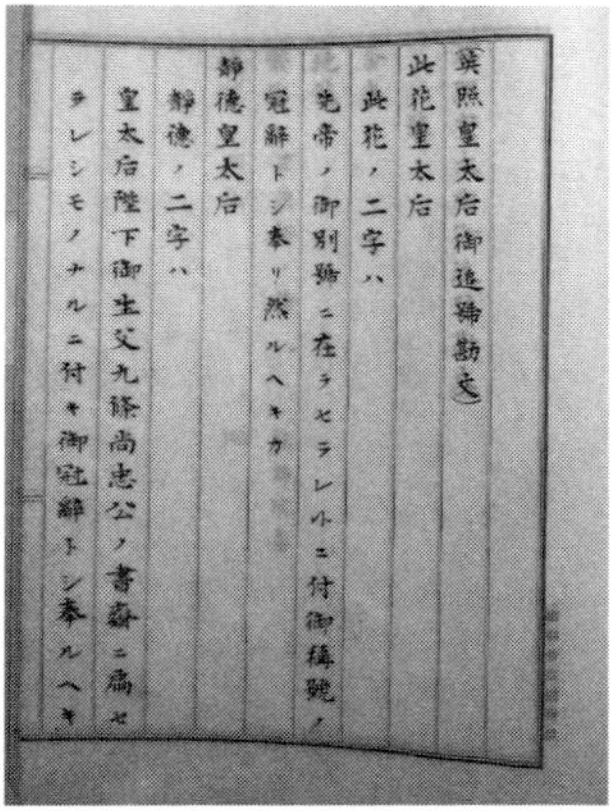
英照皇太后御追號勘文
此花皇太后
此花ノ二字ハ
先帝ノ御別號ニ在ラセラレシニ付御稱號ノ
冠辭トシ奉リ然ルヘキカ
静徳皇太后
静徳ノ二字ハ
皇太后陛下御生父九條尚忠公ノ書齋ニ扁セ
ラレシモノナルニ付キ御冠辭トシ奉ルヘキ

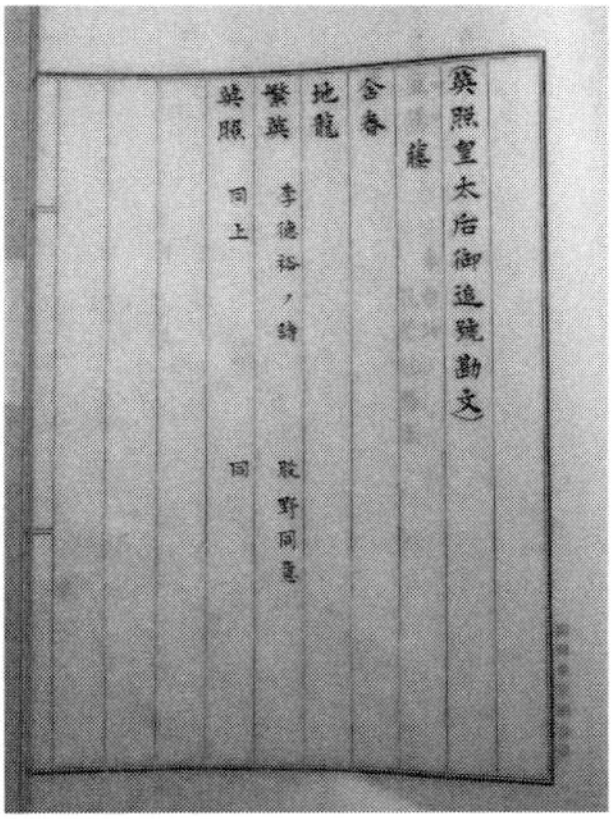
英照皇太后御追號勘文
藤
含春
地龍
繁英　李徳裕ノ詩　股野同意
英照　同上　同

「股野同意」の記載（「内大臣文書五」に収録。孝明天皇后・夙子の追号を勘文した際に候補として出された「繁英」と「英照」の下に明記）＝宮内公文書館蔵最終的に「英照」が選ばれたが、「股野同意」とはどういうことか。一八九七年の「職員録」をめくると、文事秘書局の欄に秘書官長の細川と共に、「秘書官　股野琢」と記されている。鷗外の前任の帝室博物館総長で、大正改元時の元号考案に関わった股野である。諡号案の検討を指示された細川が、漢詩人として著名だった股野と相談し、「繁英」「英照」でよいと股野の同意を得た上で、最終的に「英照」と決定した過程が読み取れる。

股野は「昭憲」考案にも関与していた

次に「昭憲皇太后」の決定過程も見てみよう。『昭憲皇太后実録』下巻（吉川弘文館、二〇一四年）の大正三年五月九日条は、大正天皇が「追号を昭憲皇太后と称し奉ることを告げたまひ」と追号奉告の儀の様子が簡潔に書かれ、典拠として儒教経典である『易経《えききょう》』の「君子は以て自ら明徳を昭《あきら》かにす」と、『書経《しょきょう》』の「惟聖時《これせいこれ》に憲《のっと》る」（聖王はそれに則って教えを示す）が挙げられているだけだ（『書経』の現代語訳は新釈漢文大系より）。『大正天皇実録』第四（ゆまに書房、二〇一九年）も同様の記述で、どのような経緯で誰が検討、考案したのかは記されていない。

　これに対し、当時の新聞報道の方が詳しい。東京日日新聞五月十日朝刊七面に「昭憲皇太后と追号しまつる／聖上《せいじょう》親しく奉告文を奏させ給ふ」と二段見出しの本文に、波多野敬直《はたのよしなお》宮内大臣による宮内省告示が引用されている。この別項として「故太后宮《こたいこうぐう》の御坤徳《ごこんとく》を頌《しょう》し奉る／昭憲御号《おんごう》の因由《いんゆう》／股野琢氏談」という一段見出しの別項記事には以下のように掲載されている。

故皇太后宮御追号の御選定に就《つい》ては自分等が下調《したしらべ》をしたのである、参考にした書物は和漢に渡り非常に多かつたが却々《なかなか》恰好《かっこう》な文字がない。偶好《たまたまよ》いのがあると既に故人について居るには困つた、昭徳《しょうとく》なども其一例で皇太后宮を頌徳《しょうとく》し奉るには誠に適当な字句と思つたが好く調べて見ると徳川十四代将軍の謚号となつて居ると云ふ様な次第で種々詮考《せんこう》の結果遂《つい》に今日御発表になつた「昭憲」に御決定相成つたのである（以下略）

股野琢＝宮内公文書館蔵

故人に対する称号は「皇太后」か「皇后」かという問題はこの時もまだ生じておらず、記事は「皇太后」を前提として紹介している。一方、出典の一つとして「博《ひろ》く聞き多く記すを**憲**と曰う（謚法）」も挙げ、「憲」が美謚であることが意識されている。股野は「自分等が下調をした」と記者に解説した。

股野の当時の肩書は内大臣秘書官長兼帝室博物館総長。「英照」に続き、なぜ股野が考案に関与したのか。文事秘書官、内大臣秘書官長という肩書を手掛かりに探ってみたい。

詔書、勅書の作成を担う

宮内省に文事秘書局が設置されたのは一八九〇（明治二十三）年のことだ。大日本帝国憲法と旧皇室典範が制定された翌年にあたる。文事秘書局官制で文事秘書官長の職務は「旨《むね》を奉じ文事に関する内廷《ないてい》の文書を管掌《かんしょう》す」と定められる。「内廷」すなわち宮中内部の文書を管理する担当官の長だ。この時はまだ、天皇を「常侍輔弼《ほひつ》」する内大臣とは別組織となっている。

一九〇七年の皇室令によって「内大臣府」が制定されると文事秘書局が吸収され、より体系的な制度に整備された。文事秘書官長の名称は内大臣秘書官長に変わった。

内大臣府官制は以下のように定める。

第一条　内大臣府に於ては御璽《ぎょじ》、国璽《こくじ》を尚蔵《しょうぞう》し、詔書《しょうしょ》、勅書《ちょくしょ》其の他内廷の文書に関する事務を掌《つかさど》る（中略）
第五条　秘書官長は一人勅任《ちょくにん》とす。文書の事を掌理《しょうり》す

第六条　秘書官は専任三人奏任《そうにん》とす。文書の事及庶務を分掌《ぶんしょう》す

元々内大臣の所管だった御璽（天皇の印章）、国璽（国家の印章）の尚蔵が加わり、文事秘書官長が扱うとされた「文事に関する内廷の文書」について、内大臣府では「詔書、勅書其の他内廷の文書」と明確化された。こうした天皇に関する文書を管理する責任者が内大臣秘書官長で、その事務を支えたのが秘書官だった（松田、二〇一四年）。

大正期の内大臣秘書官長の職務について、政治学者の永井《ながい》和《かず》は「後の昭和天皇の時代とは違って、この時期の内大臣秘書官長は内大臣の政治秘書ではなくて、もっぱら天皇の文書の起草や推敲をおこなうことが主たる職務であった」（『倉富日記』第一巻所収の解説）と指摘する。勅書などを作成するために漢籍の知識が求められたのだ。

文事秘書官長の初代（在任一八九〇～一八九三）は井上毅《いのうえこわし》。大日本帝国憲法や旧皇室典範、教育勅語、軍人勅諭などの起草に関わった官僚、政治家だ。一八四三（天保十四）年、熊本藩の武家に生まれた。明治政府の制度設計に携わった世代は、幕末に藩校などで漢籍をたたき込まれた上で、成人した後に洋行し、西洋の思想、制度を学んでいる。明治国家の骨格となった多くの文書は漢文訓読体で記された。

二代目（在任一八九三～一九〇八）の細川潤次郎は法務官僚で、さまざまな法律の起草に携

わった。一八三四年に土佐藩の儒者の家に生まれた。井上より年長で、幕末には藩校で教授を務めていた。孝明天皇の正妻だった夙子が亡くなった際、「英照皇太后」の追号を考案したのは先述した通りだ。細川の下で文事秘書官を務め、追号について相談を受けたのが股野だった。

皇族命名や追号の考案者

さらに、一九〇一（明治三十四）年に昭和天皇が誕生した際、明治天皇から侍従長の徳大寺《とくだいじ》実則《さねつね》を介し、文事秘書官長の細川に命名の指示が下された。これを受けて称号「迪宮《みちのみや》」と名前「裕仁《ひろひと》」を提案したのが、文事秘書官の股野だ（『昭和天皇実録』明治三十四年五月五日条）。

組織改編で文事秘書官長が内大臣秘書官長に改まると、股野が細川の後を継いだ。大正改元、大正天皇即位礼の勅語作成など近代国家で初の代替わりに関わる大事業をこなし、その後も昭憲皇太后の追号を手がけることになる。漢籍の知識に基づき勅書や詔書を日常業務として作成する官僚にとって、追号（諡号）や元号の考案に関わるのは必然のことだった。

鷗外が批判した「明治天皇」という追号も、実は股野が提案したとみられる。『明治天皇紀』に考案者や決定の過程は記されていないが、追号奉告の儀当日の一九一二（大正元）年八月二十七日、東京朝日新聞朝刊五面の「『明治天皇』と御決定」という見出しの記事に「漏れ承はる処《ところ》に依れば、追謚号の選定に関しては多田、股野、国府の諸氏専ら調査の任に当《あた》り、総理大臣及び宮内大臣に提出したる追謚号は少くも四五十の多きに達したる由《よし》なり」との記述がある。多田好問、国府種徳と合わせて三人とも、大正改元時に元号考案を担った者だ。

さらに翌八月二十八日の東京日日新聞朝刊七面に、「『明治』の御追号を建白せる／股野琢氏の談」という見出しの記事が掲載された。股野の談話は「敢《あへ》て云《い》ふ限りではないが、唯《たゞ》宮内官よりの建白で、一般臣民より奉《たてまつ》つたものの中《なか》ではなかつた事丈《だ》けは申して置かう」というものだが、それに続けて記事は以下のように解説している。

尚《な》ほ聞く所に依《よ》れば、股野氏は右の如く建白者を明《あきら》かにせざれども、氏は御追号の下調査の重任に与《あづか》りたれば、従つて氏の建白に係る御追号も数多く、「明治」の御《おん》二字も実は氏自身の建白に出《い》でたるものにて、万事に謙譲なる氏の事とてわざと実《じつ》を語らざるものなり。之《こ》れは日頃氏が宮中にて明治天皇の説を主張し居りたる事実に徴しても明かなり

近代漢学官僚の系譜

一九一七（大正六）年十二月、股野が内大臣秘書官長兼帝室博物館総長の職から退くこととなった。その穴を埋めるように、近代国家における漢学官僚の系譜を継いだのが鷗外である。

股野の退任後、日常的な勅書作成などの業務は、宮内省総務課長の近藤久敬《こんどうひさたか》が内大臣秘書官長を兼任しながらこなしていたようだ。だが、鷗外も一九一三年から臨時宮内省御用掛として皇室関係の文書の起草や添削を行っており、帝室博物館総長兼図書頭に就任後も続けていた。

鷗外は帝室博物館総長兼図書頭に任じられた翌日の一九一七年十二月二十六日、日記に「股野琢を訪ね、坐談《ざだん》すること寖久《やや》し」と記した。それ以降も、一九一八年一月二日と四日にも面会し、九月十日には鷗外が股野を訪ねたが会えなかった。再任官の直後から頻繁に会ったのは、業務の引き継ぎだろうか。

鷗外は宮内官僚として出仕するのを機に「十二月廿五日作」と題する漢詩を作った。

既に朝衣《ちょうい》を脱いで　遂初《すいしょ》を賦《ふ》すに
何ぞ図らん　枕上《ちんじょう》に除書の落つるを

石渠《せききょ》　天禄《てんろく》　清閑の地
且《しばら》く吾が皇《きみ》の為に　蠹《と》魚《ぎょ》を掃はん

もはや官職を辞し、隠居生活を楽しむ身となっていたが／思いがけず、のんびり寝ているところへ任官の辞令交付を知らせる召書が舞い込んだ。

もっとも、新しい職場の帝室博物館と図書寮は、世間一般とは懸け離れた静かな場所である／とりあえず、天皇陛下の御期待にそむかぬよう、所蔵品や蔵書についた虫でも払い落とすことにしよう。

鷗外が漢詩の推敲《すいこう》を依頼した一人が股野だった。初案は「蠹魚を辟《のぞ》かん」だったが、股野の助言で「蠹魚を掃はん」と直した。十二月二十六日に二人が久しく話し込んだのは、漢詩談義にも及んだからだろう。

また鷗外が漢詩の教えを乞《こ》うていた桂湖村《かつらこそん》に宛てた一九一七年一月六日消印の書簡によると、股野は若い頃、鷗外の漢文の師だった依田学海《よだがっかい》と共に儒者・藤森天山《ふじもりてんざん》に学んだと、鷗外に告げたという。これを題材に鷗外は漢詩「藍田《らんでん》先生に寄す」を作った。藍田は股野の雅号である。

両朝の耆宿《きしゆく》　鬢毛　斑《まだ》らに
高躅《かうたく》　争《いか》でか容《ゆる》さんや　後進の攀《よ》づるを
聞説《きくなら》く　先師　深契　在りて
同《とも》に几杖《きぢやう》を操《と》つて　天山に事《つか》へりと

明治・大正の両代にお仕えになってきた学識ゆたかな貴殿は、もはや老境に入って鬢《びん》の毛に白いものがまじっていらっしゃいますが／その高雅な風格は、後輩たちが追いつこうとしても、追いつけるものではございません。
お伺いしたところでは、貴殿は、今は亡き我が師依田学海先生と深い御縁があり／昔、一緒に弟子の礼をつくして、藤森天山先生のもとで学問にはげんでいらっしゃったとか。

股野は一八三八（天保九）年に播磨《はりま》・龍野《たつの》藩の儒者の家に生まれ、鷗外より一つ上の世代にあたる。明治以降は太政官大書記官、内閣書記官、宮内書記官、内大臣秘書官長などを務め、漢籍の素養を生かして勅語の作成も担った。そうした経歴から元号考案の役が回ってきたようだ。股野のような官僚が、内閣や宮内省で皇室に関する文書作成に携わり近代国家としての体裁を整えていた。

万が一の事態となれば、諡号や元号を考えなければいけないという職責を鷗外も自覚していたに違いない。明治、大正を代表する漢詩人だった股野でさえ、「不調べ」を免れなかった。普請中である近代国家の体裁を整えるには、並大抵の仕事ではなし得ない。

だからこそ、一九二〇年に昭憲皇太后の追号を巡り、歴史的根拠の正しさよりも政治的な体面を優先して迷走した政治家や高官の振る舞いを目の当たりにすると、賀古宛書簡で激しい憤りを書き連ねたのだろう。

漢籍の知識を生かして近代国家の体裁を整える股野のような漢学官僚の業務は、鷗外、そして鷗外が採用した図書寮編修官の吉田増蔵へと引き継がれた。吉田は元号「昭和」だけでなく、一九三三（昭和八）年に誕生した上皇さま（平成期の天皇）の称号「継宮《つぐのみや》」と名前「明仁《あきひと》」を考案している。

その後、第二次世界大戦の敗戦を機に一旦は途絶えながら、漢学官僚の公務は今日まで密《ひそ》かに続いている。鷗外の墓がある東京都三鷹市の禅林寺近くで開かれた論語の勉強会に参加し、令和改元に関わった内閣官房兼国立公文書館の官僚もその系譜に連なる一人である。

第二章　宮内官僚　森鷗外

一、山県有朋の人脈

足がかりとしての歌会・常磐会

一旦、陸軍省を退いた鷗外はなぜ宮内官僚として再出仕することになったのか。その人事の背景には、元老・山県有朋《やまがたありとも》の存在が欠かせない。宮内省で歴史編修事業に精力的に取り組むことができたのも、山県の後ろ盾があったからだったと言える。当時の最高権力者である山県と、官僚・鷗外はどのように関係を築いたのか。

山県は和歌を好んだ。親友でありライバルでもあった初代首相の伊藤博文《いとうひろぶみ》が一九〇九（明治四十二）年に暗殺された際に詠んだ歌が、百年余りの時を経て安倍晋三元首相の国葬で話題になったのを記憶している人も多いだろう。

その山県を囲む歌会があった。一九〇六年に発足した常磐会《ときわ》である。幹事の一人が鷗外だった。私的な趣味を楽しむため、山県が権力を背景にして著名作家を招いたのなら、名前通りの歌会だろう。ただ、話はそう単純ではない。

鷗外の本職は陸軍医で、作家と二足のわらじを履いていた。一八九九年六月、鷗外は福岡・小倉《こくら》に司令部を置く第十二師団の軍医部長へ異動を命じられる。これを本人が左遷と受け止めたものの、それから八年を経て陸軍医として最高位の陸軍省医務局長に昇進した。常磐会が発足した翌年のことだ。陸軍に強い影響力を持つ山県と和歌を通じて親密になったことが、強力な後ろ盾となったことは確実だ。

では、会の発意者は誰か。鷗外没後百年の節目となる二〇二二年に出版された三冊の新書では見解が分かれる。

鷗外の、軍医の組織における位置を心配した賀古鶴所《かこつるど》は、鷗外を陸軍の長老、山県有朋と接近させることを狙って、歌会を定期的に開くよう計画する。

（中島、二〇二二年）

鷗外は山県有朋侯に依頼され「常磐会」を結成し、賀古と鷗外が発起人で月1回開催することにした。
（海堂、二〇二二年）

〔鷗外は〕山県有朋から信頼され、明治三十九年には彼の意を受けて歌会、常磐会をおこし、幹事をつとめています。
（出口、二〇二二年）

参加者の証言が変遷したり、食い違ったりするため、研究者の間で論争になってきた。大まかに、山県側が発意したとする説と、鷗外側（賀古との協力も含む）とする説に二分できる。

山県説であれば、純粋な歌会という意味合いが濃くなる。一方、鷗外説に立つと、趣味を通じて陸軍の実力者に近づこうとする政治工作の意味を帯びてくる。

作家としての鷗外像を描くか、それとも昇進や栄典と無関係ではあり得ない官僚としての鷗外像に重

山県有朋＝国立国会図書館「近代日本人の肖像」より

きを置くか。どちらの説を採るかは、「テエベス百門の大都」と呼ばれる多面性を持つ鷗外という人物を、描く側がどう見ているかに左右される。

実らなかった初対面

鷗外が山県に近づいたのは、常磐会が最初ではない。鷗外の長男・森於菟《おと》は『父親としての森鷗外』（筑摩書房、一九六九年）で回想している。

山県公が洋行から帰って総理になられた頃、父ははじめて公に会いました。ところが山県さんは新しい人を受け入れる意思がないので、あまり父を好く思ってはくれなかったそうです。それやこれやで、使ってくれる人があらば政治的方面に出たい決心があったのですが、とうとう駄目になりました。父がこの方面に心のあったことは、その頃品川さんや大隈さんや伊藤博文さんに会ったと云《い》う点からみてもわかります

山県がドイツなどへの欧州視察から帰国したのは一八八九（明治二十二）年十月二日、第一次山県内閣の発足は同年十二月二十四日である。於菟の言葉通りなら、鷗外と山県の初対面は八九年末から九〇年初頭のどこかということになる。鷗外は前年の八八年九月にドイツ

留学から帰国していた。陸軍医として本格的なキャリア形成が始まると同時に、九〇年一月には小説家としてのデビュー作『舞姫』を発表している。ただし、この時期の鷗外の日記は抜けている日が多い上に簡潔で、いずれの政治家との面会も記されていない。

大日本帝国憲法の公布に伴い一八九〇年七月に第一回衆議院選挙が予定されていた。だが、於菟が言う「政治方面に出たい決心」について、鷗外研究者の山崎國紀は『評伝　森鷗外』（大修館書店、二〇〇七年）で、鷗外は立候補資格がない軍人であり、かつ、この年はまだ二十八歳で被選挙権を有する三十歳に満たなかったと指摘し、「鷗外が政治家志望であったということは、鷗外自身が発言した確固たるものでなく、於菟の想像でしかない」と否定する。

では、何のための面会だったのか。「品川さん」は後に内務大臣を務める山県系官僚の品《しな》川弥二郎《がわやじろう》、「大隈さん」は肥前《ひぜん》藩（現・佐賀県）出身で後に首相となる大隈重信《おおくましげのぶ》だろう。山県、伊藤、品川は共に長州《ちょうしゅう》藩出身の有力者。大隈は第一次伊藤内閣時に外相を務めていた。明治二十年代前半の明治政府は長州閥と薩摩《さつま》閥という二大勢力が支配し、長州閥では初代首相の伊藤が最有力者で、山県はその次との位置づけだった。

津和野《つわの》という小藩出身の鷗外が軍官僚として出世する上で、隣藩である長州の有力者とのパイプを持つに越したことはない。於菟の言う「政治的方面に出たい」とは、政治的コネクションを得たいとの意味と解釈するのが自然ではないか。ただし、この頃は手当たり次第に有力者と会ったようで、山県一人に絞っていた訳ではない。

面会がかなったのは、仲介する人物がいたためだと考えられる。山県の欧州視察には、鷗外の親友である陸軍医の賀古鶴所が同行した。また、鷗外がドイツ留学中に知り合った都筑《つづき》馨六《けいろく》が帰国後に外務省入りし、第一次山県内閣で首相秘書官となっていた。だが、親密な関係を築くには至らなかった。

山県にとって利用価値はまだなかった

鷗外の随筆『知恵袋』（一八九八（明治三十一）年発表）の以下の記述は、山県との面会を描いたのではないかという指摘がある（前掲の山崎著や小堀、一九九八年）。

われ嘗《かつ》て始《はじめ》て某《それがし》大臣に引見せられしことあり、主人と我とは一室に対座し、主人は葉巻烟草《たばこ》を啣《くは》へて我言を聴かんと欲するものの如し、われは談ぜり、而《しか》るに主人は答へざりき、われは又談ぜり、而るに主人は又答へざりき、此《かく》の如くするもの反復数次にして、主人は啻《ただ》に答へざるのみならず、亦《また》われに暇《いとま》を告《つ》ぐる機会をだに与へざりき、われは三十分以上の腹稿《ふつかう》〔心の中で文案を考えること〕なき演説をなしたるなり、いかなる愚なる事をか言ひけん、おぼつかなし政治学者の岡義武《おかよしたけ》は『山県有朋――明治日本の象徴――』（岩波書店、一九五八年）で、山県の性格を「きわめて慎重かつ神経質であり、人に接して一般的には寡黙であり、態度において謹厳であり、容易にうちとけようとしなかった」と評する。その理由を「相手に利用されるのを惧《おそ》れたとともに、同時に、逆に相手の利用価値を見きわめようとしたためであろう」としている。鷗外はこの時、陸軍軍医学校の若き一教官に過ぎない。賀古や都築のつてがなければ、首相で陸軍の有力者である山県と面会できる地位ではない。山県にとって鷗外は、まだ利用価値があるような人物でもなかった。

その後、一八九八年にも、鷗外は山県と接する機会を得た。陸軍で山県のブレーンだった啓蒙《けいもう》思想家の西周《にしあまね》が死去し、その評伝を書くことになったのだ。津和野藩出身の大先輩にあたる西は森家と血縁があり、鷗外は上京したばかりの少年期、西宅に下宿したことがある親密な関係だった。草稿が完成すると、山県はじめ陸軍幹部に校正を依頼した。その年二月二十三日の鷗外の日記に以下の記述がある。

西紳六郎〔西周の養子〕書を寄せて曰《いわ》く。山県侯西周伝未定稿を読みて、補正する所あり。又詔草の世に公《おおやけ》にすべからざるを告ぐと西が関わった「詔草」つまり天皇が発する勅語の草稿とは、山県の下で制定された一八八二年の軍人勅諭《ちょくゆ》とみられる。鷗外は史実を忠実に記したのだろうが、勅諭は天皇が自ら発する言葉でなければならないとの考えが山県にはあったのだろう。実際には別に作成者がいるという秘事を公にしてしまっては、天皇を中心とする明治国家の体裁が保てない。

『西周伝』は一八九八年十一月に完成したが、西が軍人勅諭に関わったとの記述はない。草稿のこの部分は山県の意を受け削られてしまった。

西を契機としても山県と接近することはなく、同年に発足した第二次山県内閣の時期、鷗外は福岡・小倉へ転属となる。鷗外が陸軍省の昇進レースから外れる「左遷」と受け止めた不遇の時代である。

山県閥はいかにして権力を確立したか

日本国憲法下の議院内閣制では、衆議院の過半数を占める政党の党首が首相となり、参議院でも選挙で過半数を得ることができれば首相の権力基盤は盤石となる仕組みだ。衆参の国政選挙で六連勝した安倍晋三元首相による歴代最長政権は、「自民一強」「安倍一強」と呼ばれた。

それに比べて明治憲法下での首相は、元老らの推薦に基づき天皇から任命されるため、権限も権力基盤も弱かった。選挙（有権者は二十五歳以上の男子のみ。一九二五（大正十四）年以前は納税額による制限もあった）を通じて衆議院で多数を得たとしても、貴族院、枢密院、陸海軍、官僚閥がそれぞれ自律性を持ち、一元的な支配が難しい割拠性が高い制度だった。

このような中、山県はどのように権力を拡大していったのか。以下、前掲の岡著と伊藤之雄『山県有朋　愚直な権力者の生涯』（文藝春秋、二〇〇九年）を参考に見ていきたい。

山県のキャリアは陸軍から始まった。長州の軍人として戊辰《ぼしん》戦争の軍功が最も大きく、近代日本軍の確立に努めたのが大村益次郎《おおむらますじろう》だった。一八六九（明治二）年に大村が暗殺されると、山県がそれに代わって陸軍内で台頭する。七三年に初代陸軍卿（後に陸軍大臣）、七八年に初代参謀本部長に就いた。

力の源泉は、政官界に張り巡らされた山県閥の存在だった。天皇を中心とした明治国家で、実力装置である陸軍、全国の警察や地方行政を所管する内務省に加え、天皇の周囲を固める宮内省（現・宮内庁）、貴族院（有権者による選挙でなく、天皇が指名した議員や皇族などで構成）、枢密院（天皇の諮問機関）などの要職を子飼いの官僚らで固め、手入れを怠らなかった。

陸軍に次いで、まず内務省内部で山県閥が作られた。一八八三年には自ら内務卿に就き、政治分野への進出が始まる。八五年に第一次伊藤博文内閣が発足すると、そのまま内務大臣に就いた。戦後の旧自治、旧厚生、旧建設各省や警察庁を合わせた巨大組織で、しかも戦前の知事は内務官僚が各地へ派遣される官選だった。内政の中核となる組織に人脈を張り巡らせた意味は大きい。

一八九二年の第二次伊藤内閣では司法大臣に就任。翌年に退くと、後任に自らの側近を充て、司法官僚にも勢力を広げた。

並行して手を入れたのが、貴族院である。九〇年の第一回衆議院選挙以来、板垣退助《いたがきたいすけ》率いる自由党や大隈重信の立憲改進党など民権派の政党が勢力を伸ばしたことに、山県は危機感を覚えていた。法律の制定には衆議院と貴族院の両院による議決が必要となる。政府に都合の悪い法案は衆議院で可決されても、貴族院を押さえていれば修正もしくは審議未了にすることができる。貴族院議員の一部は天皇に指名される勅選《ちょくせん》で、実態としては政府が上奏した人物が任命される。山県は最初の首相在任中に側近の官僚を勅選議員として送り込み、多数派工作を図った。これが功を奏して一八九七～九八年ごろには、山県系官僚閥が貴族院の過半数を掌握するに至る。

一八九八～一九〇〇年の第二次山県内閣でも権力固めに余念がなかった。一八九九年に行った文官任用令の改正と文官分限令の制定は、各省の幹部官僚である勅任官を政府が自由に任用することを制限した。民権派の政党内閣ができたとしても、行政の中立性を盾に民間の政党員が幹部官僚に政治任用されることを防ぎ、山県系官僚閥を揺るがせないようにした。

内閣の「製造者」であり「倒壊者」

もう一つは、軍部大臣現役武官制である。第二次山県内閣下の一九〇〇（明治三十三）年、陸軍大臣、海軍大臣には現役の軍人しか就けない慣例をルール化した。これにより、陸軍省、海軍省が身内から大臣を出さなければ組閣できなくなる。陸軍省の幹部人事を決めるのは山県だ。気に入らない内閣を崩壊させることができるようになった。

同郷の長州出身のライバル・伊藤博文の後を追ってきた山県だが、この頃には政府内の勢力を伊藤と二分するようになっていた。そして、初めて伊藤に対して優位に立ったのが、一九〇一年のことだ。第四次伊藤内閣が財政方針を巡る閣内不統一で行き詰まり、第一次桂太郎《かつらたろう》内閣が後を継いだ。桂は陸軍出身の山県直系で、十人の閣僚のうち首相を含む七人を山県系が占めた。山県は自らが首相にならずとも、政権の〝後見人〟の地位に登り詰めた。

陸軍内の力関係にも変化が訪れる。従来は薩摩の重鎮・大山巌《おおやまいわお》と長州の重鎮・山県の意向で重要人事を決定してきた。ところが、一九〇二年に児玉源太郎《こだまげんたろう》内務大臣を参謀本部次長に転じる人事について、大山が参謀本部総長だったにもかかわらず、山県と桂の意向で決定するようになったのだ。

桂は首相になると山県から自立を志向し始め、二人の関係は微妙になっていった。それでも、山県は政権外から影響力を行使し続け、桂が配慮しなければならない大きな存在であり続けた。

桂退陣後の一九〇六年一月に発足した第一次西園寺《さいおんじ》公望《きんもち》内閣は、閣僚に山県系勢力を抱えていた。そのため、山県の意にそぐわなくなると政権運営に行き詰まった。「名実ともに『内閣製造者』であり、また『内閣倒壊者』であった」（岡、一九五八年）。

明治政府の要所に側近を布石のように張り巡らせた上に、力の中枢である陸軍省の重要人事でも山県閥支配を確立する。鷗外が再び山県に接近したのは、こうした時期である。山県は数ある有力政治家の一人ではなく、絶対的な権力者の地位に登り詰めようとしていた。

「山県元帥に名を知られる」

一九〇三（明治三十六）年十一月、『大戦学理』と題して鷗外が刊行した翻訳書が一つの契機となった。プロイセンの軍人・クラウゼビッツが著した軍事・戦略論の古典的名著〝Vom Kriege（戦争論）〟を、初めて邦訳したのだ。

時間に余裕のできた小倉勤務時代に翻訳を始めたものだった。鷗外は「左遷」と受け止めていたようだが、小倉での蓄積が作家としても官僚としても後の飛躍につながる。

鷗外の末弟・森潤三郎は『鷗外森林太郎』（丸井書店、一九四二年）で「この事は軍人社会に兄の声望を重からしめ、山県元帥に名を知られる因となつた」「公（山県）には初め一向認められなかつたが、戦論の翻訳から人物技量を見直され、後には大いに信用を得て、公私につけて庇護を被つた」と記す。

『舞姫』などで既に小説家としては名をあげていたが、『大戦学理』の翻訳により軍人としての功績も山県の耳に入るようになったのだ。ようやく山県にとって「利用価値がある人物」と認められる条件が整った。ただ、親密になるにはきっかけが必要だ。そこであの歌会の存在が浮かび上がってくる。

第一の証言

一九〇六（明治三十九）年に発足した歌会・常磐会は、山県を中心に、賀古と鷗外が幹事を務め、選者は小出粲《こいでつばら》、大口鯛二《おおぐちたいじ》、井上通泰《みちやす》、佐佐木信綱《ささきのぶつな》という計七人のメンバーで始まった。選者の四人は著名な歌人である。因《ちな》みに井上は、鷗外や賀古と東京大学医学部の同窓で古くからの友人であり民俗学者・柳田國男《やなぎたくにお》の実兄にあたる。

発足の経緯について、井上と、七人の中で最年少だった佐佐木が記録を残している。中村《なかむら》文雄《ふみお》の論文「森鷗外と常磐会――主に会の発意者について――」を参考に整理してみたい。

最も早い時期のものは、井上が編者となった『常磐会詠草』初篇（歌学書院、一九〇九年）である。各人の詠んだ歌が収録され、巻末付録として「常磐会の沿革並に会則　井上通泰先生談話　宮内猪之熊筆記」と記された文章が掲載されている（傍線は筆者。以下同じ）。

明治三十九年六月十日の夜、森林太郎、賀古鶴所の二氏が小出粲、大口鯛二、佐々木信綱の三氏と余とを浜町一丁目なる酒楼《しゅろう》常磐《ときわ》に招きて明治の時代に相当なる歌調を研究する為《ため》に一会を起こさん事を勧められた。余はかねて小出翁と共に現時の歌風に極端なる旧派と極端なる新派とあり、其両極端の間に又あまたの派があって後進の嚮《むか》ふ所に迷ふべき事を慨いて何とかせずばなるまいなと云《い》ひ合った事もある事であるから無論森、賀古二氏の勧告に応じた。

大口、佐々木二氏も異論がなかったから、即座に森、賀古二氏が幹事となり小出、大口、佐々木の三氏と余とが選者となって一会を起す事に定まった。其後賀古氏から話のついでに此事を山県公爵に申し上げた所が、公爵も非常に喜ばれて力を添へらるる事を約せられた

鷗外と賀古の二人が井上ら歌人の四人を浜町（現・日本橋）の料理屋・常磐に招いて会を

起こすよう勧め、その後に賀古が山県に話をしたところ、「公爵〔山県〕も非常に喜ばれて力を添へらるる事を約せられた」という話の流れだ。発意者は鷗外と賀古となっている。会の開催と並行して編集された公式な記録のため、山県も読んだ上で同意していたと考えるのが自然だ。図式化すると以下の通りだ。

◇常磐会発足の経緯①（井上『常磐会詠草』による）

・日時不明　賀古と鷗外が歌会を計画

↓

・六月十日　賀古らが井上、佐佐木、小出、大口を酒楼常磐に誘う

↓

・日時不明　賀古から山県に歌会の計画を話すと、山県が喜び支援を申し出た

↓

・九月二十三日　第一回常磐会を開催

ぶれる井上通泰の回想

一九二二（大正十一）年二月、山県が死去した時、井上はこれとは異なる回想をしている。

井上通泰＝柳田國男・松岡家記念館蔵（坪内通夫提供）

その月の雑誌「太陽」の「山県有朋追悼特集号」に掲載された「歌人としての含雪公《がんせつこう》」を見てみよう。山県は「含雪」と号していた。

（前略）而して公が如何《いか》に、時代に順応した新しい歌を翹望《ぎょうぼう》されたかといふ事を最も顕著に語るものは、常磐会の創設である。恰度《ちょうど》明治三十九年の事で、〝どうも現代の歌壇を見るに、極端な新派と極端な旧派とが有り、其の間に又大小幾つもの派があって、後進は其《そ》の何《いず》れに就《つい》ていいものか全く選択に困る有様である。

であるから現代の大家が寄合って相談の上、歌壇の灯明台となり、さうして正しい方向を定めて貰《もら》ふ事にしたい〟という公の希望でもって、森林太郎、賀古鶴所の両君が幹事となり、小出粲、佐佐木信綱、大口鯛二の三君と私と四人が選者となり、それに公爵を加へ、都合七人が会員となって、此の会が生まれたのである

「極端な新派と極端な旧派」に分断してしまった歌壇の現状に何とか対応したい、という発言は、山県存命中の『常磐会詠草』では井上の考えであったものが、「山県有朋追悼特集号」

では山県の言葉に置き換わった。しかも、「公（山県）の希望でもって、（中略）此の会が生まれた」と、発意者は山県になっている。中村論文は「追悼号という性格上、山県に花をもたせる、というような細心の配慮からであろうか」と推測する。

　ところが、山県の公式な評伝である徳富蘇峰《とくとみそほう》編述『公爵山県有朋伝』（山県有朋公記念事業会、一九三三年）では、当初井上が記した筋書きに戻った。

　明治三十九年の夏、小出粲、井上通泰、大口鯛二、佐々木信綱、森林太郎、賀古鶴所等胥謀《ともにはか》り、歌道研究の為に、常磐会を興すや、公は賛成して、隠然之に声援したので、同会は大に発展し、明治大正時代の歌道に寄与する所尠くなかつた

佐佐木信綱＝佐佐木信綱記念館蔵

　これに続き、『常磐会詠草』の井上談話が引用されている。

　公式な評伝なら山県を持ち上げて、山県の発意による歌会だと描いてもおかしくない。にもかかわらず、山県は後援者と位置づけられたところに真実性がうかがえないだろうか。本書の冒頭にあ

る「例言」に、編集を援助した者として井上、佐佐木、賀古の名前があるため、三人が了解した上での記述のはずだ。

食い違う参加者の証言

ところが、これらとさらに異なる証言が出てきた。一九六一（昭和三十六）年二月に雑誌「文学」に掲載された佐佐木信綱「常磐会回顧」である。会のメンバーで最年少だった佐佐木もこの時九十歳。唯一の存命者だった。三七年に文化勲章を受章し、国文学や歌道の分野で重鎮となっていた。

「常磐会がどうして起こったかということは、『常磐会詠草』初編付録の井上通泰君の文章（常磐会の沿革並に会則）に出ておるのと、自分の記憶とはいささかたがいがあるようにおもう」として、以下のように反論したのだ。

明治三十九年六月の初め、賀古さんが来られて、〝この十日に浜町の常磐で夕飯をさしあげたい。皆知っている人ばかりだ、来給《たま》え〟といわれた。（中略）食後に賀古さんは、〝今日の会は実は山県公のお頼みである。公は、はやく維新の際にも、西南の役にも名高い歌を詠まれておられるが、この間、森君と二人でお招かれした時のお話に、自分は若い時は同国の近藤芳樹翁についた。その没後は小出粲君についている。ところが近頃の歌は変ってきた。歌よみのすぐれた人々を集めて夕飯をあげて食後ゆっくり歌の話を聞きたい。隔月くらいに二人が幹事となって会を開いてほしいとの公のお頼みであるから〟といわれた

先立つ一九五九年、国文学者の古川清彦《ふるかわきよひこ》がこの点を佐佐木に書面で尋ねてみた。すると『常磐会詠草』の井上談について「其後賀古氏から云々《うんぬん》はあやまり居候《おりそうろう》、井上君いかであやまりかかれけむといぶかしく候」と返信があった。翌年に面会して質《ただ》すと、佐佐木は「この会は山県の発意によるもの」と明言したという。(古川、一九六一年)。

つまり、佐佐木の記憶によれば、賀古に誘われて酒楼常磐に行くと、賀古は「今日の会は実は山県公のお頼みである」と話し、歌会の計画を明かしたというのだ。これまでは他の年長者に配慮していたが、その必要もなくなり、佐佐木の知る「事実」を最後の言葉として語り始めたのだろうか。いずれにせよ発意者を特定するには、山県の関与がどの時点からであったのかが鍵《かぎ》となる。

◇常磐会発足の経緯②（佐佐木「常磐会回顧」による）

・日時不明　山県が賀古に歌会開催を依頼

↓

・六月十日　賀古らが井上、佐佐木、小出、大口を酒楼常磐に誘う。賀古が「今日の会は山県公のお頼みである」と発言

↓

・九月二十三日　第一回常磐会を開催

新たに発見された井上書簡

近年新たな発見があった。井上通泰が鷗外に宛てた一九〇六（明治三十九）年六月十八日の書簡である。鷗外の長女・森茉莉《まり》が嫁いだ先の遺族が、保管されていた約四百通の鷗外宛書簡を見つけ、没後百年の節目となった二〇二二年に公表された。そのうちの一通だ。

山県を除く、参加者六人が料理屋・常磐に集い、新たな歌会の計画を話し合ったのが六月十日。その八日後の書簡である。書簡では、前日の十七日夕方に山県邸に呼ばれた井上が、その時の様子や山県の言葉を伝えている。

先達《せんだつ》て賀古の話に、井上に何か企《くわだて》がある、と云《い》つて居たがどう云《い》ふ事か。くはしく聞きたい

山県からこう尋ねられた井上は、「例の件」を詳しく話した。すると山県は「非常に相喜《あいよろこ》ばれ」、以下のように話をしたという。

かかる事は高嵜こそ申出《もうしい》づべきこととなるに、その沙汰なきは遺憾なり。しかし幸《さいわい》に足下《そつか》の如き人ありて、かかる企に及びしは、道の未衰《いまだおとろ》へざるなり。此家（水道町）を用立つるは勿論《もちろん》、自分に出来る事は何でもすべし。但《ただ》残念ながら、その会は永続せざるべし。しかし、永続せずとも一度さる会を企てただけの利益は必《かならず》あるべし

書簡は二〇二二～二三年に文京区立森鷗外記念館で催された特別展に展示された。監修した大妻女子大の須田喜代次《すだきよじ》名誉教授（森鷗外記念会会長）によると、「高嵜」とは宮内省の御歌所長を務めた歌人・高崎正風《たかさきまさかぜ》を指す。要職にある高崎がこうした会を企画しないことは残念だが、山県の「足下」（身近）にいた井上たちが歌会を始める試みは歌道が未《いま》だ衰えていないことを示すもので、大変喜んでいるという内容だ。山県が水道町の自宅を開催場所とし

て提供するなどできる限りの支援を申し出たことは、その後に実現している。

書簡から読み取れるのは、歌会の計画を最初に山県に伝えたのは賀古で、山県の発意ではないということだ。「どう云ふ事か。くはしく聞きたい」と山県が尋ねたことから、発意者は賀古らであると推察できる。山県が提案したのであれば、「残念ながら、その会は永続せざるべし」とつき放した見方を示すはずがない。想定外の提案だったので、「永続せずとも一度さる会を企てただけの利益は必あるべし」と手放しで喜んだのだろう。

書簡の後半で井上は「是全《これすべて》貴兄并に賀古君の御配慮の結果」と記した。鷗外に感謝の言葉を伝えていることから、鷗外と賀古が協力して事を進めていたのだろう。山県の関心を引くために、賀古と鷗外が仕組んだと考えることも可能だ。

書簡には続けて「賀古君にはいづれ侯爵〔山県〕より御話あるべしと存候」とあることから、六月十七日夜以降に山県から賀古に謝意が伝えられたはずだ。六月十日の会合の後に賀古から山県に会の趣旨を話したという井上『常磐会詠草』の傍線部分について、佐佐木は「其後賀古氏から云々はあやまり居候」と指摘するが、井上書簡に照らすと事実の可能性が高いと推察できる。会の発足と同時進行で書かれた一次史料のため、記憶に基づいた佐佐木の回顧より信憑《しんぴょう》性が高い。山県の言葉についても、佐佐木の回想は賀古を経由した伝聞なのに対し、井上は山県から直接聞いている。

常磐会発足の真相

井上書簡に基づき、『常磐会詠草』を補足すると以下のようになる。

◇常磐会発足の経緯③（井上書簡による）

・日時不明　賀古と鷗外が歌会を計画
↓
・六月十日　賀古らが井上、佐佐木、小出、大口を酒楼常磐に誘う
↓
・六月十七日午後　山県に呼ばれた井上が計画を話すと、山県が喜び支援を申し出た
↓
・六月十七日夜以降　山県が賀古に謝意を伝える
↓
・九月二十三日　第一回常磐会を開催

須田喜代次は「山県側から何か働きかけて鷗外たちを動かしたということではない。鷗

外・賀古そして何より井上の存在が大きかったように思う」と解説する。賀古、鷗外が主導し、それに井上が協力した三人の合作といえよう。歌人としての存在感を高めたい井上にも、山県と接近したい思いがあったようだ。井上は会が発足した翌年、新年の歌会始《うたかいはじめ》を仕切る宮内省の役職である御歌所寄人《おうたどころよりうど》に就任している。

では、佐佐木の記憶との食い違いをどう説明すればいいのか。

山県が新たな歌会を催したいとの意向を秘めていたことは、井上書簡の「かかる事は高嵜こそ申出づべきことなるに、その沙汰なきは遺憾なり」という山県の言葉からうかがえる。山県側近の賀古は山県の意向を忖度《そんたく》し、陸軍内の昇進レースで後ろ盾を必要としていた鷗外を誘い計画を立てたのではないか。その際に、若い頃から付き合いの深い井上は相談できる相手だった。

ただし、他の名だたる歌人を誘うには口実が必要だ。そこで「今日の会は実は山県公のお頼みである」（佐佐木「常磐会回顧」）ということにして、佐佐木たちを納得させたのだろう。最年少の佐佐木はこうした機微を知らされず、山県のための歌会という賀古の説明を額面通りに受け止めたのではないか。

常磐会に政治性があるということをきいた。（中略）会の当日は政治の方面の話は殆《ほとん》ど

出なかった。我々は明治の元勲が歌の道を重んじられるので、その好意に対して行ったので、会の当日は全く世外《せがい》の日というてよい

この言葉は佐佐木側から見えた「事実」であろう。生粋の歌人である佐佐木にとって、歌会に政治性の入り込む余地はない。それは歌人としての矜持《きょうじ》でもある。

発足にさまざまな思惑が込められたとしても、常磐会は山県の死まで十五年余毎月続き、山県も鷗外も多くの歌を残した。歌会そのものの価値が損なわれる訳ではない。

山県閥の一角として

常磐会が発足した翌年の一九〇七（明治四十）年十一月、鷗外は陸軍省医務局長に昇進した。山県にとっても鷗外は「利用価値」のある人物となっており、常磐会以外の場でもたびたび面会するようになった。

鷗外先生は山県公に社会主義について講義をしているそうです

大逆事件の起きた一九一〇年ごろ、鷗外と親交のあった劇作家・小山内薫《おさないかおる》が小泉信三《こいずみしんぞう》（慶

応義塾長）に語ったという（小泉、一九六七年）。外国語を読めない山県はさまざまなブレーンから海外事情を収集していたが、鷗外もその一人に加えられたようだ。

常磐会には、佐佐木が言うような政治の密談をかわす場としての狭い意味での政治性はなかったが、権力者である山県に近づき後ろ盾を得るという広い意味での政治性はあった。

作家としての創作活動にもプラスに働いた。詩人の木下杢太郎《もくたろう》は「陸軍に於ける鷗外の位地が安定して、まはりに遠慮や気兼をすることなしに、自分の思ふままに振舞ふことが出来た」（木下、一九三六年）と指摘する。実際、小説家としての鷗外が『青年』『雁』『阿部一族』『山椒大夫』『高瀬舟』など後期の代表作を次々と生み出したのは医務局長時代に集中しており、「豊熟の時代」と呼ばれる。

一九〇九年には、自らの体験を踏まえて青年哲学者の性欲史を綴《つづ》った小説『ヰタ・セクスアリス』が発禁処分となり、陸軍の石本新六《いしもとしんろく》次官から戒飭《かいちょく》処分を受けた。北海道師団が食中毒事件を起こした際には、軍医トップであるのに把握していなかったことを元上官の石黒忠悳《いしぐろただのり》からとがめられ、「余り小説を書き過ぎるから、こんな出来事も看過するやうになる。少し新聞も見ておくがよい」と苦言を呈された（山田、一九四三年）。

それでも、鷗外が筆を折ることはなかった。ますます健筆となり、二足のわらじを履いたまま在職は八年余の長期に及んだ。

ただ、山県の後ろ盾を得たということは、政府の要所に張り巡らせた山県閥の一角に組み込まれたことを意味する。

一九一二（大正元）年十二月には、山県の意を受けて陸軍二個師団増設の意見書を起草した。当時の西園公望首相がこれを拒むと、陸軍は上原勇作《うえはらゆうさく》陸軍大臣を辞任させて後任を出さず、内閣を崩壊に追い込んだ。

一九一三年、鷗外は宮中の衛生に関する臨時宮内省御用掛を兼務した。この時期から、山県の依頼に限らず、陸軍や皇室関係の文書を起草、添削することが目立つようになる。作家の文才と漢籍の素養が重宝される反面、山県の政治工作の片棒を担がされもしていた。

書状一通で即採用

山県の影響力の大きさを見せつけられたのが、旧津和野《つわの》藩主の亀井《かめい》家を継いだ十四代目茲常《これつね》の人事である。一九〇九（明治四十二）年の鷗外日記を見てみよう。

十一月二十九日　石本次官新六、新聞紙に署名すべからずと警告す。福羽逸人《ふくばはやと》、電話にて亀井伯の事を山県公に依頼せんことを託す

十一月三十日　夕に椿山荘《ちんざんそう》〔山県の邸宅〕にゆき、亀井伯を式部官《しきぶかん》に採用せられんこと

を請ふ。直ちに渡辺宮内次官に与ふる書を裁させ給ふ
十二月二日　山県公有朋の手書至る。渡辺次官の公に復する書を巻き籠《こ》めたり。亀井伯の式部官に任ぜらるべきこと定まりぬとなり。直ちに植物御苑《ぎょえん》にある福羽逸人に報ず。
（中略）山県公と亀井伯とを訪《とぶら》ふ

東京大学を卒業したばかりの茲常を宮内省で儀式を担当する式部官に採用するよう要請すると、山県は直ちに渡辺千秋《わたなべちあき》宮内次官へ送る書状を手配させた。二日後に山県から届いた自筆の手紙には、渡辺次官からの返事が同封されており、採用が即決されたのだ。

福羽逸人は、津和野藩出身の国学者で明治天皇の侍講《じこう》を務めた福羽美静《よししず》の養子だ。宮内省内苑《ないえん》局長を務めた農学者でもあり、新宿御苑《しんじゆくぎよえん》を整備したことで知られる。鷗外と福羽は、亀井家の家政相談人として定期的に亀井邸で協議をする仲だった。就職の斡旋《あっせん》なら、宮内省勤務で子爵でもある福羽が仲介すればよいはずだ。

にもかかわらず、爵位を持たない鷗外が山県を通じて依頼したことは、宮内省への山県の影響力を物語る。鷗外は小説が発禁処分となった後、石本陸軍次官から新聞に実名で作品を発表しないようにと警告を受けたばかりだった。だが、そんなことに構うことなく、山県は鷗外のために人事を尽くしてくれた。常磐会などを通じて庇護《ひご》されていたからと言う他ない。

鷗外は十二月八日、賀古宛書簡で「はじめて旧主人家〔亀井家〕に対し報恩をなしたるやうの心持いたし愉快に不堪候《たえずそうろう》。これも公爵〔山県〕の御蔭《おかげ》と感激いたし候」と記した。

山県支配の宮内省

山県閥にとって特に重要な拠点が宮内省だった。

元々は初代宮内大臣（在任一八八五〜八七）の伊藤博文が影響力を有していたが、一八九八（明治三十一）年に山県系官僚の田中光顕《たなかみつあき》が大臣に就くと山県閥の支配が強まった。一九一〇年には宮内大臣に渡辺千秋、次官には河村金五郎《かわむらきんごろう》と、いずれも山県系が占め、原敬は「是《こ》れ皆《み》な山県の指示にて、（中略）彼れ〔山県〕伊藤の死後大に其勢力を八方に扶植《ふしょく》〔植え付けること〕する事を図り居るが如し」（『原敬日記』同年四月六日条）と警戒感を示している。

岡義武は、山県が自らの派閥を維持する秘訣《ひけつ》について「彼は一旦引立てた後進については常に心にかけてその面倒をみた。そして、その利用価値に応じて地位を与える配慮を怠らなかった」と記す（岡、一九五八年）。

子飼いを各省で昇進させたり、貴族院議員や枢密顧問官の地位に引き上げたりするだけでなく、爵位も与えた。爵位に関する事項を所管するのは宮内省宗秩寮《そうちつりょう》だ。一九一一年にいずれも山県系の桂太郎が公爵、渡辺千秋と寺内正毅《てらうちまさたけ》が伯爵に陞爵《しょうしゃく》した際、原は日記に「山県が私恩を売らんが為めに頻《しき》りに右様の手段を取る（中略）私曲《しきょく》（不正な手段で自分だけの利益を図ること）を働《はた》らき私党を作る事言語道断」（同年四月二十一日条）と記した。

資金源としても重要だった。政治学者・伊藤之雄《いとうゆきお》の論文「山県系官僚閥と天皇・元老・宮中――近代君主制の日英比較――」によると、宮内省には通常の政府としては計上されていない機密金があったという。

原資は日清戦争（一八九四～九五）の賠償金のうち皇室費に納入された二千万円と、東宮《とうぐう》御所《ごしょ》建築費として第一次山県内閣時に皇室へ上納された二百五十万円だ。利息として毎年得られる百十万円内外の中から秘密資金を作ることができた。一九〇二年の国家予算の歳出が経常部、臨時部の合計で二億七千五百七十五万円なので、それなりの額に上る（大蔵省、一九三八年）。側近の田中を宮内大臣にすることで、山県がこの資金を確保できるようになったという。

明治国家の中心に位置する天皇を押さえる政治的意味も大きかった。例えば、第四次伊藤内閣は一九〇〇年、政府の増税案を貴族院で否決されて膠着《こうちゃく》状態に陥った際、天皇に奏請して増税案に協賛する勅語を発することで事態を収拾している。

国務に関する勅語を発するには、「詔書《しょうしょ》、勅書《ちょくしょ》其の他内廷の文書に関する事務を掌る」内大臣府のチェックを経た上で、国務大臣の副書を必要とする（大日本帝国憲法五十五条）。勅語を起草、添削する内大臣秘書官長、その責任者である内大臣、そして皇室の事務全般について輔弼《ほひつ》（進言し責任を負う）する宮内大臣を押さえておけば、伊藤のように首相が天皇を政治利用して勅語を出そうとする場合でも、未然に察知し、防ぐことができる。

宝物盗難事件から巻き返しを図る

ただし、山県閥の支配にも陰りが見え始めた。一九一三（大正二）年二月二十日、通算で七年余の長期にわたった山県直系の第三次桂内閣が崩壊した。立憲政友会の尾崎行雄《おざきゆきお》や立憲国民党の犬養毅《いぬかいつよし》らによる第一次護憲運動に追い込まれた結果だった。

翌一四年には宮内大臣の渡辺千秋が収賄疑惑で失脚する。不祥事で辞めた大臣の後任に、山県系を送り込む訳にはいかなかった。皇太子の世話役である東宮大夫《とうぐうたいふ》兼東宮侍従長だった波多野敬直《はたのよしなお》が宮内大臣に昇格したが、山県は波多野について「以前己の子分であつたが、今は大隈の方に近くなつて居る」と語っている（『松本剛吉政治日誌』大正十年三月二日条）。それでも、東宮大夫と東宮侍従長の後釜《あとがま》には山県に近い人物をそれぞれ就けることで、影響力の低下を食い止めようと画策した。

山県による宮内省支配が揺らぎ始め、再び掌握する機会をうかがっていた一九一七年三月三十日、ある事件が新聞各紙をにぎわせた。宮内省が管理する奈良・正倉院《しょうそういん》の宝物が流出し、売買されているとの疑惑が報じられたのだ（小杉事件）。東京日日新聞の記事には、責任者である帝室博物館総長の股野の談話が掲載された。流出の事実はなく、同時代の美術品を宝物と見間違えた誤解である、と疑惑を否定するものだ。だが、これが股野の引退と、鷗外の官界復帰への契機となる。

帝室博物館総長で内大臣秘書官長を兼ねていた股野琢は、伊藤博文に近かった。股野は退任直前の一九一七年十二月十六日付の東京日日新聞朝刊で、第一次伊藤内閣が発足した一八八五（明治十八）年に自分を内閣会計課長に引き立て、その後、宮内省に異動させたのは伊藤だったと回想している。それ以来、三十年近く宮務めを果たしており伊藤系最後の生き残りというべき長老だった。

古代日本史に詳しい東野《とうの》治之《はるゆき》・奈良大学名誉教授は論文「小杉榲邨旧蔵の正倉院及び法隆寺献納御物――その売却事件と鷗外の博物館総長就任――」で、当時の新聞に掲載された流出品の目録などを検証し、疑惑は「真実性の高いものである」と結論づけている。

だが、当時の宮内省にとっては、皇室の権威に関わるため流出の事実を公にすることなど許されない。とはいえ、関係者の責任を不問に付すわけにもいかない。一九一七年十二月二十五日に股野の後任として、鷗外が帝室博物館総長に就くことになるが、東野論文は「股野の引退は、高齢が理由とはいえ、時期的にみて小杉事件と全く無関係ではなかっただろうと推測される」と指摘している。

さらに進めて考察したのが、鷗外研究の第一人者である山崎一穎《かずひで》・跡見学園女子大学名誉教授だ。人事の発表は疑惑の報道から約九カ月も後で、股野と鷗外の交代だけでなく、宮内省高官が大幅に入れ替わった。その背景をこう解説する。

> 枢密院議長山県有朋、山県と同郷の寺内正毅首相ら政府の当路者は事が宮内省に関わるだけに、関係諸氏の責任問題をそれとわからぬように政治的に決着させる必要があった。それには時期を待って、人事異動を行う以外にない。それも降格人事とならぬよう配慮する必要がある（中略）鷗外の抜擢も不名誉な事件のカモフラージュであった
>
> （山崎、二〇〇六年）

政治的には、宮内省高官に山県閥の一角である鷗外を新たに送り込むという、山県による巻き返しの一手とも映る。だが、それだけの意味にとどまらない。幼少期に藩校で漢籍を学び、大正以降は歴史小説、史伝を執筆していた鷗外が、宮内省の歴史分野の専門職官僚を率いることになったのだ。股野という漢学官僚の後を引き継いだことは、宮内官僚・鷗外の業務に多大な影響を及ぼすことになる。

二、四つの歴史編纂事業

「老いぬれど馬に鞭うち」

宮内官僚として晩年の鷗外が取り組んだ『帝諡考《ていしこう》』『元号考』は、これまで鷗外作品を研究する学者や評論家の間で注目度は高くなかった。例えば文芸評論家の唐木順三《からきじゅんぞう》は「清閒の地にふさはしい純考証的な仕事」と評している（唐木、一九四三年）。

前章で紹介したように、鷗外には「十二月廿《にじゅうご》五日作」と題する漢詩がある。一九一七（大正六）年に帝室博物館総長兼図書頭へ就任した日付だ。七言絶句の転句に「石渠天禄清閑《せききよてんろく》の地」とある。帝室博物館と図書寮を、中国・漢代に貴重書が納められた「石渠閣《せききよかく》」と「天禄閣《てんろく》」という楼閣にたとえ、俗世間に煩わされない「清閑の地」と表現した。唐木の評はこれに倣ったものだ。

ところが、鷗外は同年十二月三十日に親友の賀古鶴所宛書簡には以下の和歌を書き送った。

老いぬれど馬に鞭《むち》うち千里をも走らむとおもふ年立ちにけり

陸軍を退官していた鷗外は、この時五十六歳。自身を老いた馬にたとえ、歳をとってしまったが鞭を打ってでも千里の道を走ろうという思いだ、と再出仕への意欲を伝えている。

こちらについて唐木は、山県有朋を中心として賀古と鷗外で「何事か政治的な画策をしてゐた跡」が見られる中での「世間的な野心の一表白」と評する。

「清閒」と「野心」の二面性を唐木は指摘するが、鷗外の心情はどちらに傾いていたのだろう。

「十二月廿五日作」の漢詩は前任の帝室博物館総長の股野琢や桂湖南ら著名な漢詩人の添削を経た上で、「大正詩文」に発表されたものである。高級官僚や政治家、帝国大教授らが名を連ねる漢詩の同人誌で、発表される作品は半ば公的なものだ。個人的な心境を吐露したというより、謙遜《けんそん》の意が込められていると見た方がよい。

渋江抽斎の詩を居間に飾るまでに

賀古に送った歌には基になった鷗外作品がある。一九一六（大正五）年一月から五月まで東京日日新聞で連載した『渋江抽斎《しぶえちゆうさい》』である。冒頭、抽斎の志を述べた以下の漢詩から書き始められる。

三十七年一瞬の如《ごと》し、医を学び業を伝へて薄才伸《の》ぶ。栄枯窮達は天命に任《まか》せ、安楽を銭《ぜに》に換へて貧を患《うれ》へず。

そして、この詩について鷗外は「老驥《らうき》櫪《れき》に伏《ふく》すれども、志《こころざし》千里に在《あ》りと云ふ意が此中《このうち》に蔵せられてゐる」と解説を記している。「老驥」は年老いた駿《しゅん》馬《め》で、「櫪」はくぬぎの木から転じて馬小屋を指す。英傑は年老いてもなお勇壮な志を失わない、という意味で、出典は中国・三国時代の魏の武帝（曹操）の詩である。

江戸末期の弘前《ひろさき》藩に仕えた医師であり儒学者、考証学者でもあった抽斎という人物に関心を抱いたことが、鷗外を「史伝」という新しいジャンルの歴史小説へといざなった。鷗外は「抽斎を敬慕する余りに」、右掲の詩を居間に飾るほど入れ込んだ。そして以下のように記す。

抽斎は医者であつた。そして官吏であつた。そして経書や諸子のやうな哲学方面の書をも読み、歴史をも読み、詩文集のやうな文芸方面の書をも読んだ。其迹《あと》が頗《すこぶ》るわたくしと相似てゐる。（中略）若《も》し抽斎がわたくしのコンタンポラン〔同時代の人〕であつたなら、二人の袖は横町の溝板《どぶいた》の上で摩《す》れ合つた筈《はず》であるその抽斎と同じ志を抱いていると表現するところに、強い意志が表れている。

就任翌月の一九一八年一月二十三日には、永井荷風《ながいかふう》宛の書簡で「当方又々《とうほうまたまた》官吏と相成《あいなり》、今回は一時全く筆硯《ひつけん》廃絶の覚悟に御座候《ござそうろう》」と記した。筆と硯《すずり》を廃絶するとは、小説家としての文筆を絶つという意味である。宮内官僚の職務に専念する決意を伝えたのだ。実際、東京日日新聞に連載中だった『北条霞亭《ほうじょうかてい》』は一時中断した。翌日の一月二十四日には賀古宛の書簡でも「上野も三年町も活気を生ぜしめ度《たき》と日々奔走仕居《つかまつりおり》候」と書き送っている。上野は帝室博物館、三年町（現・霞が関）は図書寮が置かれていた場所である。

鷗外の私的な書簡からは、新たな公務に積極的に取り組もうという心境がうかがえる。決して、俗世間に惑わされない静謐《せいひつ》な場で史料の山に囲まれながら、純粋に考証的な著述に没頭しようとしていたわけではない。「清閒」よりも、「野心」の方が本音であろう。

「精励恪勤」で仕事をこなす

一九一八（大正七）年一月十四日の東京朝日新聞朝刊五面に鷗外の就任直後の仕事ぶりが紹介されている。勤務の様子がよく分かるので、少し長くなるが引用したい。

森総長が就任匆々《そうそう》／博物館の改革／◇相変らず軍服姿で／◇早出晩退《そうしゅつばんたい》の執務振《ぶり》／＝正平

版の論語翻刻計画

『森さんは学者よりも事務家《じむか》だ』といふ噂は最近博物館の役人さん達の間に囃《はや》されて新帝室博物館総長森林太郎氏は甚だしく怖い小父《おじ》さん扱ひにされて居る。博士が三宅坂の陸軍省を退《ひ》いてから軍服はお払ひ箱と思ひきや『事務は是《こ》れに限る』と許《はか》り又候《またぞろ》▲無風流にも　金地《きんぢ》に二つ釦《ぼたん》の肩章《けんしよう》厳《いか》めしく例の長剣をがちやつかせて宮内省の図書寮と博物館とへ交《かわ》る交る毎日早出晩退の精励恪勤《せいれいかくきん》、遉《さすが》に抜けぬ軍隊気質《かたぎ》、一分の遅刻も無く総長室に納まり神谷博物館主事を督励《とくれい》して『あの帳簿を』『この書類を』と万端抜目なく、列品目録と首つ引しては館内を隈《くまな》無く取調べて居る（中略）館内役人共の職務振りにも注意し▲専心館務に　力を致させるやう自ら率先して事に当るといふ風なので役人諸氏は恰《あたか》もライオンの前に跼蹐《きよくせき》した態《てい》である（中略）之《これ》を要するに新総長は着任匆々未完の儘《まま》の目録完成、列品の整理等寸分の余裕なく遺憾なく精力主義を発揮し着々改革の歩を進めて居るといふことである

鷗外は単なる文人ではない。巨大組織の陸軍で出世し、軍医として最高位であり医官の人事権を握る陸軍省医務局長まで登り詰めた。その行政官としての経験と能力を、宮内省でも発揮したのだった。

博物館の観覧者数で最高記録

帝室博物館総長としての業績は、山崎一穎『森鷗外論攷』（おうふう、二〇〇六年）、須田喜代次『位相　鷗外森林太郎』（双文社出版、二〇一〇年）に詳しい。業績として以下の五つが挙げられる。

①時代別陳列方法の採用
②研究紀要としての「学報」の刊行
③目録作成の推進
④正倉院拝観資格の拡大
⑤蔵書解題と著者略伝

特に①②④は鷗外の発意によるもので、実現に向けて予算獲得に奔走した。

まず取り組んだのが、陳列替えだった。これまで開館以来のしきたりで品目種別による分類陳列をしていたが、時代別の陳列配置に変えようとした。具体的には、上古、飛鳥《あすか》、奈良、平安、鎌倉《かまくら》、足利《あしかが》、豊臣《とよとみ》、徳川、明治という区分である。

ただし、当然ながら費用が掛かる。鷗外は早速、博物館の繰越金一万五千円を、一九一八（大正七）年度の追加予算として提出しようとした。だが、六月に入っている以上、緊急でないものは次年度予算に計上するのが筋である、と宮内省の会計をつかさどる内蔵寮《くらりょう》に難色を示された。とはいえ、次年度に回せば必ず予算が付く保証はない。石原健三・宮内次官と折衝を重ね、八月になってようやく了承を取り付ける。

一八年度の東京帝室博物館の歳出総計は前年度比で約七万五千円増の二十四万八千円余となり、うち臨時費が六万三千円余を占めた。この年の臨時費の多さは大正期で突出しており、陳列配置換えの関連費が多く含まれたのが要因とみられる。「学報」の刊行や陳列品の目録作成も、鷗外在任中に大きく増えた。

博物館の歳出総計は一九一九年が二十六万三千円余、二〇年が三十五万二千円余、二一年は三十九万七千円余と年々増加し、鷗外の総長就任から四年間で倍以上になった。

歳出の伸びは観覧者数の増加にもつながった。一九〇六（明治三十九）年の三十三万七千人余をピークに減少傾向にあったが、鷗外の在任期間中に急増し、二〇年には過去最高の四十万五千人余を記録した。正倉院御物特別展覧会が行われた四〇（昭和十五）年の六十九万八千人余を除けば、戦前の帝室博物館時代にこの記録は破られなかった。鷗外の改革は着実に実を結んだといえる。

歴史に関する四事業

第一次世界大戦で敗れたドイツで帝政が崩壊した一九一八（大正七）年十一月以降、鷗外は賀古宛書簡で革命や君主制のあり方についてたびたび意見を述べている。ドイツ（プロイセン）は大日本帝国憲法を策定する際にモデルとした国である。鷗外が若き日に留学した個人的に思い入れのある地なだけに、衝撃は計り知れない。

一九一八年十一月十三日　今や帝王の存立せるは日本と英吉利《イギリス》とのみと相成候《あいなりそうろう》（中略）今よりの政治上の局面は下す所の石の一つづつが帝室の運命問題に関するを覚え候

同年十二月二十日　此時に当りて我帝室を奈何《いかん》すべきか。世界の大勢に反抗して一旦君主専制より中途半端の立憲君主制まで譲歩したる現制を飽くまで維持することが出来べきか。そんな事の出来た例は万国の歴史にないではないか

皇室の危機に対応しなければならないという問題意識の下、図書頭として鷗外が取り組もうとしたのが歴代天皇の歴史を整理する事業だった。主なものとしてⅠ『帝謚考』、Ⅱ『天皇皇族実録』、Ⅲ六国史《りっこくし》校訂の準備作業、Ⅳ『元号考』――が挙げられる。この四つを総体として考えていたようだ。

ⅠとⅣはこれまで取り上げてきたので説明は不要だろう。Ⅱは初代とされる神武天皇から

幕末の孝明天皇まで天皇と皇族の公式な一代記である。天皇・皇族合わせて計三千五十人に上り、本文二八五冊、総目録一冊という膨大な分量となった。鷗外死後の一九三六（昭和十一）年に脱稿し、印刷が完了したのは四四年だった。

Ⅲについて、六国史とは飛鳥時代から平安時代前期にかけて朝廷が作成した公式の歴史書で、『日本書紀《にほんしょき》』『続日本紀《しょくにほんぎ》』『日本後紀《にほんこうき》』『続日本後紀《しょくにほんこうき》』『日本文徳天皇実録《にほんもんとくてんのうじつろく》』『日本三代実録《にほんさんだいじつろく》』の六つの総称である。後世のさまざまな写本によって今日に伝えられるため、複数の写本を比較することで誤りを正したり、よりよい形に訂正したりするのが「校訂」だ。考証学者による校訂について、鷗外は『渋江抽斎』で抽斎の著作を引用する形で以下のように説明する。

> 先づ善本《ぜんぽん》を多く求めて、異同を比讐《ひしう》〔比較対照〕し、謬誤《びうご》を校正し、其字句を定めて後に、小学〔文字学〕に熟練して、義理〔正しいすじ道〕始《はじめ》て明了なることを得《う》。（中略）小学を治め字句を校讐するは、細砕《さいさい》の末業《まつげふ》に似たれども、必ずこれをなさざれば、聖人の大道微意《だいだうびい》〔天地の理法に基づく奥深い教え〕を明《あきら》むること能《あた》はず

古代における天皇の実録を編修する際、正確を期すには典拠となる六国史の校訂が欠かせ

ず、ⅡとⅢの両事業は補完しあっていた。『天皇皇族実録』と六国史校訂準備作業の両事業を鷗外は統括しており、有機的に関連させる構想を持っていたようだ。古代の天皇や皇族の実録を執筆する際に引用するのが、『日本書紀』などの六国史である。原典が正確でなければ、歴史的根拠は確かなものになり得ない。

それだけではない。テキストを考証することでしか古《いにしえ》の教えを伝授することはできない以上、考証することは考証学者としての修養、すなわち「道」そのものである、と抽斎は信じていた。鷗外も抽斎に倣い、公務として考証に取り組むことを通じて「道」を実践しようとしたのだろう。

鷗外は『帝諡考』をまず完成させ、その後に並行して『天皇皇族実録』、六国史校訂、『元号考』に取り組んだ。鷗外の著作として全集に収録される『帝諡考』と『元号考』は、編纂《へんさん》方針の上申・決裁の過程が分かる公文書が宮内公文書館に残されていない。一方、『天皇皇族実録』と六国史校訂は編修過程が公文書から確認できる。『天皇皇族実録』と六国史校訂は図書寮の職員を増やしたり、新たな体制を整えたりして組織として取り組んだのに対し、『帝諡考』と『元号考』は公的な業務とはいえ鷗外が自ら筆を執り個人として取り組んだこととの違いとみられる。

一九一八年から二二年に図書寮で作成された公文書の大半は、図書頭である鷗外が決裁したサインが記されている。鷗外がどのような公文書を立案、決裁したのかを確認することで、宮内官僚としての公務を再構成してみたい。

編年体を紀事本末体に

Ⅰ〜Ⅳの中で最大規模だったのが、『天皇皇族実録』である。

この構想は、一九〇八（明治四十一）年から始まった。当時、陸軍省医務局長だった鷗外は、まだ関与していない。当面は明治天皇の実録に限定して進めることとなり、編修様式は「日を以て月に繫《つな》げ月を以て年に繫ぐ」と編年体《へんねんたい》を採用した。何年何月何日に誕生、結婚、即位、崩御と起こった出来事を淡々と年代順に記していく、一般的な歴史叙述の様式だ。だが、作業は遅々として進まず、編修のペースを上げなければならなかった（所功、二〇〇六年など）。

鷗外が宮内省入りしたのは、そのような状況下だった。図書頭就任から一年余経った一九一九（大正八）年三月、「天皇皇族実録編修八年計画案に付稟議《りんぎ》の件」と題する文書を波多《はた》野敬直《のよしなお》宮内大臣宛に提出した（宮内公文書館蔵・図書寮「大正八年　例規録四」第六号文書）。編修作業を迅速に進めるため、事業改革により今後八年間で終える計画を提案したのだ。

この稟議書に記された最大の特徴は、編修様式を従来の編年体から紀事《きじ》本末体《ほんまつたい》に改めたことだ。稟議書中の「天皇皇族実録編修規程」第三条に「実録は之《これ》を事項に類別し編年に依《よ》り事を以《もっ》て日に繫げ」とある。

年月日を順に追って記述する編年体と異なり、紀事本末体の特色は、「事項に類別」して項目を立てることだ。鷗外は「天皇実録様式」「皇族実録様式」としてそれぞれ、実録に記載する項目を具体的に定めた。天皇実録の章立ては「総説、誕生、成年、教養、大婚《たいこん》、親子、登極《とうきょく》、神器、皇居、朝儀《ちょうぎ》、内治、軍事、外国交際、祭祀、葬祭、信仰、文芸武芸、遊宴、行幸《ぎょうこう》啓《けい》、恩賜《おんし》慰問《いもん》、譲位、御料《ごりょう》、崩御、雑載」の計二十四章とした。

鷗外在職中に紀事本末体で書かれた『天皇皇族実録』は九冊残っており、東京大学史料編纂所が所蔵している。このうち誕生から崩御まで形式がそろっているのは『孝明天皇実録』のみである。以下では村上祐紀《むらかみゆき》・拓殖大学教授の論文「接続する「神話」――『天皇皇族実録』『日本神話』『北条霞亭』」を参照しながら論を進める。

なぜ鷗外は紀事本末体を採用したのか。東京大学所蔵の『孝明天皇実録』は儀式や行事に関する詳細な説明がみられ、例えば第一二章「朝儀」では「元日儀」が「中古より催さる」連続性が強調される一方、「応仁《おうにん》以後全然廃絶に帰せしが延徳《えんとく》年中に至り再興せられたり」と断絶や変化があったことも記されている。

村上は「前代からの伝統を保持しながら、時代に合わせて変化していく「帝室」のあり方がここには示されている」として、「鷗外が紀事本末体による『天皇皇族実録』で描こうとしたのは、帝室の連続性を前提とした新たな「天皇皇族」の歴史であったと考えられる」としている。

史伝の新たな歴史叙述

村上の考察を補足すれば、項目を立てた上で歴代の天皇の記述を比較することで、その項目の連続性や変化を明確に把握することができる。例えば儀式の項目だけを抜き出して神武天皇から孝明天皇まで時代を追って比べれば、儀式がいつ起こり、どのように変容し、連続もしくは断絶したかを容易に確認できる。他の項目でも同様である。一人の天皇の事跡を年月日順に追った編年体では個々の一代記が積み重なるにとどまり、時代をまたいだ連続性や断絶を確認することが難しい。

項目ごとに横串《よこぐし》を通して天皇の歴史を整理する様式は、鷗外が他の事業でも用いているものだ。『帝謚考』は歴代天皇について謚号という項目を立て、典拠を整理したものと言える。『元号考』も同様である。『帝謚考』では謚号の時代変遷を追うことで、漢風謚号や和風謚号がいつ廃絶し、また後代にどのような時代背景で「再興」したのかという変遷が明確になった。

他にも鷗外在職時の図書寮は、神武天皇から孝明天皇に至るまでの皇后や側室の名前、身分、経歴などを整理した「後宮一覧」という資料も所蔵していた。図書寮事務官で庶務課長兼図書課長を務めた五味均平が一九一七（大正六）年四月に作成したものだ。

実は鷗外は晩年、小説でも同じような叙述形式を採用している。江戸時代の医師・考証学者とその一族や師弟を描いた『渋江抽斎』『伊澤蘭軒《いざわらんけん》』『北条霞亭《ほうじょうかてい》』といった史伝である。

山崎一穎『森鷗外・史伝小説研究』（桜楓社、一九八二年）によると、例えば蘭軒とその子や孫の生涯を編年体で記す一方、同時代の文化人である菅茶山《かんちゃざん》、頼山陽《らいさんよう》、狩谷棭斎《かりやえきさい》らの生活や生涯が交差するように配置して記述を進めていく。縦軸として主人公たちの人生や一族の歴史的な流れを捉《とら》えることができると同時に、ある時点を横軸で切り取り平面に拡大していけば、その時代の文人たちの交流や生活が把握できる。そこに近世の文化史や学芸史が浮かび上がる。縦軸と横軸がダイナミックかつ立体的に交差することで、人物の人生と取り巻く時代を総体的に描くことが可能となるのだ。

中でも最も分量が多い『伊澤蘭軒』は、このような系譜的叙述の傾向が強い。鷗外は『伊澤蘭軒』を書き始めた際、以下のように記した（傍線は筆者）。

素人歴史家たるわたくしは我儘《わがまま》勝手な道を行《ゆ》くこととする。路に迷つても好《い》い。若《も》し進退維れ谷《こきはま》つたら、わたくしはそこに筆を棄てよう。所謂行当《ゆきあたり》ばつたりである。（中略）しかし素人歴史家は楽天家である。意に任《まか》せて縦《たて》に行き横に走る間《あひだ》に、いつか豁然《くわつぜん》として道が開けて、予期せざる広大なるペルスペクチイウ（＝展望、見通し）が得られようかと、わたくしは想像する

鷗外は史伝で模索した新たな叙述形式を、図書寮の歴史事業にも援用しようと試みたのではないか。江戸期の儒学者一族に比べ、天皇と皇族の歴史は日本の歴史そのものと言っても過言ではなく、壮大な物語となる。

一九一五年十一月、鷗外は京都御所で天皇即位の儀式を見学した。近代国家の仕組みが整った後に初めて行われた即位礼や大嘗祭《だいじょうさい》を通じ、歴史の連続性や変化を実感したであろう。紀事本末体による『天皇皇族実録』が完成すれば、儀式以外の項目でもこれらがより鮮明になったはずだ。国家の中心に位置する天皇を、古から連続する歴史的な存在だと位置づけた上で、総体として把握しようとした鷗外の意図がうかがえる。

『天皇皇族実録』に向けた増員要求

次に『天皇皇族実録』の編修のため、組織をどのように拡充したかを見てみたい。

先に紹介した宮内大臣宛の稟議書で、予定枚数の総計は実録一万四千四百八十五枚、資料五万三千四百九十四枚と概算した。それに基づき「編修を五組と為《な》して一組は編修官一人、補助員四人を以て組織す」るようにと組織再編を提案している。一組が一日に実録起草二枚、資料収集七枚と想定すると、八年間で実録一万九千二百枚、資料六万七千二百枚となる。何らかの支障が起きることを見越して実際の数量が二割減ると計算しても、実録一万五千三百六十枚、資料五万三千七百六十枚となり、「過当の見積《みつもり》にあらざるべく」とした。

計画が裁可されると鷗外は、翌二〇（大正九）年六月九日付けの宮内大臣宛の文書「天皇皇族実録編修の為定員改正方上申の件」（図書寮「例規録大正九年」第二号文書）で編修スタッフの増員を要求した。編修官を現行の二人から五人、新設する編修官補として新たに十人、雇員《こいん》を七人から十人、写字生を十四人から二十二人に増やす一方、宮内属（庶務に従事する事務職員）を二十一人から十八人に減らす。全体で現定員の四十四人から、改正後は六十五人へと二十一人増員する案だ。

具体的な組織改編の手続きは、一九二〇年七月以降に確認できる。鷗外の日記に以下の記述がある。

七月二十七日　〔図書〕寮に参り、〔宮内〕省に参る。南部参事官に見《まみ》えて寮の定員の事

を言う

原則として鷗外は上野公園内の帝室博物館に月水金、霞が関の図書寮に火木土と交互に出勤した。皇居内にある宮内省に鷗外が出向くのは、特定の用件がある場合に限られる。

国立印刷局が毎年作成する一九二〇年版の「職員録」には、宮内省調査課長に「宮内省参事官　南部光臣」の名前がある。そこに書かれた「大臣官房分課規程　明治四十年十一月宮内省令第九号」は、調査課の職務を以下のように記す。

一調査課に於《おい》ては左の事務を掌《つかさど》る
一、法規其の他重要なる公文の起草及審査に関する事項

図書寮の人員を増やすため、宮内省官制の何らかの改正について鷗外が南部に要請したようだ。そして八月二十七日、中村雄次郎宮内大臣から原敬《はらたかし》総理大臣宛に「御意見至急御回示相成度《あいなりたく》」と官制改正の審査を求める文書が提出される。改正の内容は以下の通りで、従来二人だった編修官を五人に増やし、新たに編修官補のポストを設けるというものだ。

宮内省官制中左の通改正す
第五十二条　図書寮に左の職員を置く
　編修官
　編修官補
編修官は五人奏任とす。編修の事を分掌す
編修官補は判任とす。編修に従事す

宮内省の提案に対して内閣は九月二日、「審査するに右は相当の儀と思考す。依《よっ》て閣議決定其《そ》の旨《むね》回答相成可然《あいなりしかるべく》と認む」として総理大臣以下の各大臣らが決裁した。国立公文書館が蔵する「公文類聚・第四十四編・大正九年・第三巻・官職二・官制二（宮内省・外務省・内務省・大蔵省）」という冊子に綴じられており、同館デジタルアーカイブから閲覧できる。

ここで官僚の身分上の区分を整理しておこう。大日本帝国憲法下で官僚は「天皇の官吏」とされた。天皇が自ら任命する勅任官《ちょくにんかん》（次官や局長、府県知事）と、首相が天皇に上奏して任命する奏任官《そうにんかん》（本省課長級等の中堅幹部）が、高等官と総称された。その下に各省大臣が任命する判任官《はんにんかん》が位置づけられる。

図書寮では頭が勅任官（一等もしくは二等）、編修官が奏任官（四等から八等）、編修官補と宮内属は判任官とされた。高等官には判任官以下とは別の専用の食堂と便所まで設けられるという明確な身分制が形成されていた。俸給も等級に応じて大きな差があった。これら高等官と判任官が官吏と呼ばれる。その他の事務員である雇員などは、各官庁が民法上の雇用契約をする非官吏としてさらに区別された（官報第二七五六号、一九二一年十月七日、皇室令第一八号「宮内官官等俸給令」の別表。西尾、二〇〇一年）。

編修スタッフを続々採用

鷗外の要求は実現したのだろうか。宮内公文書館が所蔵する採用や退官、異動などに関する公文書「進退録」を見ると、人事の詳細が分かる。これまで基礎研究として元宮内庁書陵部編修課主任研究官の沼倉延幸が、鷗外が図書頭として決裁した公文書を整理した（沼倉、二〇一六年など）。だが、当時の宮内省公文書を利用して、宮内官僚としての鷗外像を描こうと試みた研究は、これまでなかったようである。

そこで筆者は、鷗外が波多野宮内大臣に稟議書を提出した一九一九（大正八）年三月以降の「進退録」を一枚一枚めくりながら確認することにした。

図書寮の一九年分には、第一号から第二〇号まで文書が綴《と》じられている。いずれの公文書も冒頭の右上に立案日と決裁日が記され、その左隣の「図書頭」と印字された部分に鷗外の

大日本帝国憲法下における官僚

	官吏の分類			図書寮の役職
官庁勤務者	官吏	高等官	勅任官	図書頭
			奏任官	編修官、事務官
		判任官		編修官補、宮内属
	非官吏			雇員、写字生など

花押が書かれ、決裁されている。

「任用」「依願免職」「増俸」など、それぞれの文書に案件、日付、名前、経歴や理由などが書かれている。

実録編修の関連だと分かる文書が最初に出てくるのは、八月一日立案、二日決裁の第一四号文書である。図書頭から宮内大臣宛てで「当部局内判任官任用の儀に付内申」と題し、「板沢武雄」「寺井種長」と名前が記される。板沢は東京帝国大学文科大学、寺井は国学院大学大学部を卒業したとの経歴に続き、「倶《とも》に国史学を専攻の経歴あり実録編修に適任の者」として、宮内属に任命するよう内申した。これに続く二枚目の文書では、同年九月六日に図書寮編修課勤務実録掛を二人に命じる辞令案も決裁されている。

そのまま文書をめくっていく。十二月十三日に立案、決裁された第一八号文書も同じ書式だ。「黒井大円」「高橋光枝」「阿部勝海」「武岡博三」の四人について、いずれも国学院大学大学部を卒業し、このうち武岡は国文学を、その他三人は国史学を専攻した経歴から、「実録編修に適任の者」として宮内属に任用するよう図書頭が宮内大臣に内申した。

吉田増蔵ら漢学者も

この「進退録」の冊子は、一九一九（大正八）年から十年分がまとめて綴じられている。大正九、十年分もそのまま調べると、以下の人々が実録編修に関連して次々と採用されていた。

武田勝蔵は一九二〇年三月に慶応義塾大学部を卒業した。「史学専修の学歴あり実録編修に適任の者」として同年四月二十二日、図書寮雇員に任用するよう内申している。同年四月二十六日、図書寮編修課勤務実録掛を命じられ、その後五月十日に第一部実録編修補助を命じられた。

久保得二は著名な中国文学者である。一八九九（明治三十二）年七月、東京帝国大学文科大学漢学科を卒業して以来専ら著述に従事し、大正の『大礼記録』の編纂を担当したことは第一章で紹介した。その縁で一九一九年十二月から「帝室和漢貴重図書の解題覆検《ふくけん》（調べ直すこと）」に従事するため図書寮事務嘱託を務めていた。業務が終了したため、「実録編修事務に従事せしめ度候処《たくそうろうところ》編修官として適任」として、二〇年九月十一日に編修官に登用するよう内申した。

吉田増蔵《ますぞう》は京都で漢学、東京で英学を学んだ後、「京都帝国大学文科大学選科を卒業し特に漢文学に造詣深く」一九一八年七月まで奈良女子高等師範学校の教授を務めた。こうした経歴から「編修官として適任と認め候」として、二〇年十月五日に編修官として任用するよう内申している。鷗外死後に未完成の『元号考』の執筆を引き継ぐ人物だ。

吉田の進退録は、記載に他の採用者と異なる点がある。『天皇皇族実録』の編修スタッフを拡充する一環で採用され、実際に従事するのだが、なぜか「実録編修事務に従事せしめ度」や「実録編修に適任」などと記されていないことだ。鷗外は採用時から『元号考』に関わらせようと考えていたのかもしれない。

採用はまだ続いた。菊池恭三は一九二〇年七月に国学院大学国史科を卒業した。その経歴から「実録編修事務に従事せしめ度候」として、同年十二月二日、図書寮雇員（編修官補補助）に採用するよう内申している。二一年一月八日、編修課勤務実録掛と第五部実録編修補助を命じられた。

山本光郎は二一年三月に慶応義塾大学部文科史学科を、中野斉は同年四月に国学院大学文学部国文科をそれぞれ卒業した。いずれも同年四月二十六日に図書寮技生として、編修課勤務実録掛を命じられた。六月に判任官待遇の図書寮雇員（編修官補補助）に昇格している（山本と中野については、大臣官房総務課、大臣官房秘書課「大正十年　進退録十　判任官以下の部」第三七〇号文書）。

以上、組織拡充前後の三年間で新規採用は計十二人に上ったことが「進退録」から確認できた。一見無味乾燥な公文書だが、国史や国文学を学んだ経歴を理由に「実録編修に適任」としていることから、どのような人材を求めていたのかが分かる。多くの新卒の若者に加え、久保や吉田といった経験豊富な漢学者も採用したことから、漢籍の素養も必要だったことがうかがえる。

就任四年で職員倍増

組織拡充が裁可されたことで、既にいる編修スタッフは昇格した。一九二〇（大正九）年九月十一日、宮内属だった田辺勝哉を編修官に昇格させるよう図書頭が宮内大臣に内申した。田辺は一八九四（明治二十七）年七月に国学院本科を卒業し、九六年六月から図書寮で皇統譜や実録編修の事務に従事してきたベテランだ。編修官は前年まで本多辰次郎と芝葛盛《しばかずもり》の二人だけだったが、先述の宮内省官制改正で定員が五人に増員され、久保、吉田、田辺の三人が加わった。この五人が鷗外指揮下の『天皇皇族実録』の編修において、五班体制の各責任者に就くことになる。

新設された編修官補には、宮内属だった秋山光夫と逸見仲三郎が就いた。他に、採用されたばかりの板沢、黒井、阿部、武岡、高橋も一九二〇年九月に任命され、計七名となった。

鷗外が要求した「編修官五人、編修官補十人」という体制は、おおむね満たされたといってよいだろう。

「職員録」で図書寮の欄に名前が記された職員数（御用掛、嘱託などを含む）を見ると、一九一七年十九人、一八年十九人、一九年二十人とほぼ横ばいだったのが、二〇年三十四人、二一年四十四人（秋山光夫が宮内属と編修官補を兼任するため実際は四十三人）と大幅に増えている。鷗外が着任したのを機に四年間で倍以上になったのだ。

理念や思想を説いたり書いたりするだけでは物事は動かない。実現するには段取りが必要だ。予算と人事が政治・行政の要諦《ようてい》である。鷗外がトップに就いた帝室博物館と図書寮で予算や人員の充実が際立つのは、陸軍省で培われた行政官としての能力が発揮されたからだろう。数々の新たな事業に取り組む体制がこれで整えられた。

三、官制改革の影

人員削減へと一転

ところが、「進退録」を読み進めると、不可解な記述が散見されるようになる。

一九二一（大正十）年十二月九日、非官吏の雇員で編修課実録掛の中野斉と山本光郎が辞職を届け出た（大臣官房総務課、大臣官房秘書課「大正十年　進退録十　判任官以下の部」）。二人はこの年三月に大学を卒業し、四月に採用されたばかりだった。提出された辞職願の宛先は、いずれも「図書頭森林太郎殿」。書式も文言もほぼ同じで、「私議」「家事上之《の》都合に依《よ》り」と理由が書いてある。

十二月三十日には、図書頭から宮内大臣への「当部局内判任官任命及休職の儀内申」と題する文書が作成され、「図書頭　森林太郎」の下に鷗外の花押が記されている。山本と中野の二人を、編修官補へ昇格させると同時に休職とした。昇格に伴う昇給を休職手当の代わりとしたようだ。この他にも十一月と十二月には、実録に関わっていない職員計二人が図書寮を去っている。

だが、これで終わりではなかった。

「進退録」を見ると、翌二二年から局面が一変している。二月二十日、編修官補の阿部勝海が退官した（大正十一年第三号文書）。二〇年一月に採用され、実録編修に携わるため同年九月に編修官補に任じられてから、およそ一年半しかたっていない。にもかかわらず、二二年二月十二日付で「永々病気に罹《かか》り」として、辞職願を「図書頭森林太郎殿」宛てに書いた。

二月十六日、阿部の退官を申し出る上申案に、鷗外が決裁した花押が記されている。二月十二日付の医師の診断書まで添えられ、「病名　慢性加答《カタ》児《ル》性中耳炎兼脳神経衰弱症」と書かれている。さらに「退官手当給与の儀上申」と題する図書頭から宮内大臣に宛てた文書では、「左記の者今般病気に由《よ》り本官を免ぜられ候処《そうろうところ》本省改革の為《た》め已《や》むを得ざるに出《い》でたる次第に付《つき》」として退職手当を出すよう申請した。

四人も「脳神経衰弱」の不自然さ

一九二二（大正十一）年三月には判任官に相当する宮内属の飯田良平と戸田次郎、嘱託員の上田稔の三人が病気を理由に退官した。三人とも退官に関する書類に添えられた医師の診断書に、「脳神経衰弱症」と記されている（大正十一年第五、八、九号の各文書）。

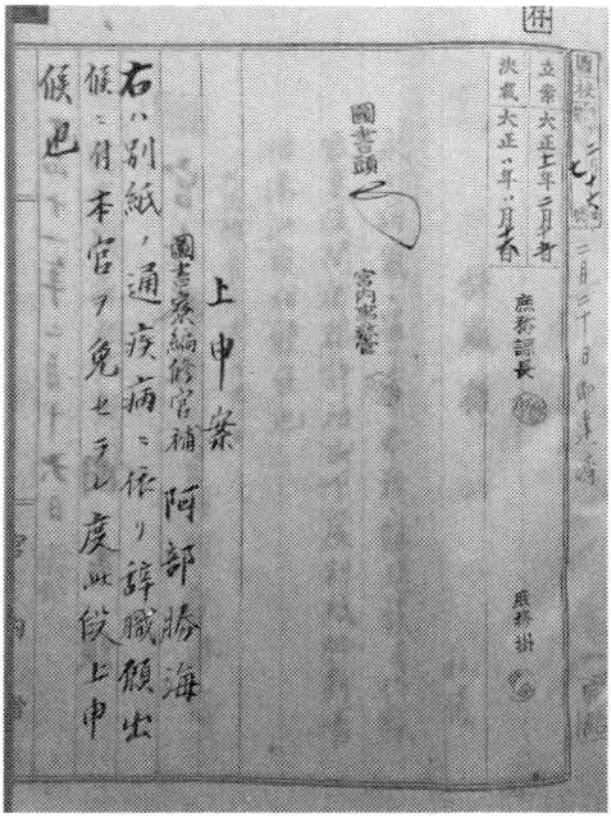

上申案

圖書寮編修官補　阿部勝海

右ハ別紙ノ通疾病ニ依リ辞職願出候ニ付本官ヲ免セラレ度此段上申候也

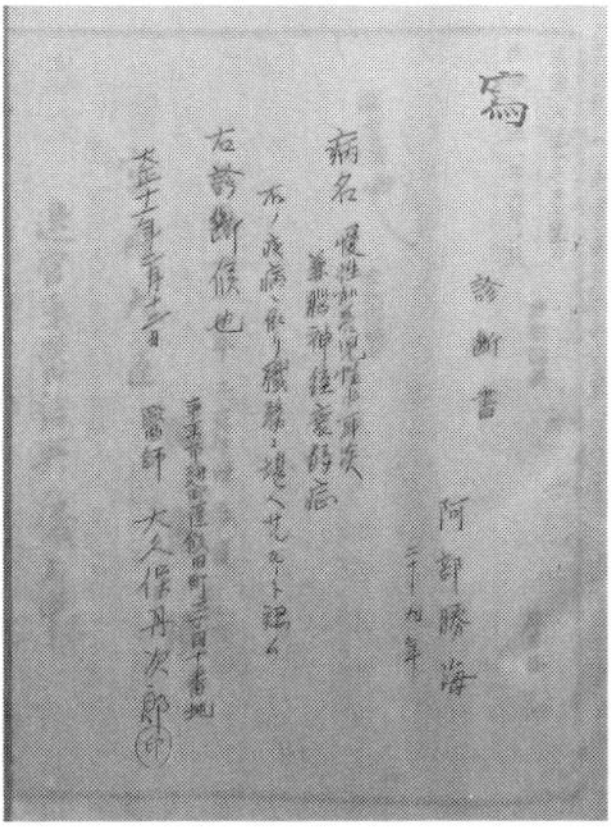

寫

診断書

阿部勝海

病名　慢性加答児性中耳炎　兼脳神経衰弱症

右ノ疾病ニ依リ職務ニ堪ヘサルモノト認ム

右診断候也

医師　大久保丹次郎

鷗外が決裁した編修官補免官の上申書と医師の診断書（写）（図書寮「進退録」（大正 11 ～ 14 年）収録）＝宮内公文書館蔵

大正十年版の「職員録」には図書寮の職員として四十四人（秋山光夫が宮内属と編修官補を兼任するため実際は四十三人）の名前が記される。当時の公文書によると、そのうち四人もが「脳神経衰弱症」を同時期に発症したというのだ。

なぜ同じような医師の診断書を提出しなければならなかったのか。一九〇七（明治四十）年に公布された宮内官分限令（皇室令第一五号）は、第一条に「宮内官は法律の規定懲戒の処分又は本令に依《よ》るに非《あら》ざれば其《そ》の官を免ぜらるることなし」とあり、法律や規則によらなければ免官できないと宮内官の身分保障を定める。対象となるのは、勅任官、奏任官、判任官の「官吏」であり、雇員など非官吏の下級職員には適用されない。その上で第二条に免官できる例外を定めており、一項に「不具《ふぐ》廃疾《はいしつ》（重度の障害）に因《よ》り又は身体若《もしく》は精神の衰弱に因り職務を執るに堪へざるとき」とある。この「精神の衰弱」を適用したとみられる。

この時期の宮内省では、「脳神経衰弱症」を理由とした免官が日常的に行われていたようだ。例えば一九二一年二月に宮内次官の石原健三が政局に巻き込まれて辞任した際も、「脳神経衰弱」のため静養が必要という侍医補の診察書が辞職願に添えられた（大臣官房総務課、大臣官房秘書課「大正十年　進退録一　高等官の部」第六六号文書）。

二二年年三月に退官した飯田、戸田、上田の三人の「退官手当給与の儀上申」「退職手当給与の儀上申」と題する図書頭から宮内大臣に宛てた文書には、二月に退官した阿部のものと同じように「病気に由り」「本省改革の為め」と二つの理由が記されている。だが、そろって脳神経衰弱症にかかるのは不自然だ。実態は改革によるリストラだと推測されるが、形式上の理由として病気が利用されたのではないか。

ということは、職員らは偽物まがいの診断書まで提出させられたことになる。医師であり、部下の職員を監督する立場にあった鷗外は、診断書の真偽も把握していただろう。実録編修の体制を拡充するために自らが採用した職員がこのような状況に追い込まれ、鷗外の心境はいかばかりだったか。

「本省改革」理由に次々と

他にも実録担当の職員二人が図書寮を去った。三月八日に休職を命じられた宮内属の伊川譲は「今般本省改革に依り休職を命ぜられ候」とあり、人員整理だと分かる。一九二〇（大正九）年十二月二十七日に編修課実録掛となり、第一部実録編修補助を命じられていた。二二年三月三十一日に文部省維新史料編纂官補へ転任した編修官補の高橋光枝も、「本省改革に依り整理の為め已《や》むを得ざるに出たる次第に付」と理由は明確だ（大正十一年第六号、一〇号文書）。

また、高齢のため編修官補を辞した後に図書寮嘱託員を勤めていた逸見仲三郎は、二一年十月七日に図書寮御用掛に転じた後、十二月二十日には拝命を受けたばかりの御用掛も免じられた。一八九三（明治二十六）年六月から図書寮に勤め、皇統譜や実録の編修に従事してきた古参だった（図書寮「進退録」大正十一年第一一号文書など）。

一九二一年十二月以降、図書寮で多数の職員が退官、休職、転任に追い込まれ、そのうち編修官補二人と宮内属一人、雇員二人の計五人が『天皇皇族実録』の担当だった。鷗外が実録編修のために新たに採用した十二人のうち、阿部、高橋、山本、中野の四人が二年を待たずに図書寮を去ったことになる。

鷗外が就任後に増加を図り、二一年は四十三人となった図書寮の職員数は、二二年は二十七人と大幅に減少した。

拡充した組織を崩され

鷗外は職員数を増やす計画を大臣に上申しただけでなく、人選にも関わったようだ。編修官補で慶応出身の武田勝蔵は、以下のように回想している。「宮内省の性質慣習上から帝大、国学院の出身が指名的に採用され」ていたが、武田は父が宮内省に在官した縁故があったことから志願した。採用後に宮内省職員から聞いた話として、「博士〔鷗外〕は自分〔武田〕の志願について慶応でも人物学歴が確かであればさしつかいなかろうと云われた」という

（武田、一九五三年）。

また古参の編修官の芝葛盛《しばかずもり》は「編修従事者の人選には、わたくし等から見て稍《やや》適材と思われぬものがあったのは遺憾であったが、是《これ》は亦《また》先生の故旧《こきゅう》〔古くからの知り合い〕に厚かった温情の顕われであったろうと察せられる」と記した（芝、一九五二年）。人選に鷗外の意向が反映されたことがうかがえる。

鷗外は新人職員に直接指導もした。後に学習院、東京大の教授に転じた編修官補の板沢武雄は、鷗外から「外国関係文書の整理、分類、カードのとり方などてずから教えられた」と回想したという（丸山忠綱、一九六二年所収）。手塩に掛けて歴史分野の専門職官僚を育てようとしていたのだ。

図書寮の編修体制を着々と拡充し、これから本格的に作業に取り組むはずだったところで、宮内省による突然のリストラが始まった。

リストラは上野にある帝室博物館でも行われた。総長を兼務していた鷗外は一九二一（大正十）年十二月十二日の賀古鶴所宛書簡で「上野は大更迭に相成《あいなり》候《そうろう》」と伝えた。天皇が任命、裁可する高等官である課長二人が、十二月に免官となったのだ（大臣官房総務課、大臣官房秘書課「大正十年　進退録四　高等官の部」第三七五号文書）。「職員録」に記された東京帝室博物館の職員数（評議員と学芸委員を除く。いずれの年も七月一日時点）は、二一年の五十三人から二二年は三十人と激減した。

二一年末から二二年は、宮内官僚として憂鬱《ゆううつ》な時期だったに違いない。

陥落した山県閥

鷗外が突然直面した宮内省のリストラは、なぜ行われたのか。一九二一（大正十）年二月十九日、宮内大臣に牧野《まきの》伸顕《のぶあき》が就任したことが鷗外に暗い影を落とすことになる。

一九二〇年十二月、皇太子（後に昭和天皇）と久邇宮《くにのみや》良子《ながこ》（後に香淳皇后）の婚約を巡り、血統を理由に山県有朋らが反対を表明する事件が起きた。「宮中某重大事件」と呼ばれることの事件は、薩長の勢力争いに発展するが、最終的に婚約は維持され、長州派に不利な形での決着となる。

宮中某重大事件を巡り引責辞任した前大臣の中村雄次郎は陸軍出身で、元老・山県有朋に若い頃から仕えた側近だった。賀古鶴所と共に、山県による一八八八（明治二十一）年の欧州視察にも同行している。また、事務方トップの宮内次官も、山県系の石原健三だったが、中村と共に交代させられる。

一方、牧野は、薩摩藩士として明治維新の立役者だった大久保《おおくぼ》利通《としみち》の次男である。外務省出身で文部大臣や外務大臣などを歴任した非山県系の大物だ。牧野は宮内次官に、自らに近く静岡県知事を務めていた内務官僚の関屋《せきや》貞三郎《ていざぶろう》を新たに登用した。宮内省トップとナンバー2の二人が山県系から非山県系へと入れ替わったのだ。

明治期以来、宮内省において影響力を保ってきた山県閥はここに陥落した。宮中某重大事件の結果として山県自身の権威も失墜し、宮内官僚としての鷗外は政治的な後ろ盾を失った。因みに良子の母は、旧薩摩藩主の島津《しまづ》家出身だった。

牧野が取り組んだのが、官制改正によるリストラという宮内省改革だった。大正・昭和期に東京日日新聞の宮内省担当記者だった藤樫《とがし》準二《じゅんじ》は、当時の転換をこう記す。

牧野伸顕＝外務省外交史料館蔵
（アジア歴史資料センター提供）

> 国運の隆盛とともに、宮内省もますます膨張の一途をたどったが、大正十年に長州がひさしく陣取っていた宮内大臣の椅子を薩派《さつは》の牧野伸顕伯《はく》がうばいとったとき、綱紀粛正をさけんで主殿《とのも》のほか新設の二寮を廃止し、定員六千百七十九人を四千八百六十八人に整理したのが、最大の改革であった
>
> （藤樫、一九五八年）

着任から間もない同年四月、牧野の命を受けて関屋ら事務方幹部による秘密委員会が組織され、人員整理の準備に着手した。最終的には現状維持となったものの、鷗外が総長を務める帝室博物館の縮小や、その管轄下にある京都博物館の廃止も検討課題に上った（『倉富日記』第三巻所収の永井和解説）。

牧野伸顕大臣によるリストラの狙い

牧野大臣による官制改正は一九二一（大正十）年十月七日に公布された。当日の東京朝日新聞に「宮内官制改正／本日公布＝局課廃合職員淘汰」との見出しで、概要と理由が記されている。

世界大戦後に於ける一般経済界不振の結果は延《ひ》いて帝室御財政上にも多大の影響を及ぼすを免れず、是《これ》が為《ため》大奥の御用度《ごようど》に就《つい》ては万端緊縮を旨とせらるる折柄《おりから》、宮内省としても経常費額の節約を図るの必要を認め併せて事務の簡捷《かんしょう》を期するの趣旨より局課の廃合を断行し、是に伴ひ一部職員の淘汰を行ふ（中略）年額約五十万円乃至《ないし》一百万円を節約し得る見込みなり。退官者は勅任官十余名、奏任官二十余名、判任官二百余名に及ぶべ

し

『原敬日記』の十月五日条には、首相の原と面会した牧野が「宮内省の改革は断行の外《ほか》なく、差向《さしむ》き冗員《じょういん》百五十名斗《ばか》りも罷免を要する筈《はず》なり」と伝えたと記される。『鷗外日記』で関連記述の初出は、九月二十六日条の「関屋次官が冗員を汰《よな》げる事を言う」である。「冗員を汰げる」とは無駄な人員をよりわけるとの意味で、人員整理について伝えられたようだ。九月三十日条には秘密委員会メンバーで宮内省調査課長の大谷正男を訪ねて「事を言う」とあり、翌十月一日条でも大谷と関屋に会ったと記される。公表直前の官制改正が話題になった可能性が高い。

牧野は公布当日の十月七日午前十一時、各部局長の高等官を宮内省の大臣官房会議室に呼び訓示をした。膨張していた経費の節約を第一の理由に挙げ、続いて以下のように第二の理由を挙げた。

積習《せきしゅう》に染みて宮政の阻滞《そたい》を思はざるが如きは断じて不可なり。組織の改むべきものは適当に之《これ》を更め、煩瑣《はんさ》を除きて円滑を求め、繁重《はんじゅう》を避けて簡便に就き、以て益《ます》ゝ《ます》事務の敏活を期せざる可《べか》らず

（「東京朝日新聞」一九二一年十月七日）

「積習」つまり、長きに渡るしきたりを、リストラを機に改めて事務の簡素化、効率化を図ると言うのだ。

欧州ではロシア革命や第一次世界大戦を機に多数の王室が崩壊し、大衆化の波が日本にも押し寄せていた。日本政府や宮内省は、皇室のあり方を今後どのように方向づけるべきかという難題に直面した。

そのような状況下、牧野は皇室を大衆化して乗り切る方向に舵《かじ》を切ろうと試みた。皇太子のメディア露出を高めるなどし、大衆に近い存在として敬愛される皇室像を目指した。そのために旧態依然とした事務のあり方を刷新する必要があり、抵抗勢力となりかねない守旧派を淘汰《とうた》する狙いもあった（坂本、一九九八年）。

四、大衆化する皇室

『有楽門』に現れた「群衆」

なぜ宮内省改革が必要だったのか。明治末期から大正にかけての社会情勢を、鷗外の視点から振り返っておきたい。

時代は少し戻るが、鷗外は一九〇七（明治四十）年一月に小説『有楽門《ゆうらくもん》』を発表した。従軍した日露戦争から前年の〇六年一月に帰国し、同年九月に山県有朋を囲む歌会・常磐会の第一回が開かれたが、その少し後のことである。当時は東京に拠点を置く陸軍第一師団軍医部長を務めていた。


「日比谷公園有楽門。お乗替《のりかへ》はありませんか」


路面電車の車掌が乗客に呼び掛けるアナウンスから小説は始まる。

東京では一九〇三年に路面電車の営業が始まり、庶民が利用できる交通網が発達した時期だった。日比谷《ひびや》公園の東北に位置する有楽門前の停留所は、南北と東西に延びる路線の十字路にあり、多くの利用客であふれていた。混雑する電車に無理やり乗り込もうとする客。それを制する車掌。結局、本来の昇降口ではない運転手側の前の口から職人が乗り込むと、他の客もそれに続く無秩序な状態となり、すし詰めの電車はそのまま発車する。乗り換え時の数分間の情景を切り取り、文語体で喜劇的に描写した短編である。

『舞姫』など「独逸《ドイツ》三部作」以来途絶えていた小説執筆を本格的に再開させる前の「単なる

小品」（『鷗外選集』第三巻所収の森於菟《おと》解説）として、これまではあまり注目されてこなかった。だが、時代背景や場面設定をつぶさに見ると、今日でいえば新聞の政治漫画のような社会風刺が読み取れる。

停留場にも、あらゆる階級、あらゆる年齢の男女二十人あまり、押し合ひて立てり。
（中略）停留場に待てる群衆《ぐんじゅ》は、先を争ひて車に薄《せま》りぬ。

この小説が、近代日本社会に新たに誕生した「群衆」を描いているのは明らかだ。日比谷公園といえば、少し前の一九〇五年九月五日に「日比谷焼打ち事件」が起きている。日露戦争の講和条約に不満を持った民衆が暴徒化し、政府機関などを襲撃した。歴史の教科書に掲載されているため、今日でもすぐに思い浮かぶ人が多いはずだ。

知られざる馬場先門の惨事

筑波大学名誉教授の新保《しんぼ》邦寛《くにひろ》は「小品『有楽門』は、〈日比谷焼打ち事件〉をそのまま《借景》とすることで成り立った作品のように思える。（中略）いわば群衆論ないしは群衆心理生成の物語として読むことを要請する先行表示に他ならないのである」と指摘する（新保、二〇一七年)。日比谷公園・有楽門という場所で、労働者ら都市住民で構成される群衆の無秩序な姿を描くことは、群衆反乱のイメージを想起させる。

だが、日比谷焼打ち事件だけでなく、もう一つの出来事も《借景》している、というのが筆者の見解だ。小説は以下のように締めくくられる。

彼《かの》職人の跡より乗りし客の中《うち》に、逞《たくま》しげなる下女《げぢよ》の、小《ちひさ》き日章旗持てる四歳ばかりの童部《わらべ》を背負へるありけり。此童部前《さき》よりの混雑の状《さま》を、演劇見る如く面白がりて見やり、円《まる》く睜《みひら》きたる黒き目を輝かし居たるが、車の動き始むると共に、声高く唱歌《しやうか》をうたひ出しつ。

「玉の宮居《みやゐ》は丸の内。
　近き日比谷に集まれる
　電車の道は十文字。」

車はこのかはゆき声を載せて、馬場《ばば》先門《さきもん》の方《かた》へ走りぬ。

童部が歌うのは当時流行した「電車唱歌」(一九〇五(明治三十八)年発表)の一番である。全文は以下の通りだ。

玉の宮居は丸の内／近き日比谷に集まれる／電車の道は十文字／まづ上野へと遊ばんか

「玉の宮居」は皇居のこと。日比谷公園の北東にある有楽門で十文字に交わる路線を北上し、上野方面に行ってみよう、という意味になる。ところが、鷗外は引用する際、最後の第四句「まづ上野へと遊ばんか」を省略し、「馬場先門の方へ走りぬ」と締めくくった。馬場先門は有楽門から北上すると次の停留所で、皇居の目の前にある。『有楽門』が執筆された数年前、馬場先門でも惨事が起きていた。

日露戦争のさなかの一九〇四年五月八日夜、戦勝祝賀会の提灯《ちょうちん》行列が日比谷公園で行われた。ところが、幅が狭くなっている馬場先門に人々が押し寄せ、二十人の死者と多数の負傷者を出してしまったのだ。

翌五月九日の東京日日新聞朝刊五面に、混乱した現場の様子が記されている。

予定時刻の五月八日午後六時頃、既に日比谷公園には十万人もの人出があったという。その人々が馬場先門へと向かう。「群集《ぐんしふ》は次第々々に折重《おりかさな》りて平生すら狭隘《けうあい》なる門内の枡形《ますがた》は殆《ほと》んど身動きすらも為《な》す事能《ことあた》はざる」状況になった。そして、「群集は全く活路《くわつろ》を失ひて打臥され踏にぢられ手足を折りて男女救《すくひ》を求むるの光景実に悲惨を極め」た惨状に陥ってしまったのだ。死者の中には氏名不詳で「職人体のもの」もいた。

目的地を電車唱歌の通りに上野だと明示せず、馬場先門へと向かうところで小説は余韻を残して幕を閉じる。当時の読者にとって、馬場先門の事件はまだ生々しく記憶が残っていただろう。狭い馬場先門ですし詰めになった提灯行列の群集と、無秩序に乗客が乗り込み満員となった路面電車のイメージが重なり、その後に起きるかもしれぬ惨事を暗示させる。童部が手にした「小き日章旗」から、戦勝祝賀会を連想することもできる。

さらに「時は大祭日《だいさいじつ》の夕《ゆふべ》」「傾《かたぶ》きかかる冬の日」という小説の日時設定にも意味が込められてはいないだろうか。冬の大祭日、つまり天皇による祭祀《さいし》が行われる明治時代の祝日は、正月を除けば孝明天皇祭（一月三十日）か紀元節（現・建国記念日、二月十一日）である。皇室の重要な日に、無秩序な群衆が皇居に向かって押し寄せるイメージをも想起させる。

大衆社会の危うさ

『有楽門』は多様な読みが可能な小説となっている。民衆の側から見れば、車掌の目をかいくぐり電車に乗り込もうとする庶民のたくましさを描いているようだ。一方、統治する側からすれば、車掌が制することができない群衆の無秩序さに警戒を示した作品と読むことが可能だ。

鷗外自身を投影したような、金鵄勲章《きんしくんしょう》を懸けた「砲兵の下士官」も登場する。鷗外は実際、小説発表の前年に日露戦争の功で金鵄勲章を授かっている。だが、この下士官は停留所で「怒《いか》を押へて立てる」だけだ。怒りの矛先は、我先にと電車に乗り込もうとする群衆なのか、それとも、それを抑えることができない車掌の杓子《しゃくし》定規で稚拙な対応なのか、一切明示されず、解釈は読者に委《ゆだ》ねられている。

モチーフにしたのが日比谷焼き討ち事件ならば反政府暴動を何らかの意図で取り上げたことになるが、馬場先門の圧死事故なら政治色は薄くなる。いずれにせよ、制御できない群衆の危うさを暗示しているのは同じだ。

明治末期は社会問題が発生した時代だった。政府が進めた殖産興業政策により産業が発展した一方、都市部に工場労働者が集まり労働問題や暴動が起きた。日本で社会主義運動が勃《ぼっ》興《こう》したのも日露戦争前後だ。軍官僚として山県に近づいた鷗外の目が、こうした社会情勢を捉えていたことは確かだろう。

『有楽門』発表から十年余経った一九一七（大正六）年十二月、鷗外は帝室博物館総長兼図《ず》書《し》頭《よのかみ》として宮内省に再出仕した。民衆の蜂起《ほうき》によりロシア革命が起こり、ロマノフ王朝が滅亡した年である。翌年に第一次世界大戦が終結すると、敗戦国のドイツやオーストリア・ハンガリーでも皇帝が退位し、帝国が解体した。日本においても政治指導者の間で君主制の将来に危機感が広がった。

明治末期に『有楽門』でスケッチのように描いた「群衆」の姿は、時代を経るに従い大きく、そして明確になっていった。君主制の近代国家として、大衆社会にどのように向き合うべきか。鷗外が在職した大正期の宮内省は対応を迫られていた。

大衆化か、歴史的確かさか

牧野宮内大臣が従来のしきたりに染まった事務の簡素化を図り、皇室を大衆化して乗り切る方向に舵を切った一方、鷗外が追求したのは、天皇の歴史的根拠を確実にすることだった。歴史上脈々と続くとされる天皇を中心に据える日本は、歴史的根拠が「不調べ」で空疎だと見抜いていた。

晩年に史伝という新たな形の小説や宮内省での歴史事業に取り組んだことから、「過去を事実に基づき検証することで、帝室の連続性を保証せんとする鷗外の姿」が浮かび上がると、鷗外研究者の村上祐紀は指摘する。歴史を捉え直すことは眼前の国家を捉え直すことであり、「帝室の連続性に支えられた理想的国家の夢」へとつながっていたという（村上、二〇一三年）。

大衆化という風潮の中、天皇を否定する社会主義思想まで徐々に広がっていた。鷗外の取り組みは、そうした時勢に流されないよう確固とした帝室の背骨を整えようという意図の下、考証によって歴史を鍛え直す作業だったのではないか。

五、未完の歴史叙述

『天皇皇族実録』遅延の理由

『天皇皇族実録』について、鷗外の計画では一九二〇（大正九）年から八年間で完成させるはずだった。しかし、着手から二年余の二二年七月に死去し、見届けることはできなかった。しかも、作業は遅れ、計画通り終わる見込みも立たなかった。

鷗外の後任に就いた図書頭・杉栄三郎《すぎえいざぶろう》が二五年二月、牧野宮内大臣へ提出した「天皇皇族実録編修に関する件」と題する文書は、遅れた要因として以下の三点を挙げた（図書寮「自大正十一年至十五年　例規録」大正十四年第四号文書）。

①採取する史料が予定よりも多くなった
②従来の編修様式（紀事本末体）では構成が複雑になり、執筆に不便だった
③編修に従事するスタッフが減員された

こうした状況を受け、遅れを改善するために紀事本末体の編修様式を改め、それ以前の編年体へ戻すことを申し出る内容だ。実際には鷗外の死から約一年後の一九二三年六月十四日、

杉の下で編修様式を編年体に改めて各編修官に担当を振り分けていたが、正式に大臣に申し出た（図書寮「進退録」大正十二年第一六号文書）。

遅れについて所功氏は論文「『天皇・皇族実録』の成立過程」で、杉の文書に基づき「根本的には従来の『紀事本末体』では構成が複雑多岐に亘り計画的な執筆が難しいためである」としている。

だが、鷗外が採用した紀事本末体が主な理由なのだろうか。当時の状況を考えると、宮内省の大方針として一九二一年の官制改革によるリストラが行われたため、③を改善してスタッフを増員することは望めない。まして、文書の宛先である牧野はリストラを主導した本人である。編修ペースを上げるには、②を改善する選択肢しかなかったのが実情だ。

『天皇皇族実録』の編修過程に関する従来の研究は、一九二五年に図書頭の杉が大臣の牧野に提出したこの文書を基に考察されてきた。しかし、これはあくまで公式見解であり、他の公文書から編修過程の実態を探り直す必要があるのではないか。

人員削減が直撃

杉による文書は鷗外の死から二年半後に立案された。それ以前の公文書を確認したい。

図書寮「大正八年　例規録四」という冊子に、「第六号　天皇皇族実録編修八年計画に関する件（十二月）」という文書がある。そこに収録された「五、歴代天皇皇胤《こういん》の実録並《ならびに》資料数量表　一」の中に、「天皇皇族実録編修分担割」という項目が記される。八年計画を二年ずつ四期に分け、それぞれ第一部から第五部までの五班が、どのくらいの期間に何枚の実録を執筆するかの計画が作られた。第二期のページの上端に、後から書き加えられたとみられる毛筆のメモ書きがある。

編修官補一人写字一人減員に付き能率五対一、五を減するものと見做《みな》し之に伴ひ期間を延長す（「五味」の朱印）

五味は一九二三（大正十二）年七月まで図書寮庶務課長兼図書課長を務めた事務官だ。編修官補と写字生のリストラに関する内容で、「五味」の印が押されていることから、編修官補の人員削減が進んだ後の二二年初めから二三年七月までの間に追記されたようだ。

そして第二期（一九二二、二三年）の各部の「成功期間」が書かれた上端に、延長後の新たな期間が以下のように追記されている。

第一部「二年六ヶ月」→「二年一月」（追記部分、以下同）
第二部「二年三ヶ月」→「三年二月」

第三部　「一年一ヶ月」→「一年四月」
第四部　「一年十一ヶ月」→「二年八月」
第五部　「一年十ヶ月」→「二年七月」

一九二一年十月の官制改革が、『天皇皇族実録』の編修作業を直撃したことは確実だ。

遅延報告を毎月決裁

具体的に遅れが記録された公文書もあった。

宮内公文書館のホームページから「書陵部所蔵資料目録・画像公開システム」で「実録」

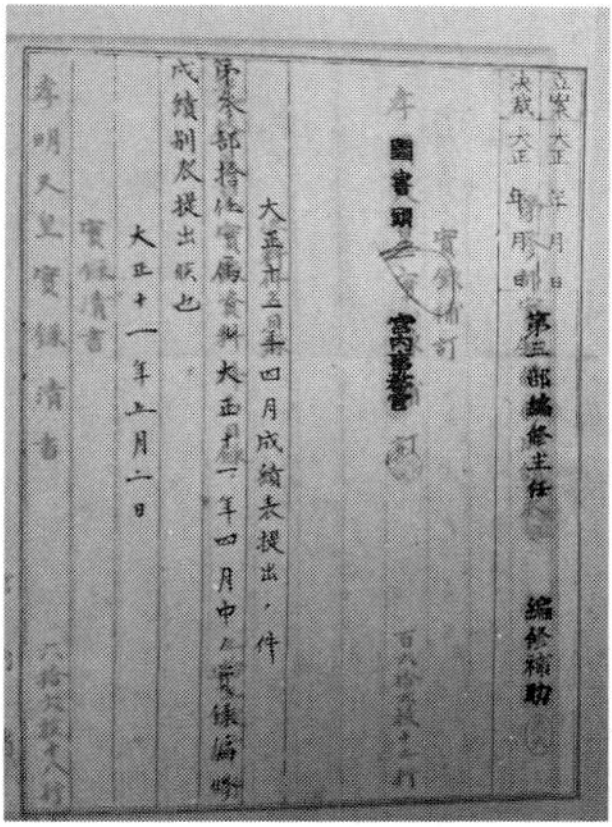
第三部編修主任
編修補助
図書頭
大正十一年四月成績表提出ノ件
大正十一年五月二日
孝明天皇実録清書

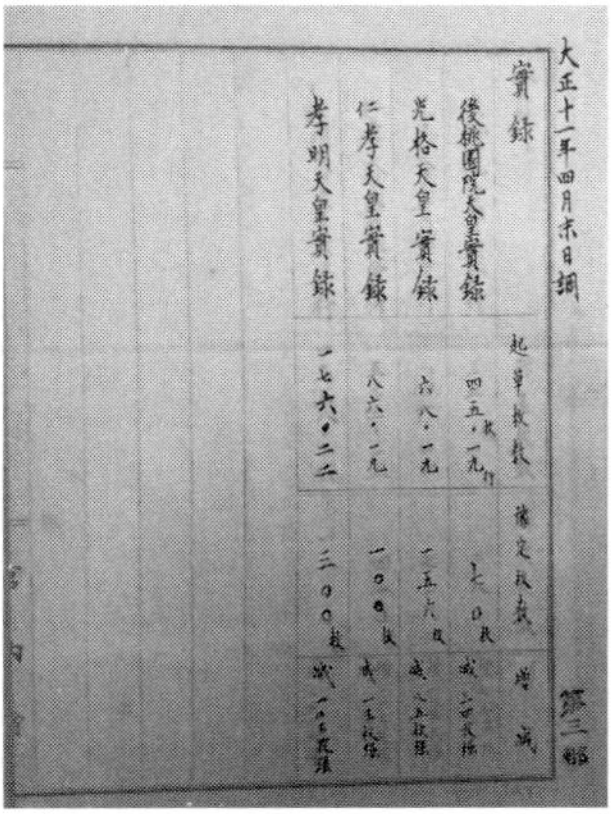
大正十一年四月末日調
實錄
後桃園院天皇實錄
光格天皇實錄
仁孝天皇實錄
孝明天皇實錄
起草枚数
第三部

『天皇皇族実録』編修作業遅延の報告書（図書寮「実録成蹟報告」（大正 11 年）収録）＝宮内公文書館蔵

「大正」「図書寮」などのキーワードを入力し、関係ありそうな名称の文書を探した。すると「実録成績報告」と題する文書が三件ヒットした。

宮内公文書館に電話で閲覧の予約をした後、メールで閲覧希望の文書名を伝え、後日、宮内庁書陵部の地下一階にある宮内公文書館に赴く。冊子をめくると、第一部から第五部まで各班の編修主任である編修官が毎月、その月に収集した資料と起草した実録の枚数を記録し、図書頭の鷗外が決裁の花押を記したものだった。まさに鷗外在職時の大正期における編修の進捗《しんちょく》状況そのものが記された公文書だ。

中でも「大正十一年　実録成蹟報告　図書寮」（宮内公文書館の検索システムでは「成績報告」となっている）と題する文書には、第三部（編修主任は編修官の本多辰次郎）の一九二二（大正十一）年四月の報告部分に、四月末時点における実際の起草枚数と予定枚数の比較表が記されていた。

実録	起草枚数	予定枚数	増　減
後桃園院天皇実録	四五枚・一九行	七〇枚	減　三四枚強
光格天皇実録	六八枚・一九行	一五六枚	減　八五枚強
仁孝天皇実録	八六枚・一九行	一〇〇枚	減　一三枚強

孝明天皇実録　一七六枚・二二行　三〇〇枚　減一二三枚強

いずれも、実際に起草した枚数が、予定枚数を下回っていることが明確に分かる。三冊残された「実録編修報告」の冊子を見ると、鷗外は一九二二年五月分まで毎月、進捗状況の報告に決裁のサインを記した。最後の決裁は六月一日作成の文書である。六月十五日からは病床に臥《ふ》して出勤できなくなり、七月九日に死去した。

鷗外はどの程度、編修作業が遅れているかを逐一把握していたのだ。当初八年間で事業を終わらせると計画した全四期間のうち、第一期の完了さえ見届けられないことを承知した上で亡くなったことが、公文書から裏付けられた。

「要審査」の編修報告

さらに公文書の検索を続ける。「実録」「大正」などに加えて「成績」「報告」というキーワードも入れて検索範囲を広げてみた。すると、「利用制限」の項目が「要審査」となっているものが出てきた。「有栖川宮《ありすがわのみや》、桂宮《かつらのみや》、閑院宮《かんいんのみや》実録編修報告第一期」と「成績表　大正九年七月以後」という二つの文書だ。

通常の文書は「利用制限」の項目が「全部利用」となっているが、非開示の文書が含まれる場合は「一部利用」との表記になる。「要審査」とは、これまで宮内庁に閲覧申請されたことがなく、開示できるかどうかの審査が必要という意味である。

この場合、いつものように電話とメールで閲覧申請をするのではなく、利用請求の文書を提出する手続きが必要だ。二〇二一年十月下旬、筆者は文書名と識別番号などを記入した書類を郵送した。

一週間ほどたつとメールで通知書が届き、利用可能だとして閲覧の許可が出た。早速、皇居にある宮内公文書館へ向かった。

編修官は「毫も屈撓せず」

まず「有栖川宮、桂宮、閑院宮実録編修報告第一期」を見てみる。冊子の中に「有栖川宮、桂宮、閑院宮実録編修報告の件」という文書があった。編修官で第一部編修主任の久保得二が一九二三（大正十二）年一月三十一日に作成したもので、決裁の欄は空白になっている（傍線は筆者。以下同じ）。

十年に至り逸見仲三郎は他に転じ、伊川譲、山本光郎二人前後相踵《あいつ》ぎ新《あらた》に当部に入つて補助を為《な》すあり、人すでに多きを加ふ。業の進むは当然のみ、資料の蒐集《しゅうしゅう》と実録の起草と両《ふた》つながら著々として進行し、七、八月の交に至りて有栖川家を畢《おわ》り、次に桂家に移り、十二月の末に之《これ》を畢り、十一年一月閑院家に移りし時、俄然《がぜん》従事員を減ぜられ、唯《た》だ武田勝蔵一人を剰《のこ》すのみとなりしが、毫《ごう》も屈撓《くつとう》〔屈服〕せず、更に余勇《よゆう》〔有り余る勇気〕を鼓《こ》し、四月の末に至りて幾《ほと》んど之を畢れり。知るべし、予定の期限内に於《おい》て資料・実録は略《ほ》ぼ完成したることを

〈補助員が増えて編修作業は順調に進んでいたが、一九二二年一月に突然職員が削減され、編修官の久保と編修官補の武田の二人だけになってしまった。それでも経験豊富な久保は、状況の悪化に屈せず作業を終わらせた〉と自負している。人員削減に言及する一方、紀事本末体の煩雑さには触れていない。

「交迭減員は大なる原因」

次に「成績表　大正九年七月以後」という冊子を開く。これに所収された「伏見宮実録編修報告の件」は、第二部担任編修主任の編修官の田辺勝哉が作成した。立案は一九二四（大正十三）年二月二十九日、決裁は同年四月二十六日だ。

補助員として初《はじめ》編修官補秋山光夫、同板沢武雄の二人なりしが、大正十年三月板沢武雄職を辞し、四月寺井種長之《これ》に代《かわ》り、十一年二月秋山光夫は他に転じたり。写字生は初《はじめ》一人なりしが、九年八月一人を増員し、十一年二月之を減ぜられ、爾来《じらい》編修官補寺井種長、雇員勅使川原万次の二人にて編修完成当時に至れり

〈当初は編修官の他に、編修官補が秋山と板沢の二人、二〇年八月から写字生が二人に増えて計五人体制だった。板沢が学習院講師に転じて辞職した際は、後任として寺井が補充された。ところが、二二年二月に編修官補の秋山と写字生の計二人が減らされ、田辺、寺井、勅使川原の三人体制となった。〉さらに以下のように続く。

期間中種々《しゅじゅ》の事情に因《よ》り三年二個月を要し、定められたる完成期に後《おく》るること一年六個月に及べり。其の主要なる理由は、前陳《ぜんちん》の如く中途にして編修官補の交迭《こうてつ》減員及び写字生の減員せられ支障を生ぜしことは大なる原因を為《な》せり。次に実録に於いては予定枚数（八百九十一枚）より二百三十八枚を減じたれども資料に於いては予定枚数（二千七百三十八枚）に超過すること三千五百七十三枚に達せり

遅れた理由の第一に人員削減を挙げる。第二の理由は採取した史料が多くなったことだ。そのほか「(資料の)採録に多くの日子《につし》を要したり。又実録資料件名目録は五百卅五枚の多きに達し其の作成に予想以上の時日を要したり」などを挙げている。

「要審査」だった二つの公文書には、五班体制で取り組んだ『天皇皇族実録』の編修体制のうち、一部と二部を指揮する編修官が自ら作成した詳細な報告が残されていた。

理由に挙げられなかった紀事本末体

前述のように、図書頭・杉栄三郎が一九二五(大正十四)年二月、牧野宮内大臣へ提出した文書では、①史料の多寡、②紀事本末体の複雑さ、③人員削減——を編修作業が遅れた理由に挙げる。だが、第一部の久保、第二部の田辺による報告は、共に③を指摘し、②の紀事本末体という叙述形式には全く言及がない。①は田辺のみが触れている。

鷗外の存命時なら上官の図書頭に対して編修官が配慮し、鷗外が導入した紀事本末体の欠点を指摘しにくいことも考えられなくもない。だが、二つの報告とも鷗外の死後に作成されている。

また、編修官の吉田増蔵が担当した第五部(第一期は後陽成院天皇から後西院天皇まで)でも、人員削減を理由に遅れを申し出ている。図書頭心得となった事務官の五味が、一九二二年十月五日に牧野大臣宛に提出した「報告　実録編修分担命令更正書」という文書で、第五部の事業について「成功期間大正十一年十月迄《まで》の処《ところ》補助一人減員に付《つき》大正十二年三月迄に更正す」と記した（大臣官房秘書課「大正十一年　進退録三　高等官の部」第二七八号文書）。五味は鷗外の死の直後、臨時的に図書頭心得として職務を継いでいた。

実録編修に関わった編修官と事務官は、遅れた要因が人員削減にあると強く意識していたと言える。

完成の可能性が残る唯一の事業

『天皇皇族実録』と並行して進められたのが六国史の校訂だった。明治期に始まった第一次事業を継ぐもので、一九一九（大正八）年からの第二次事業で鷗外が自ら六国史校訂準備委員長に就いた。この他に五味均平、佐伯有義、田辺勝哉、秋山光夫、池田四郎次郎の計六人体制で進められた。

第二次事業当時の史料は、宮内庁図書寮文庫が所蔵している。この中に作成者や年月日の記載がない建言書が一綴《つづり》ある。そこに記された提案通りに第二次事業は進んでいた（宮内庁図書寮文庫蔵「校訂六国史（校合本）」所収の「六国史関係雑書類」）。

建言書は、まず「六国史は我国の正史にして国家の宝典之《ほうてんこれ》より重きは無し」と位置づける。

当時の校訂作業で使用していた版本の誤りを具体的に複数指摘し、更に古い時代の版本に変更すべきだと提案した。そして「国家至重の宝典たる六国史にして斯《かく》の如き誤謬《ごびゅう》あるは単に史学上のみならず国体上一日も放棄す可《べか》らざる儀と存ぜられ候」として、作業を急ぐ必要性を説いている。

一九一九年十月三十日に開かれた第三回準備委員会議の決議録によると、「森委員長の意見に基《もと》づき」当初使用していた底本（拠り所となるテキスト）を、より古い時代のものに変更することが決定された。建言書の提案の内容と一致する。「森委員長の意見」というのがこの建言書を指すとすれば、建言書は鷗外が作成した可能性がある。いずれにせよ、鷗外ら準備委員会の問題意識が記されていることは確かだ。

六国史校訂の第二次事業は、鷗外の死から約五カ月後の一九二二年十二月に完了した。ただし、図書頭の鷗外が一八年に波多野敬直《はたのよしなお》宮内大臣に提出した第二次事業の開始を求めた上申書には、校訂を終えた後に「勅撰《ちよくせん》国史の定本を作成するに非《あら》ざれば何等の効果を見ざる」とあった。そのために「追《おつ》て幾多専門の学士を招聘《しようへい》して合議様の取調機関を設置するの必要有之候《これあり》」と提案している。実際、二一年五月五日の六国史校訂準備委員会で「追而《おって》組織すべき委員会」について相談している。しかし結局、定本の作成に進むことはなかった。

校訂は委員長の鷗外以下六人体制で行われた。その上で国家として公式の定本を作ることになれば、新たに学者らによる会議体を作ることに加え、より多くの編修スタッフが必要になったはずである。

ところが、大臣の交代により状況は一変した。一九二一年十月に牧野大臣の下で人員整理が始まり、難しい状況に追い込まれた。皇室の大衆化を進める牧野は、歴史に回帰した鷗外と目指す方向が異なっており、鷗外が存命だったとしても事業が進まなかった可能性が高い。図書寮で組織を挙げて取り組んだ『天皇皇族実録』は、完成が見通せなくなった。それどころか、新しい歴史叙述の方法として採用した紀事本末体という編修様式は、鷗外死後に変更を余儀なくされた。六国史については、校訂を反映させた定本の作成を構想していたが、校訂が完了したところで事業は打ち切られた。

図書頭として取り組んだ四つの主な事業のうち、完成したのは『帝諡考』だけだ。他に成し遂げられる可能性が残るのは、『元号考』のみとなった。これは鷗外が自ら筆を執り個別に進めていた。

死を間近にした一九二二年五月二十六日、賀古宛書簡で『元号考』を「最大著述」と表現したのは、残りの人生を賭《か》けて完成させなければならない「唯一」で「最大」のものという意味が込められていたのではないか。

第三章　官憲威力の容喙

一、着手しなかった事業

六年余の間不可解な中断

行政官としての鷗外は、即断即決で事務を処理していた。陸軍省医務局長時代の鷗外について、部下の山田《やまだ》弘倫《ひろとも》は以下のように振り返る（山田、一九四三年）。

部下から責任を以《もっ》て企画進言したことをすべて明快に『良し』と決裁されるのが常であつた。世間には熟慮の上断行するといふ人は多いが、先生にはその熟慮といふものの必要は余りないやうであつた。（中略）先生は唯《ただ》ウンウンと聴き取られ、それを片ツ端からドシドシと決裁されるのであつた

「明晰《めいせき》」な頭脳で経緯や物事を理解した上で、次々と決裁印を押していったのだという。

宮内官僚としても同様に振る舞ったのだろう。第二章で紹介したように、これまで図書寮で滞っていた各種事業を再開させるため、猛烈な勢いで図書寮の編修体制を整えていく姿勢からは、鷗外の明確な意思がうかがえる。

ところが、そのような鷗外が、前任者から積み残されたまま全く手を付けなかった事業がある。皇統譜令《こうとうふれい》の制定だ。

皇統譜とは歴代の天皇や皇族の戸籍に相当する記録で、その管理は図書寮の所掌事務の第一に挙げられる。皇統譜に必要事項を記す際の形式や管理方法を定める皇室令が、皇統譜令だ。

鷗外研究者の大塚美保《おおつかみほ》によると、宮内省が管轄する帝室制度審議会では、鷗外が着任する直前の一九一七（大正六）年中に皇統譜令案の審議をほぼ終えていた（大塚、二〇一一年）。しかし、審議が再開されたのは鷗外が死去した後の二四年四月で、六年余もの間中断していたのだ。

なぜか鷗外就任後に停滞する

鷗外は図書頭の職務の一環として、一九一八（大正七）年一月から死去する二二年七月まで帝室制度審議会の御用掛《ごようがかり》に就き会議に出席していた。この期間は、皇統譜令案の審議が停滞していた時期と重なる。

停滞の理由について、同審議会委員だった平沼騏一郎《きいちろう》は「御歴代《ごれきだい》の代数を確定する必要があつた」（平沼騏一郎回顧録編纂委員会、一九五五年）と回想している。今日では、初代が神武天皇で令和期の今上《きんじょう》天皇は第百二十六代とされている。ところが、大日本帝国憲法で「万世一系の天皇」をうたいながら、大正期までは歴代の中で誰を天皇として認定するのか、全部で何代なのか、という「御歴代数」の公式見解がまだ確定していなかった。これでは皇統譜令を制定する前提が成り立たない。確定するのは宮内省の責任だが、作業は明治期以来、停滞していた。

そうであるならば、図書頭に就任した鷗外が他の事業と同様に自身で取り組めばよいではないか、という素朴な疑問が頭をよぎる。にもかかわらず、皇統譜令案に着手しなかったのは、なぜなのか。

親友の賀古鶴所などに宛てた鷗外書簡の中に、関係する具体的な記述はない。大塚論文によると、『鷗外日記』では一九二一年の以下の記述が、これに関連したものだという。

五月三十日　伊東子〔子爵〕巳代治《みよじ》が園亭に予《よ》を延《ひ》く。天子《てんし》世次《せいじ》の事を言う

十月二十九日　〔宮内〕省に往《ゆ》き牧野宮相与《と》関屋次官に見《まみ》ゆ。六国史の事並びに帝室世次の事を言う

十二月六日　〔関屋次官を〕再び訪ね而《しか》して帝世の事を議す

帝室制度審議会総裁の伊東巳代治、宮内大臣の牧野《まきの》伸顕《のぶあき》、宮内次官の関屋貞三郎の三人と鷗外の間で、「天子」「帝室」の「世次」を巡り議論が行われている。『大漢和辞典』によると「世次」とは「年代の前後」との意味なので、歴代天皇の代数のことを指していると分かる。ただ、日記の原文は漢文の白文で簡潔すぎるため、議論の中身や詳細は分からない。宮内省内部で何が起きていたのか。

近代皇室制度の整備

そもそも、明治期以降に近代皇室制度がどのように整備されたのかを確認しよう。日本近現代史研究者の西川誠《にしかわまこと》氏らによる先行研究が蓄積されており、以下の四期に区分される（西川、一九九八年）。

第一期＝一八八九（明治二十二）年までの皇室典範の制定

第二期＝明治四十年代の帝室制度調査局（伊藤博文総裁）による典範増補と公式令の公布
第三期＝大正前期の帝室制度審議会（伊東巳代治総裁）による典範増補
第四期＝同審議会による一九二六（大正十五）年前後の各種皇室令の完成

皇統譜令の成立は第四期に含まれる。鷗外が一九二二年七月九日に死去した直後から作業が進んだ。そこに至るまでの前史を辿《たど》りたい。

初代首相を務めた伊藤博文が中心となり、大日本帝国憲法と共に皇室典範を成立（第一期）させた後も、皇室制度の整備は伊藤が主導した。一八九九年八月二十四日に伊藤の意見により帝室制度調査局が設置され（第二期）、自ら総裁となった。伊藤の側近として憲法や皇室典範の起草にあたった官僚、政治家である伊東巳代治は、一九〇三年に同調査局の副総裁に就いた。

帝室制度調査局が作成し、明治天皇に上奏した法令等は、皇室典範増補、公式令、元号制定手続きのほか天皇即位に関する規定を定めた登極令《とうきょくれい》など五十一件あり、うち十八件は明治期のうちに裁可に至らなかった。明治天皇が亡くなり未裁可のまま残された中に、皇統譜令案が含まれていた。

一九一六年八月、日本に併合された大韓帝国で最後の皇太子だった李垠《りぎん》と、日本の皇族である梨本宮方子《なしもとのみやまさこ》の婚約が成立した。これに伴い、朝鮮王皇族の法的地位を明確化する必要が生じた。伊藤亡き後に皇室令の整備を引き継いだ伊東は「皇室制度再査議」という文書を波《は》多《た》野《の》敬直《よしなお》宮内大臣らに送り、朝鮮王皇族の取り扱いだけでなく、停滞している皇室令の整備を進めるよう訴えた。これを受け一六年十一月四日、宮内大臣の下に帝室制度審議会が設置され（第三期）、総裁に伊東が就く。

西川氏によれば「伊東の熱心な主張により設置されたのであり、明治期に上奏された諸案の再検討が課題であった」。

鷗外就任前の帝室制度審議会

皇統譜令の制定に向けた準備は、鷗外が帝室制度審議会の御用掛に着任する前から進められていた。前提である歴代天皇の代数を確定させるため、一九一七（大正六）年六月一日の同審議会で波多野宮内大臣宛てに御代数調査会を設立する建議と調査会規則案が示された。

この日の資料は、国立国会図書館憲政資料室が所蔵する「平沼騏一郎関係文書」で確認できる。いずれの文書にも「機密」の印が押されている。新たな会議体の設立趣意書は「古来御歴代数其《そ》の他に関し頗《すこぶ》る疑似《ぎじ》に渉り（中略）今次帝室制度審議会に於《お》いて皇統譜令案を審定せむとするに際し之《これ》が解決に待つべきものあり」「本審議会は（中略）皇統譜令の施行に支障なからしめむことを期するの要あるを認む」とする。同審議会総裁の伊東から波多野大臣宛てで、日付は空欄だ。

また、同日に示された「御歴代調査会規則（皇室令案）」には、「宮内省に御歴代調査会を置く」「総裁は帝室制度審議会総裁を以て之《これ》に充《み》つ」と組織の概要が記され、「御歴代調査会規則（宮内省達案）」では「委員は左の区分に依る　一　図書頭（以下略）」と運用の詳細が記される。宮内省を挙げて新たな会議体を設け、その長に帝室制度審議会総裁が就き、図書頭は委員になるという内容だ。鷗外は半年後の一七年十二月に図書頭に着任するので、この会議体が設置されれば、総裁となる伊東の下、鷗外は委員を務めるはずだった。

さらにこの日の帝室制度審議会に示された「皇統譜令実施の際之《これ》に登録すべき事項中急速解決を要するもの　図書寮調」という文書では、新たな会議体で議論すべき課題として以下の十五項目が挙げられた。

一　弘文《こうぶん》天皇（壬申《じんしん》の乱で敗れた大友皇子）を皇代に列すべきや否や

二　長慶《ちょうけい》院天皇（即位説と非即位説があった南朝第三代）を皇代に列すべきや否や

三　後鳥羽院天皇、後小松院天皇の践祚《せんそ》、即位を掲記すべきや否や（いずれも即位時に二人の天皇が同時に並び立ち、後に一本化されたことをどう扱うか）

四　北朝五帝は天皇と称すべきや否や。且其《かつそ》の践祚、即位等は如何《いかに》取扱ふべきか（南

五　北朝正閏《せいじゅん》問題で政府が南朝を正統と決定したことにどう対応するか〕
六　北朝皇族后妃《こうひ》等の親王女院《にょいん》等の宣下《せんげ》は依用すべきや否や〔右に同じ〕
　天皇御追号に院字を用ふるや否や〔「○○天皇」と呼ぶか、「○○院天皇」と呼ぶか〕
七　歴代天皇並《ならびに》后妃皇族の御名の訓《よ》み方を定むる件
八　空位の取扱に関する件〔古代の皇位継承時にあった空位をどう扱うか〕
九　称制に関する件〔天武天皇、持統天皇が前天皇死去後の数年間、皇太子の地位にとどまった「称制」を在位として扱うか〕
十　皇統譜に神武天皇以前を記すべきや否や
十一　日本武尊《やまとたけるのみこと》〔古代の景行《けいこう》天皇の皇子〕御墳塋《ごふんえい》〔墓所〕称号の件
十二　飯豊青尊《いいとよあおのみこと》〔古代の清寧《せいねい》天皇亡き後、政務を執ったとされる女性皇族〕御称号の件並御墳塋称号の件
十三　中和門院《ちゅうかもんいん》、明子女王贈后の件〔後陽成天皇の女御《にょうご》・中和門院と後西《ごさい》天皇の女御・明子女王に正式な皇后の称号を贈るかどうか〕
十四　安閑《あんかん》天皇御即位の年代に関する件〔前代の継体《けいたい》天皇の没年を巡り安閑天皇の即位年が二説あり、どちらを採用するか〕

十五　天皇皇族の誕生及崩薨《ほうこう》の日時は事実に由るべきか発表の日時に由るべきか

誰を天皇や皇后と認定するか、即位の時期をいつとするか、など当時、専門家の間で議論になっていた事項が列挙されている。皇統譜に記す基準を策定するため、これらを整理する必要があった。

引き継ぎに沿った鷗外の上申

鷗外は一九一七（大正六）年十二月二十五日、図書頭に就任した。筆者はこれまで宮内公文書館で大正期における図書寮の公文書を多数閲覧してきたが、就任直後の鷗外の決裁として確認できる公文書に以下のものがある。「図書寮　重要雑録　自大正二年至大正九年」という冊子に綴《と》じられた一八年第一号文書だ。

一八年一月十五日付で宮内大臣に宛てた「御歴代の代数及御年紀等に関する取調書提出の件」と題する上申書で、発送は十七日付けとなっている。

一昨大正五年十二月五日、皇統譜料調査委員会設置の儀《ぎ》上申致置候処《いたしおきそうろうところ》、今に御発令無之《これなく》、且《かつ》皇統譜令の審議も既に結了の趣《おもむき》に有之《これあり》候に付ては、此際《このさい》委員会設置の儀御詮議《ごせんぎ》相成《あいなり》候《そうろう》様《よう》致度《いたしたく》。将又《はたまた》今回明治初年以来、御歴代の代数及御年紀等に関し、公文上に於《おい》て論議せられたる調査の沿革、別冊の通取調《とほりとりしらべ》候《さうらふ》間《あいだ》、委員会に於ける審議の資料として御参照相成度《あいなりたく》此段《このだん》上申候《さうらふ》也《なり》

〈鷗外就任一年前の一六年十二月五日に、前任者が皇統譜に関する調査委員会を設置するよう上申したが、大臣からの発令が今に至っても出ていない。そこで委員会設置を議論してもらうために、明治初年以来の御歴代数調査沿革の「別冊」を宮内大臣に届け、審議の参考資料とするよう申し出た――〉という内容だ。就任から間もないため、鷗外が主導したというよりも、前任者からの引き継ぎに沿ったもののようだ。

一六年の「上申」や、この時に宮内大臣に届けた「別冊」が何を意味するのか、これだけでは分からない。そこで該当する公文書を探すことにした。

「御歴代数調査沿革」をまとめた史料があった

宮内公文書館の検索システムで「御歴代」「代数」のキーワードを入れると、「御歴代の代数年紀及院号に関する調査の沿革」と題する大正期の文書が、稿本を含めて二十件以上ヒットした。閲覧申請し、何が書かれているかを確認する。

厚紙の表紙で製本された冊子も、百年の歳月を経て背がボロボロになり、ほころんでいるものもあった。だが、扉を開くといずれも中は保存状態がよく、文字をはっきりと読むことができる。

検索では二十件以上ヒットしたものの、同じ内容のものが異なった識別番号で複数冊保管されていた。製本されたものはおおよそ以下の四種類である。

①「御歴代の代数年紀及院号に関する調査の沿革　全　附録　御歴代正数」（以下〈御歴代数調査沿革〉と記す）

②「附録　御歴代の代数年紀及院号に関する調査の沿革資料　上巻」

③「附録　御歴代の代数年紀及院号に関する調査の沿革資料　下巻」

④「追補　御歴代の代数年紀及院号に関する調査の沿革」

①が本文で、②〜④が関連資料だ。①の〈御歴代数調査沿革〉は計五十四頁あり、冊子をめくると冒頭に鷗外が書いた序文が掲載されている。

本書は明治初年以来、御歴代の代数年紀及院号の問題に関し、政府及《および》宮内省に於《おい》て取調べ又は実際取扱ひたる事蹟《じせき》を類聚編次《るいじゅうへんじ》したるものにして、大正六年中図書寮の草する所に係る今印刷に附し、以て検閲に便す

大正八年一月二十八日

図書頭医学博士文学博士森林太郎

鷗外就任前の一九一七（大正六）年の段階で既に草案ができており、前任者の下で編纂《へんさん》されたものだという。鷗外が就任してからおよそ一年後の一九年一月、印刷にかけた。つまり、鷗外が一八年一月の上申書で記した、宮内大臣に届けた御歴代の代数に関する「別冊」とは、既に編纂が進んでいた本史料の草案とみられる。

内容を読み進めてみよう。章立ては以下の通りだ。

第一章　総説
第二章　御歴代の序列及皇統の正閏《せいじゅん》に関する各問題の沿革
第三章　御歴代の年紀及院号に関する問題の沿革
第四章　参照公文書の説明

このうち、天皇と認めるかどうかを巡る第二章では、以下の六項目について調査結果が記される。

第一項　御代数の起点
第二項　神功《じんぐう》皇后を皇代に列すべきや
第三項　飯豊青尊《いいとよあおのみこと》を皇代に列すべきや
第四項　弘文天皇、淳仁《じゅんにん》天皇、仲恭《ちゅうきょう》天皇を皇代に列すべきや
第五項　南北朝正閏問題
第六項　長慶院天皇を皇代に列すべきや

最優先で確定すべき「誰が天皇だったか」

先述したように、一九一七（大正六）年六月一日の帝室制度審議会で「皇統譜令実施の際之に登録すべき事項中急速解決を要するもの」として十五事項が示されていた。だが、即位の年月やその他皇族の扱いが定まらなくても、誰を天皇と認定するかが確定すれば万世一系で天皇が続いたことを皇統譜に記すことはできる（歴史的な事実か、創作された物語か、という問題はここでは問わない）。つまり、皇統譜の作成に不可欠となる天皇の「代数」に直接関係するのは、十五項目のうち以下の四つである。

一　弘文天皇を皇代に列すべきや否や
二　長慶院天皇を皇代に列すべきや否や
四　北朝五帝は天皇と称すべきや否や
十　皇統譜に神武天皇以前を記すべきや否や

この四つが「御歴代数調査沿革」でどのように取り上げられたかを確認したい。

「一」について、第二章第四項によると、壬申の乱で敗れた大友皇子に対し、政府は一八七〇（明治三）年に「弘文天皇」の諡号《しごう》を贈り、天皇だと認定している。「明治三年以来異議を挟むものなかりし」という状況で、宮内省に設けられた学者らによる年表草案調査会が一九〇五年に改めて討議したところ、「各委員は全員一致して弘文天皇を歴代に加ふべきを主張したり」との結論になった。

「二」は南朝の後村上《ごむらかみ》天皇の皇子で、在位説と非在位説があった長慶天皇についてである。第二章第六項に「大正五年十一月に至り更に新《あら》たに発見したる史料に基き考證を重ね、長慶院天皇を皇代に列し奉るべき議として取調書を草して図書頭より宮内大臣に提出し、其の指揮を請へり」と記される。新史料発見により在位が裏付けられたとして、一九一六年に鷗外の前任者の図書頭が、新たに天皇に列するよう宮内大臣に意見書を提出した。

「四」は一九一一年に起きた「南北朝正閏問題」そのものだ。室町時代前期における南朝と北朝、どちらの天皇が正統なのか、日本史教科書の記述を巡って論争となった。第二章第五項に、当時の桂太郎首相が南朝を正統に決定したいと上奏し、裁可された経緯が記される。「十」は、第二章第一項によると、一八九一年に宮内大臣が「神武天皇を以て皇統第一代となしたり」として勅裁《ちょくさい》を仰ぎ、確定した。ただ、天皇によるこの裁定が公表されていないので、後日手続きを踏んで公表する必要があるとしている。

つまり、本史料によれば、政府が正式決定しておらず代数確定に関して改めて対応を迫られる事項は、「三二」の長慶天皇を新たに認めることだけだと分かる。

前任図書頭が「上申」した文書

次に、一九一八（大正七）年一月に鷗外が決裁した先述の公文書に記される、前任者が宮内大臣に「上申」した文書についてである。これは容易に見つけることができた。先に紹介した御歴代数調査沿革の③「附録　資料　下巻」の最後に、上申書の写しが掲載されていた。

一九一六年十二月五日、前任の図書頭である山口鋭之助《えいのすけ》が波多野敬直宮内大臣に宛てた上申書は、皇統譜令の制定に向けて解決すべき問題を審議するため「皇統譜料調査委員会」を「当寮に」設置するよう求めたものだった。図書寮内に設ける組織であれば、委員長には図書頭が就くことが想定される。

一方、前述したように、一七年六月一日に帝室制度審議会で示された「御歴代調査会規則（皇室令案）」は、「御歴代調査会」を宮内省に置き、総裁に帝室制度審議会総裁を充てると明記する。図書頭は総裁の下の一委員となる。こちらは宮内省を挙げた大がかりな組織になっており、山口図書頭による上申に基づき、鷗外が改めて提案したものとは別物だ。「御歴代数調査」については二つの異なる案が提出されていた。これは何を意味するのだろうか。

消極的だった宮内省幹部

以上の経緯について、第三者である宮内省幹部が残した記録にはどのように記されているだろうか。帝室会計審査局長官だった倉富勇三郎の『倉富日記』などから追ってみたい。司法官僚出身の倉富は、帝室制度審議会の委員も務めていた。

鷗外が「御歴代数調査沿革」の序文に、「今印刷に附し」と書いた四日後のことである。『倉富日記』大正八年一月一日条によると、石原健三宮内次官が倉富を訪ねて「図書頭が提出したる天皇御代数、御即位年月日等に関する調書四冊」を渡し、「枢密院《すうみついん》に諮詢《しじゅん》せらるべき問題を考へ置呉《おきくれ》よ」と依頼してきた。印刷に出した直後なので、倉富が受け取ったものは製本前のものだろう。

『倉富日記』によると、倉富は「調書」を受け取った二日後の二月三日に石原を訪ね「予《よ》は今後枢密院に諮詢して決定せらるべきものは、差向《さしむ》き長慶天皇を御代数に加ふべきや否《いなや》に止《とど》め」と返事をしている。

同年六月二十一日条にも、倉富、波多野大臣、石原次官の三人の間で以下の会話があったと記される。「御代数、御即位の年月日等の定まらざるものあり」という話題に対し、石原が「図書寮にて段々取調べたる処《ところ》、今まで未定と思ひ居りたることも、実は決定し居り」と答え、話が長慶天皇に及んだという。

鷗外が提出した「御歴代数調査沿革」を読んだ宮内省幹部の間では、歴代天皇の代数を確定するための大がかりな調査や変更は不要だと認識されていた。

伊東巳代治＝国立国会図書館「近代日本人の肖像」より

伊東巳代治の働きかけ

『倉富日記』には、帝室制度審議会総裁・伊東巳代治の動きも記されている。同じく大正八年六月二十一日条によれば、石原が倉富に対し「皇統譜令案に付ては、先に伊東より御歴代の代数を決定する為《た》めに委員会を組織すべき旨の建議を為《な》し居り。此事に付ても、宮内省より未《いま》だ何とも言ひ居らざる」と伝えた。帝室制度審議会が作成した、新たな委員会設置を求める先述の建議書は、一九一九（大正八）年六月中に提出されていたようだ。しかし、石原や倉富ら宮内省幹部はこの委員会の必要性を感じておらず、二年余りの間、回答せずにいたのだ。

宮内省の動きが鈍い中、皇統譜令と御歴代数調査を所掌する図書頭の鷗外に対しても、伊東が働きかけをしたのだろう。この頃の『鷗外日記』に、伊東がしばしば登場する。一九一九年四月二十四、二十六両日、鷗外は朝に東京・麴町《こうじまち》の伊東宅を訪ねたが、起床前で会えなかった。二十六日夕方には伊東から手紙が届き、その日のうちに返事をした。

この手紙で、伊東は恭しく「御高教《ごこうきょう》を仰度《あおぎたく》と相楽居《あいたのしみおり》候《そうろう》も」、多忙のため会う機会がないのは「残恨《ざんこん》」だとしている。伊東から鷗外に教えを仰ぎたいと記したことから、伊東が面会を望んだことが分かる。それを受けて、鷗外が二度も訪ねたようだ。伊東は手紙の後段で、「孰《いず》れ近日中電話を以《もっ》て」と面会の日程調整をしたいと申し入れた。

日記の中に「復之《これにふくす》」とあるが、国立国会図書館が蔵する「伊東巳代治関係文書」と、書簡を収録した『鷗外全集』三六巻のいずれにも、鷗外から伊東へ宛てた書簡は一通も所収されていない。あるいは電話で返事をしたのかもしれない。その後の『鷗外日記』を見ても、二人が一九一九年に個別に面会した記述はなく、用件は電話で済んだのか、もしくは鷗外が面会を断ったのかは、判別できない。

ところが、波多野大臣が翌二〇年六月、辞任に追い込まれる。皇族の臣籍降下に関する皇室典範増補に関し、降下の対象となった伏見宮《ふしみのみや》系皇族が反発し、その責任を取らされたのだ。前章で見たように後任の中村雄次郎大臣も、宮中某重大事件の責任を取り、二一年二月に辞任、次官の石原と共に交代させられた。

大臣が立て続けに失脚した混乱もあり、腰を据えて皇室令を審議できる状況ではなかった。伊東が動きを本格化させるのは、中村の後を襲って牧野伸顕が大臣に就任してからである。

すれ違う牧野と伊東

鷗外は『天皇皇族実録』の編修速度を上げるため一九一九(大正八)、二〇両年に図書寮の職員を増員し、同二〇年秋から起草が始まった。六国史校訂準備作業も一九一九年一月に第一回会議を開き、三年間での事業完了を目指した。二一年三月には『帝諡考』が刊行され、既に『元号考』の執筆にも着手していた。二一年は、鷗外が図書寮で手がける事業が本格化した時期である。

一方、帝室制度審議会総裁の伊東巳代治は、同年二月十九日に宮内大臣となった牧野に対して皇統譜令制定の働きかけを強めていた。五月二十七日、御歴代数調査の会議体を新設するよう求める建議書を牧野宛てに提出した。同審議会総裁が会議体の長に就くと明記した部分など一部が修正されたが、前々任者の波多野大臣に提出したものとほぼ同内容である。

その三日後、『鷗外日記』五月三十日条に「伊東子巳代治が園亭に予《よ》を延《ひ》く。天子世次の事を言う」との記述がある。天皇の代数問題について、伊東から鷗外に直接話があったと確認できる最初の記述だ。二年前に伊東が望んだ面会が、ようやく実現したのだろうか。そして六月九日、伊東は牧野に面会した。牧野はこの日の日記に「伊東子入来《にゅうらい》。御歴代数取調之《の》為《た》め委員会設置の事を述《の》ぶ。小生は此《こ》れは重大問題なれば十分考へ度《た》しと返事し置けり」と記した。伊東の働きかけに対し、牧野は明確な回答を保留したのだった。

これには牧野自身に理由があった。第二章で紹介したように、牧野は官制改革による人員削減を計画していた。伊東が建議書を再提出する一カ月前の同年四月から、新任の関屋貞三郎次官と倉富ら一部の宮内省幹部による秘密委員会がリストラの検討を始めていたのだ（『倉富日記』第三巻所収の永井和解説）。

伊東の建議を通せば大がかりな調査委員会が新設されるため、役所の事務が増えることになる。大がかりな会議体になるほど、伊東の立場からすると自らの権威付けになるが、牧野が目指す人員削減と逆行していた。

鷗外が先手を打っていた

一方、鷗外は伊東の動きに先立つ一九二一（大正十）年四月十四日、ある公文書を決裁している。

「御歴代の代数年紀及院号に関する調査の沿革資料壱《いち》部づつ参考の為《ため》左記諸官へ送付相成可《あいなりしか》然哉《るべきや》」とあり、図書頭が「御歴代数調査沿革」を各所に送るという内容だ。「機密文書として御取扱」を求めている。送付先は「山県枢密院議長、伊東帝室制度審議会総裁、大谷総務課長、南部参事官、渡部参事官、浅田書記官、金田参事官、白根書記官、二荒書記官」で四月十五日に「執行済み」となっている（図書寮「雑件録　自大正六年至同十年」大正九年第六号文書）。一九年十月に波多野大臣と倉富だけに事前配布していたものを、関係する高官や事務官へ公式に配ったようだ。

「参考の為」とあるが、送った目的は何であろうか。『倉富日記』大正十年九月九日条には、図書寮庶務課長兼図書課長の五味が御歴代数調査沿革の資料一式を倉富のもとに持ち込み、以下のやりとりがあったと記している。

五味均平来り、（中略）帝室制度審議会にて御歴代の代数に関する議論ありたる趣《おもむき》なるが、図書寮に於《お》いては此事《このこと》に関する学者の議論は既に尽き居る様に思ふに付、公文類に依《よ》り取調べしものが即ち此の四冊なり。此調査書は伊東巳代治、岡野敬次郎、平沼騏一郎には配付するが宜《よろ》しかるべしとのことにて、之を配付せり（中略）
予《よ》〔倉富〕、御代数のことは研究は既に尽きたる様なり。此上は決定するより外《ほか》致方《いたしかた》なし。学者の意見を一致せしむることは望み難きことなりと云《い》ふ。五味、然《しか》りと云ひ
（後略）

五味と倉富の間で一致した考えは、「御歴代数調査沿革」を読めば学者の議論は尽きており、既に大筋の結論は出ていると分かるはずだ、ということだった。先述の通り、新たに天皇の代数に加える案件があるかどうかは宮内省内で事務的に決定すれば事足りるため、大がかりな会議体を新設する必要性は薄い。
「御歴代数調査沿革」の配布は、調査事業を進めたい伊東らへの牽制《けんせい》になりうる。五味は直接の上官である図書頭の意を体して動いていたと考えられる。因《ちな》みに、岡野と平沼は帝室制度審議会の委員で、伊東と近い。昭憲皇太后の追号を巡っても、伊東は岡野と平沼に相談していた。

衝突した二つの事業

伊東が建議書を提出する二十日ほど前の一九二一（大正十）年五月五日、鷗外は宮内省のある会議に出席していた。自らが委員長を務める六国史校訂準備委員会である。その日に協議されたのは、「追而《おって》組織すべき委員会の議」だった（吉岡、一九八二年）。

第二章でも紹介したが、校訂の第二次事業を完了させた後、六国史の定本を作るため、学識経験者らによる大がかりな会議体を新設する計画が話し合われていた。一九一八年十二月十二日に図書頭の鷗外が波多野宮内大臣へ提出した事業開始の建議書に、以下のような計画が書かれている。

〔明治期の第一次事業は〕六国史校訂の先駆に過ぎずして、更に進みては其《そ》の異同を校讎《こうしゅう》〔比較して誤りを正すこと〕し、以《もっ》て勅撰《ちょくせん》国史の定本を作成するに非《あら》ざれば、何等の効果を見ざる儀に有之候《これありそうろう》、国史の校訂に付ては、追《おっ》て幾多専門の学士を招聘《しょうへい》して合議様の取調機関を設置するの必要有之《これあり》候

（宮内庁書陵部編修課、二〇〇七年）

つまり一九二一年の宮内省には、伊東による御歴代数調査と、鷗外による六国史定本化という、二つの異なる会議体を新設しようという動きがそれぞれあったのだ。

その渦中の十月七日、牧野大臣による官制改革が発表される。人員削減を進める中では新事業への着手は一層難しくなる。いずれも断念するか、それとも優先順位を付けてどちらかに絞るか。ここにおいて二つの事業は競合し、衝突せざるを得ない。

「六国史定本化」を進めるために

官制改革が発表された一九二一（大正十）年十月以降、御歴代数調査に関連する『鷗外日記』の記述は以下の二つである（いずれも原文のまま）。

十月二十九日　往省見牧野宮相与関屋次官。言六国史事並帝室世次事。是日訪岡野敬次郎者二

十二月六日　一訪関屋次官。而議買正倉院前地事。再訪而議帝世事

隔日で帝室博物館と図書寮に通う鷗外が、宮内省に出向くのは何らかの用件がある時である。十月二十九日に牧野と関屋に対し、「六国史事」と「帝室世次事」の二つを並べて言及したのはなぜか。

これまで見てきた宮内公文書館などの史料からは、『天皇皇族実録』や六国史校訂作業を

鷗外が図書頭として取り組んだ事業

事業	形態	成否	
帝謚考	個人	○	就任後直ちに編集を決定。1921（大正10）年に刊行。
元号考	個人	△	生前に完成せず。吉田増蔵が引き継ぎ、「昭和」を考案。
天皇皇族実録	組織	△	1919（大正 8）年から 8 年間で完成させる計画だったが、大幅に遅れる。1936（昭和11）年に脱稿。
六国史校訂準備作業	組織	△	死の5カ月後に完了。その後に想定した定本化は見送り。
↕		競合	↕
皇統譜令の制定（=帝室世次事）	組織	×	着手せず。死後に後任が着手し、1926（大正15）年に制定。

巡り、鷗外が自ら事業計画を策定して人員を拡充するなど行政官として手腕を発揮したことが分かる。一方、御歴代数調査に関して積極的に動いたことを記す公文書は残っていない。「御歴代数調査沿革」を関係者に送付したくらいだが、それすらこの事業に対する消極的な意味が込められていたと推察される。

鷗外は伊東が主導する代数調査の委員会ではなく、自らが手がける六国史定本化の委員会を優先すべきだ、と牧野や関屋に進言したのではないか。この日に鷗外が二度も訪れた岡野は帝室制度審議会の委員であり、用件は同じく御歴代数調査に関することだった可能性が高い。

十二月六日には関屋次官と、帝室博物

館総長が管理責任者である奈良・正倉院の前の土地を買うことについて話をした後、再び関屋を訪ね、今度は図書頭として「帝世事」について議論している。おそらく十月二十九日に行われた話の続きだったのだろう。

限られた時間と人員の中で

伊東の事業が優先された場合、影響が出るのは六国史の定本化だけではない。皇統譜令を制定する場合に図書寮の事務量がどれだけ増えるかは、鷗外の死後に実際に起きた出来事を見れば分かる。一九二二（大正十二）年七月以降の宮内省公文書を見てみたい。

鷗外の後任として図書頭となった杉栄三郎は、伊東が主導して新設した臨時御歴代史実考査委員会の委員を命じられた。一九二四年から二六年にかけて同委員会に計十八回出席し、担当者として数多くの説明をこなした。同時期には皇統譜令案を審議する帝室制度審議会第二特別委員会も開かれ、杉は御用掛として計十回出席した（宮内公文書館蔵「帝室制度審議会関係書類　皇統譜令　副　宮内省参事官室大正六～十三年」、「臨時御歴代史実考査委員会議事要領宮内省参事官室」）。

図書頭の杉だけでなく、図書寮編修官の芝葛盛《しばかずもり》が臨時御歴代史実考査委員会の御用掛と臨時事務を、図書寮編修官補の黒井大円が同委員会の書記を命じられた（同館蔵「秘　臨時御歴代史実考査委員会　栗原」)。

さらに一九二六年九月に皇統譜令が施行されると、五人いた図書寮編修官の全員が皇統譜の「調成」作業に従事することとなった。皇統譜令と皇統譜令施行規則が定める新たな書式に沿い、歴代の皇統譜を登録し直さなければならなかったためである。

編修官と編修官補は『天皇皇族実録』の執筆者でもある。皇統譜の登録に約一年を要するとして、実録の終了時期をそれに相当する期間だけ延長せざるを得ないと図書頭の杉が申し出たが、実際には約三年もの間、実録の作業が中断してしまった(図書寮「例規録　自大正十一年至大正十五年」大正十五年第一八号文書)。

二一年に鷗外自身は、「最大著述」と位置づけた『元号考』の執筆に取りかかっていた。伊東が新設を目指す会議体に委員として駆り出されれば行政官としての業務が増え、それに反比例して執筆時間が少なくなってしまう。

限られた時間と人員の中、鷗外が手がける事業を遅滞なく進めるにはどうすればよいか。伊東が主導する御歴代数調査の事業を止めなければならない。鷗外はそう考えたのではないか。

二、伊東巳代治総裁との確執

鷗外が御歴代数調査を止めたのか

実は、皇統譜令制定の前提となる御歴代数調査が鷗外の一言によって止まっていたとの記述が、『倉富日記』にある。鷗外の死からおよそ七カ月後、大正十二年二月二十八日条だ。これを取り上げた論文や著作は管見の限りないようである。御歴代数調査に関する新たな委員会の設置を巡り、宮内省内で調整が続いていた時期だ。倉富はこの問題に牧野大臣が慎重だった理由を巡り、宮内次官の関屋貞三郎から聞いた話として以下のように記す。

大臣は元来審議会のことを好まず。殊《こと》に御歴代調査のことに付ては故森（林太郎）が生存中、森より大臣に対し、御歴代調査の件は明治天皇に上奏したることありたるも、陛下は何の御詞《おことば》もなく、陛下の御詞なきときは御思召《おんおぼしめし》に適《かな》はざることとなるものにて、其《その》儘《まま》になりたる趣《おもむき》なる旨《むね》を話したることあり。大臣は尚更此事《なおさらこのこと》に熱心ならず（中略）或《あ》る時森より聞きたることを伊東（巳代治）に話し、伊東は森の談は全く事実に違ひ居るとて、五味（均平）を経て森の不都合を詰《なじ》り、森も結局誤解なりしことを五味に述

べたる趣なり（中略）
予《よ》又予は森（林太郎）が大臣に話したりと云《い》ふ話は是《これ》まで聞きたることなし。但《ただ》伊藤公（博文）が制度調査局総裁たりしとき、葬儀令案を呈《しめ》して御裁可《ごさいか》を願ひたるとき、明治天皇より此式《このしき》は朕《ちん》に適用するものなりやとの御沙汰《ごさた》あり。其儘《そのまま》御裁可を得ずして、今日に至り居るとのことは聞きたることありと云ふ

〈御歴代数調査は明治天皇の「御思召」（意向）に沿わないものだったと鷗外が牧野大臣に伝えたのに対し、それは事実と異なるとして、伊東が五味を通じて鷗外を非難した。結局、鷗外の誤解ということで落着したものの、鷗外が牧野に伝えた内容は、倉富がこれまで聞いたものとは異なる〉という。日記中で「葬儀令案」と記されるのは、「皇室喪儀《そうぎ》令案」を指すとみられる。

鷗外と伊東が衝突したことは事実だろうが、本当に鷗外の単なる誤解だったのか。何やら裏がありそうな書きぶりだ。

明治天皇の「御思召」はあったか

まず、明治天皇の「御詞」や「御思召」があったのかを確認してみたい。明治天皇に条文

案が届けられたのは、皇統譜令が一九〇六（明治三十九）年二月三日、皇統譜令施行規則は同年六月十三日である。いずれも当時の帝室制度調査局総裁だった伊藤博文が上奏した。

『明治天皇紀』同年二月三日条は、当時、韓国統監だった伊藤が任地に赴く前に拝したと記され、皇統譜令に関する記述はない。一方、同年六月十三日条には、伊藤が立儲令《りっちょ》及《および》附式、皇族就学令、皇室服喪《ふくも》令、皇室喪儀令、国葬令、位階令、華族世襲財産法、華族令施行規則、華族世襲財産法施行規則、皇統譜令施行規則を上奏したことを紹介し、「而《しこう》して皇室服喪令は再査に係《かか》るものなり」と記されている。

六月十三日条の出典は『徳大寺《とくだいじ》実則《さねつね》日記』である。徳大寺は天皇の側に仕える役職の長官である侍従長《じじゅうちょう》で、日記は国文学研究資料館の国書データベースを使い、インターネットで閲覧できる。この史料によれば、伊藤が上奏して皇統譜令施行規則などの皇室令を「右御手許《みぎおてもと》差上《さしあげ》」したが、このうち皇室服喪令の下にだけ「（再査）」と記された。明治天皇の言葉は記録されていない。再査とされた皇室服喪令は三年後の一九〇九年に制定されている。一方、皇統譜令、皇統譜令施行規則、皇室喪儀令などは大正期に持ち越された。

伊東の伝記『伯爵《はくしゃく》伊東巳代治』下（晨亭会編発行、一九三八年）では、帝室制度調査局が上奏した諸法案のうち「仍《な》ほ重要の法案にして御下附《ごかふ》あらせられざるもの、又は手続停頓《ていとん》して未だ制定を見るに至らざるもの　尠《すくな》しとせず」と、停滞した事実を記すが、理由には触れていない。

経緯が詳述されているのが、帝室制度調査局に伊東と共に従事した宮内官僚の栗原広太の回想録だ（国立国会図書館憲政資料室蔵「憲政史編纂会収集文書」二一七所収の「皇室典範其他皇室法令の制定史に就いて（栗原広太）」）。制定が見送られた皇室令などについては、明治天皇が「一々精密に御査閲《ごさえつ》遊ばされ」た上に、「まだ御手許から御下げにならぬ法律案、勅令《ちよくれい》案、皇室令案があり。また御下げになつたものの中でも、手続が渋滞して制定公布に至らぬものも若干ありました」としている。さらに「他の皇室令は続々御下げに」なる中、皇室喪儀令案だけ裁可が下りないため、徳大寺侍従長が明治天皇に理由を尋ねた。すると明治天皇は「天皇大喪儀の規定は、朕《ちん》の為《ため》に設けたやうなものだ」と漏らした。それを聞いた栗原は宮内大臣や伊東と相談し、裁可を催促しないことを決め、そのまま明治天皇が亡くなったという。

栗原によると、天皇の裁可が下りなかったのは皇室喪儀令案だけで、皇統譜令案について言及はない。「続々御下げに」なった「他の皇室令」のうち、「手続きが渋滞して制定公布に至らぬもの」の中に含まれると考えられる。時代背景として、一九一一年に南北朝正閏問題が起こり、北朝の天皇を代数に数えるかどうかが政治問題となっていたことも、先送りされた背景にあったかもしれない。

『倉富日記』の鷗外発言を検証する

次に、『倉富日記』大正十二年二月二十八日条に記された鷗外の発言を以下のように三分割して、それぞれ整合性を検証してみたい。

①「御歴代調査の件は明治天皇に上奏したることありたるも、陛下は何の御詞もなく」

②「陛下の御詞なきときは御思召に適はざることとなるものにて」

③「其儘になりたる」

前述したように、『明治天皇紀』、徳大寺の日記、栗原の回想からは、明治天皇が皇統譜令案や御歴代数調査に関して①に対応する何らかの言及をした記録は確認できない。そのため、鷗外の発言を否定する材料もない。

明治天皇の「御詞」として確認できるのは、皇統譜令案と同時期に上奏された皇室喪儀令の制定に慎重だったことである。それが当時の宮内大臣や帝室制度調査局（後に帝室制度審議会）のメンバーだった伊東らに伝わっていた。倉富も同様の話を伝え聞いたという。

皇統譜令は明治期に制定されなかったので、③は事実だ。②は明治天皇の「御詞」がなかったという出来事に対する解釈である。天皇が発言しなかった場合に、「御思召」を側近が忖度《そんたく》することもあろう。ただし、明治天皇の場合、本心をこのように解釈することは困難だ。

立憲君主の立場を自覚して自らの考えや感情を自制するような場面もあったかもしれないが、『明治天皇紀』や側近の回想などには、上奏に反対意見を述べたり、憂慮や怒りを露《あら》わにしたりする様子が度々記されている。

例えば、一八九四（明治二十七）年に日清戦争が開戦した時のこと。宣戦の詔勅《しょうちょく》が公布されたことに伴い、伊勢《いせ》神宮と孝明天皇陵に報告する勅使《ちょくし》を派遣するよう宮内大臣の土方久元《ひじかたひさもと》が明治天皇に打診した。ところが、天皇は「今回の戦争は朕素《ちんもと》より不本意なり」と明言して、その必要はないと答えた。これを諫《いさ》めた土方に対し、顔も見たくないと激怒して退席を求めたのだ。最終的に勅使は派遣されたものの、天皇は開戦への不満をぶちまけている（笠原、二〇〇六年。伊藤之雄、二〇〇六年）。

宮内官僚の栗原広太も、「明治天皇は、宮内大臣等が御裁可を奏請《そうせい》したことについて、往々反対の御意見を仰せられ、如何《いか》に申上げても、執拗に御自説を主張せられる場合があった」と回想している（栗原、一九五三年）。例として、日露戦争に皇族の閑院宮載仁《かんいんのみやことひと》が出征する際の陪食を巡り、日程に余裕がないため帰国後にしたいと言う天皇と、出征前を主張する宮内大臣の田中光顕《みつあき》が、共に「顔を真ッ赤にして、論争」したことなどを挙げている。

以上の経緯を踏まえると、鷗外の発言を「全く事実に違ひ居る」と難じた伊東の方に分がありそうだ。

それでも、御歴代数調査に慎重だった牧野は、鷗外の存命中に着手しなかった。官制改革による職員のリストラに取り組む中、鷗外の進言が慎重姿勢の一因となった可能性がある。もしくは、牧野が事業を進めない口実として、鷗外の言葉を利用したのかもしれない。

鷗外の「誤解」か政略か

一九二一（大正十）年二月十九日に牧野が宮内大臣に就任して以降、翌二二年七月九日に鷗外が死去するまでの間、『鷗外日記』に二人の面会は計八回記される。一方、『牧野伸顕日記』には、鷗外との面会が一切記されていない。このうち用件が御歴代数調査だと確認できるのは、鷗外が宮内省に出向き「六国史《りつこくし》の事《こと》並びに帝室世次《ていしつせいじ》の事《こと》を言う」と記された二一年十月二十九日だけである。この面会には関屋宮内次官も陪席していた。その他の面会日は別の用件が書かれているか宴席などのため、天皇の「御詞」「御思召」という機密性の高い話をしたとすれば、この日とみられる。

しかし、鷗外による牧野への進言は、伊東によって撤回させられた。『倉富日記』大正十二年三月六日条に、事の顚末《てんまつ》が赤裸々に書かれている。

大臣は此談《このだん》〔鷗外の発言〕が本《もと》と為《な》り、之《これ》を調査することを憚《はば》かり居りたるも、伊東が此ことを聞き、五味（均平）をして森を詰問せしめ、森が誤解なりし旨を言明したる為《ため》、此点に関する大臣の懸念はなくなり、之を調査することには異議なきことになり居ると
のことなり

やはり、牧野大臣が慎重だった背景には、鷗外の進言があったようだ。そのため、伊東が詰問して鷗外の発言が誤解だということになり、牧野が事業を止める理由がなくなったという。

『倉富日記』では鷗外の「誤解」とされているが、鷗外には、新たな業務負担となる御歴代数調査を止めたい動機があった。明治天皇の「御詞」がなかった、もしくは確認できないことを拡大解釈し、伊東の事業を止めようと牧野に進言した可能性も否定できない。史料に基づき天皇の歴史を考証する事業に携わった鷗外だったが、この時ばかりは明治天皇の発言を巡る「事実」を置き去りにしてでも、大物政治家・伊東に対抗するため政略的に振る舞ったのではないか。

鷗外による牧野への進言が一九二一年十月二十九日だったとすれば、伊東の巻き返しは、それ以後で鷗外が病状悪化により出勤できなくなる翌二二年六月十五日までのおよそ半年の間に起きたことになる。

結局、鷗外は伊東に屈し、御歴代数調査の開始を容認せざるを得なくなった。敗北感と屈辱を味わう中で死を迎えたことは想像に難くない。

鷗外と伊東の距離感は『鷗外日記』の二人の面会記録に表れている。鷗外は毎年、正月に年賀のあいさつで役所の上官を回った。帝室博物館総長兼図書頭に就任後は、宮内省高官と皇族が多い。帝室制度審議会総裁の伊東と面識を持つのは、一九一八年一月に鷗外が審議会の御用掛を拝命してからで、年賀のあいさつは翌一九年から始まった。二〇、二一両年も正月の日記に「伊東子巳代治」と記されたが、二二年は「牧野宮相、山県公、閑院宮、中橋文相、山梨陸相、関屋宮内次官貞三郎諸邸を歴訪す」など例年通りのあいさつ回りから伊東の名前が消えた。

『倉富日記』を見ると、倉富は一九二二年一月四日に伊東宅を年賀のあいさつに訪ねている。伊東がこの年の正月に面会を断っていた訳ではない。『鷗外日記』では二一年七月二十三日の帝室制度審議会に出席して以降、伊東と面会した記録は記されていない。元々鷗外が同審議会や伊東に批判的だったことは、二〇年に昭憲皇太后の諡号を巡る賀古鶴所宛書簡で「審議会には礼や典故を知るもの一人もなし」「帝室制度審議会（伊藤《ママ》巳代治）に妨げられ」などと記していることから分かる。二二年正月の段階では、二人の確執が決定的に深まっていたのではないか。

三、山県支配の崩壊

宮内大臣との距離が開く

山県系だった中村雄次郎大臣、石原健三次官の交代と、山県自身が失脚したことは、宮内省内の権力構造に変化をもたらした。それまで職員数や予算の拡大要求が次々と通っていた鷗外だったが、政治的後ろ盾を失うこととなった。波多野、中村、牧野という三代にわたる大臣との距離の遠近は、鷗外が関与した大正天皇の病状発表に表れている。

大正天皇＝ ColBase 提供

鷗外は陸軍省医務局長だった一九一三（大正二）年二月五日に臨時宮内省御用掛《ごようがかり》を命じられて以降、天皇の勅語《ちょくご》や皇室に関わる令旨《りょうじ》などの起草や執筆にも携わっていた。こうした経緯から、一七年十二月に帝室博物館総長兼図書頭《ずしょのかみ》に就任したのを機に御用掛の任を免じられた後も、天皇に関わる文書の添削を依頼されたようだ。その一環として、大正天皇の状態を公式に伝える病状発表文を事前添削していた。

発表は①一九二〇年三月三十日、②同年七月二十四日、③二一年四月十六日、④同年十月四日、⑤同年十一月二十五日――の計五回である。第五回発表時に、大正天皇は執務が困難になったとして皇太子（後に昭和天皇）の摂政就任が発表された。

第一回発表の際、『鷗外日記』に「波田野敬直宮相が予《よ》等を召し聖上不豫《せいじょうふよ》〔天皇の病気〕の事《こと》を言う。予は告示文を削正す」とある。「削正」は削除したり、訂正したりすること。別の者が作った原案に、鷗外が手を入れていた。

首相の原敬も同じく三月二十九日、波多野大臣に呼ばれて宮内省に赴き、発表文の書面を内示された（『原敬日記』同年三月三十日条）。二人の日記から前後関係は明確ではないが、首相の了承を得る前に鷗外が添削するのが自然だろう。天皇の症状は糖尿病と座骨神経痛であるという内容だった。脳に障害があるという真の病状は伏せられた。

この日の『原敬日記』には、医師の診断書と発表文の双方が全文転載されており、比較することでどのような文言修正が行われたかが分かる。

【診断書】

御登極《ごとうきょく》〔即位〕以来、御政務御親裁《ごしんさい》の為《ため》、万事御多端《ばんじごたたん》〔仕事が忙しい〕と相成《あいな》り

【発表文】

陛下御践祚《せんそ》〔即位〕以来、常に内外多事《ないがいたじ》に渉《わた》らせられ

【診断書】

御軫念《しんねん》〔天皇のみこころ〕を悩ませらるる事の多き

【発表文】

終始宸襟《しんきん》〔天皇のみこころ〕を労せさせ給《たま》ふこと尠《すくな》からず

【診断書】

御政務を御覧遊ばさるるの外《ほか》は成《な》る可《べ》く御寛《くつろ》ぎ御慰安を主とし

【発表文】

政務を攬《みそな》はさるる〔ご覧になる〕外《ほか》は、専《もっぱ》ら玉体《ぎょくたい》〔天皇の体〕の御安養《あんよう》を旨とせられ

発表文は、診断書にない以下の文言を追加して締めくくられた。

侍医《じい》の意見に因《よ》り、本年は今暫《しばら》く御静養の為《ため》、〔静養先の葉山に〕御駐輦《ちゆうれん》〔天子が出かけた先で滞在すること〕相成《あいな》ることとならん

どの部分が鷗外による添削かは定かでないものの、診断書では「御登極」「御政務」「御親裁」「御多端」と天皇への尊敬を表す「御」が多用されて読みにくかったところが、発表文では減っていることが分かる。代わりに「饗はさる」「玉体」「駐輦」など天子に使う漢語が駆使され、簡潔で格調高い表現になっている。天皇の心労について「悩ませらるる事の多き」という診断書の直接的な表現を、「労せさせ給ふこと尠からず」と婉曲《えんきょく》的に言い換えた部分からも、文章に習熟した者の技巧を感じさせる。

鷗外起草の第二回発表文

第二回発表は関与がより深まる。発表の十二日も前の一九二〇（大正九）年七月十二日、『鷗外日記』は「中村雄次郎宮相が予に使《つかい》し、聖上の病況《びょうきょう》書を艸《そう》す」と記す。「艸」はくさかんむりの原型で「草」と同義である。「草」には文案を起草するという意味があり、発表文の原案を作るよう命じられたのだ。

大臣は山県側近の中村に交代しており、前任の波多野に比べて鷗外に信頼を置いていたことがうかがえる。中村の大臣起用について、原は「畢竟《ひっきょう》宮中を全部山県系となすの考《かんがえ》に出たる事云《い》ふ迄《まで》もなき事なり」（『原敬日記』六月十五日条）と警戒感を示したが、山県閥だった鷗外にとっては働きやすい環境となったことだろう。

中村が原に文案の相談をしたのは、鷗外に指示をしてから八日後の七月二十日。鷗外作成のものが原に示されたとみられる。原は日記に「余《よ》熟読、差支《さしつかえ》なき旨《むね》返答したり」（七月二十日条）と記した。「熟読」したのは、第一回より一歩踏み込んだ内容だったためだろう。症状は「漸次《ぜんじ》御軽快」としながらも、「御倦怠《ごけんたい》の折柄《おりから》には御態度に弛緩を来《きた》し、御発語に障《しょう》碍《がい》起《お》こり、明晰《めいせき》を欠くこと偶々《たまたまこ》之れあり」として、発語障害を公表したのだ。

原の了解を得た後に各所へ根回しした石原次官は、「此事《このこと》が此節の主眼」と倉富に説明した（『倉富日記』七月二十一日条）。疲労により言葉が不明瞭《ふめいりよう》で儀式などへの出席は見合わせるものの、理解力や判断力には問題がないため「万機を親裁」する（重要事項の政務を天皇が自ら行う）ことはできるというのが宮内省の方針だった。恐らく鷗外も事前に同様の趣旨を聞いた上で、その線に沿って原案を書いたのだろう。

第三回発表は定例報告のような内容で、前回と変化はない。鷗外は発表当日の一九二一年四月十六日、「宮相室に往き主上《しゆじよう》（天皇）の病状書を刪正《さんせい》す」と日記に記した。「刪正」は文書を削ったり訂正したりするという意味だ。原案を添削したのは第一回と同様だが、発表当日に文案を示され、関与はこれまでで最も薄いと言える。この約二カ月前、大臣は薩摩出身で非山県系の牧野に交代していた。鷗外の関与はこれが最後となる。

天皇の真の病状を公表する

一九二一（大正十）年十月四日の第四回発表は、内容に大きな変化があった。発語障害が「近頃其度《そのど》を増させられ」た上に、「御注意力、御記憶力も減退し」てしまい、「快方に向はせられざる」様子だと、病状の深刻化を認めたのだ。しかも、単なる発語障害ではなく、幼少時に「脳膜炎様の疾患」にかかって以来、「屢々御大患《しばしばごたいかん》」をわずらい体調が芳しくなかったと、これまで隠していた真の病状を初めて明かした。近ごろの大正天皇の容体を拝することは「洵《まこと》に恐懼《きょうく》に堪へざる」ほど恐れ多いものだと締めくくっている。

衝撃的な内容で、もはや政務を担うことができない状況まで病気が悪化していることを国民に示すものだった。言葉が不自由であっても天皇が「万機を親裁」することはできるという、鷗外が関わってきた従来の方針を捨て、宮内省は摂政設置へと舵《かじ》を切った。

変化したのは内容だけではない。牧野大臣は鷗外に代わって、帝室会計審査局長官の倉富に病状発表の添削や原案作成を依頼した。倉富は一九二〇年十月の一時期、内大臣秘書官長事務取扱を務めていた。天皇が発する勅語《ちょくご》や詔書《しょうしょ》など「内廷の文書に関する事務を掌《つかさど》る」事務方の責任者だ。当時、内大臣秘書官長だった近藤久敬《ひさたか》が退職し、欠員になっており、松方《まつかた》正義《まさよし》内大臣がその後任として倉富を推した（『倉富日記』第一巻所収の永井和解説）。松方は牧野と同郷の薩摩出身で、明治期に首相を二度務めた元老の一人である。

倉富は法務官僚出身で法律の専門家だが、鷗外より九つ年長で幕末に藩校で漢籍を学んだ素養がある。摂政設置の手続きに具体的に着手せざるを得なくなったため、法律と漢籍の双方に通じた倉富が重宝されたと見られる。

牧野大臣就任による宮内省内の権力構造の変化を、原は以下のように記す。


山県が摂政問題以来宮中の事に付《つい》ては以前の如き振舞《ふるまい》は不可能にて、殊《こと》に牧野松方が宮中に居りては其手腕を思ふ様に振ふ事も不可能なるべし

（『原敬日記』大正十年九月二十日条）

鷗外抜きで進んだ摂政設置の手続き

鷗外が関わった第三回の病状発表からおよそ二カ月後の六月二十三日、牧野は摂政設置の手続きを内密に調査するよう倉富に依頼している。九月二十五日、欧州訪問から帰国した皇太子に拝謁して大正天皇の病状を報告したのを皮切りに、皇族や元老らへの根回しを始めた。九月二十九日には宮内省参事官の南部光臣が、牧野大臣から示された第四回病状発表の文案を倉富のもとへ持参した。南部は牧野から「倉富君に協議して之《これ》を纏《まと》むべき」と命じられた

のだという（『倉富日記』同日条）。

摂政設置を明言した第五回発表も倉富が担った。十月二十五日、牧野が倉富に対し、「予《あらかじ》め之《これ》〔発表文〕を考へ《かんが》置呉《おきくれ》よ」と伝え、倉富も了承した（『倉富日記』同日条）。倉富は十月三十一日、「先日来り作りたる秘密書類」を牧野に渡した（『倉富日記』同日条）。摂政設置発表に関する文書とみられる。

この間、鷗外が関与した記録は見当たらない。帝室博物館総長の職務として毎年秋に行われる奈良・正倉院の開閉封に立ち会うため、宮内省を離れていた。十月三十一日に東京を立ち、帰京したのは第五回病状発表の三日前にあたる十一月二十二日だった。発表前日の二十四日の『鷗外日記』に「省に参る。関屋次官に見《まみ》える。明日摂政の事を議すことを聞く」と記されるだけだ。摂政設置手続きや発表文の準備が終わった後、報告を受けたのだろう。鷗外は牧野体制の下、従来のように重宝されることはなくなっていた。

牧野と伊東にも敗れた末に

新しい時代に対応しようと官制改革による職員の刷新と皇室の民主化に取り組む牧野にとって、皇室制度の整備は最小限でよかった。一方、鷗外と伊東は整備を推進する立場で、牧野と対立関係にある。鷗外と伊東の方向性は同じだが、牧野によって予算や人員が削減される中、限られたパイを巡り競合する関係にあった。

鷗外は天皇の歴史的根拠の確かさを追求し、『帝謚考』『天皇皇族実録』、六国史校訂準備作業に取り組んだ。中でも『元号考』は、大正改元で「不調べ」が露呈した近代元号制度を確立するため実務上不可欠だった。現実の大正天皇が病弱だったこともあり、より確かな正統性の根拠を求めようと歴史の根源に遡《さかのぼ》ったのかもしれない。

大正天皇の病状発表文に関わった鷗外は、牧野と共に代替わりに向けた切迫感を覚えていたはずだ。君主制の危機への対処を迫られたという動機の点では、牧野と鷗外は同じだった。

これに対して伊東は、明治期に自ら手がけて中断した皇室令の完成を目指した。ただ、大がかりな法制化は時勢にかなっていたとは言えない。動機の背景にある政治的野心を、同時代の政治家や宮内官僚は見透かしていた。

結局、鷗外の事業は牧野体制下で縮小、遅滞を余儀なくされた。そのような状況下でも、伊東は政治力を駆使して自らの事業を牧野に認めさせた。宮内官僚としての鷗外は牧野に敗れ、そして、伊東にも敗れた。後ろ盾だった山県を失った状況では、どうすることもできなかった。

鷗外死去後に進展

御歴代数調査の会議体新設に伊東が再び動き始めたのは、一九二二（大正十一）年七月九日に鷗外が死去し、十二日に葬儀、十三日に埋葬が終わったまさに直後である。七月十九日に牧野宮内大臣に面会を申し込み、二十三日に面会している。『牧野伸顕日記』七月二十三日条によると、伊東は帝室制度審議会の業務が行き詰まっていることを訴え、「何等仕事挙《あが》らず尽位素餐〔尸位素餐《しいそさん》の誤りか。地位にありながら職責を果たさず無駄に禄《ろく》を食《は》んでいるという意味〕の責に堪へず」として総裁を辞すと伝えた。牧野は思い止《とど》まるよう促し、日記に「相当処置を要す」と記した。

伊東の辞意を額面通りに受け取ってはならない。辞意を大臣に突き付けて、要求を呑《の》ませようとする政治的駆け引きであることは明白だ。同様の手口は、一九一八年に帝室制度審議会で王公家軌範（韓国併合後の朝鮮王公族の身分や財産などに関する規定）の審議が難航した際も使っている。伊藤博文の懐刀として、数々の難局を乗り切り地位を築いてきた海千山千の政治家としての術策の類いだ。

伊東の目的は、御歴代数調査の委員会を設けさせることにあった。『倉富日記』同年九月十五日条には「伊東は御歴代調査会を設くることを熱心に主張し、之《これ》を設けざるならば復《ま》た制度審議会総裁の辞表を出すべき様の口気《こうき》〔口振り〕を漏らし」と、明確に記されている。

最終的に牧野は伊東の求めに応じて「臨時御歴代史実考査委員会」の設置を認め、伊東は辞意を撤回した。日本近現代史研究者の西川誠は「大正後期皇室制度整備と宮内省」で、「伊東の提案に牧野が踏み切ったのは、新帝を迎えるための宮中整備の一環として、懸案の皇室制度も整頓しようという意図と考えられる」との見解を示している。

山県の死

大正後期のこの時期に伊東が動いた背景として、波多野敬直《はたのよしなお》、中村雄次郎と宮内大臣が二代続けて引責辞任したことに加え、山県有朋《やまがたありとも》が宮中某重大事件で失脚した後の政治的空白を狙ったこともあるようだ（西川、一九九八年）。

首相の原敬《はらたかし》は山県と伊東の関係について「山県は伊東が宮中に容喙《ようかい》する（横からくちばしを挟む）ことを忌《い》むものの如し」（『原敬日記』大正十年五月三十一日条）と見ていた。山県系官僚の代表格で枢密院《すうみついん》副議長の清浦奎吾《きようらけいご》から聞いた話として、倉富も「伊東は山県公の死を待ち居ると云ふものあれども」（『倉富日記』大正八年四月五日条）と記している。同審議会が提案していた皇室関連の法令整備のうち、山県が議長に座る枢密院を通らない案件が多々あったからだ。

山県は一九二二年二月一日に八十三歳で死去したが、伊東が働きかけを再開した時期が、それから約五カ月を経た鷗外の死の直後だったことから、山県だけでなく鷗外も歯止めになっていたと考えられる。伊東側近の栗原広太は、辞意を示した伊東の不満について「宮内省幷《ならび》に宮内省より出て居る委員、御用掛が総《すべ》て審議会に忠実ならず」（『倉富日記』大正十一年七月二十七日条）と関屋次官に伝えた。御用掛を務めた鷗外も、伊東の不満の対象だっただろう。大局的には山県、そして実務レベルでは皇統譜令を所掌する図書頭の鷗外という二人の死が重なり、伊東が動きやすい環境が整えられた。

爵位への野心

鷗外の死から約一年八カ月後の一九二四（大正十三）年三月、伊東の働きかけがようやく実り臨時御歴代史実考査委員会が新設された。委員長には伊東が自ら就いた。ただし、委員会の名称に「臨時」が入ったことに、宮内省の消極姿勢が表れている。一七年時点で伊東が構想した諮問事項は十五件に上ったが、実際には、牧野大臣によって長慶天皇を皇代に数えるかどうかなど三件に絞られた。このうち最終的に認められたのは、長慶天皇を新たに天皇と認定する一件だけである。牧野にとって、皇統譜令の制定に必要な最小限の作業でよかったのだ。

そもそも、宮内省内では大がかりな皇室制度の整備を行う必要性は強く認識されていなかった。鷗外の考えも同様である。『帝諡考《ていしこう》』では、長慶天皇、北朝の五天皇など御歴代数調査の対象だった人物について、諡号を見出しに掲げる際に一字下げにして表記に差を付けたが、内容面では他の天皇と公平に考証を加えている。『天皇皇族実録』でも計画段階から対象に含んでいた（大塚、二〇一一年）。御歴代数調査を待たずとも、鷗外が手がけた事業を進めることは可能だった。

敵対していた山県と鷗外が他界した後、これほど熱心に伊東が働きかけた動機は何だったのか。西川論文は「政治的野心」と指摘し、中でも栄爵《えいしゃく》への野心が「最も大きな動機であったかもしれない」としている。

例えば平沼騏一郎《きいちろう》は、伊東が帝室制度審議会の総裁に就いたことを「自分の手柄にもしたかつたのであらう」と振り返り、「伊東と云《い》ふ人は自分の位が陞《のぼ》ることは熱望するが、人が進むのは厭なのである」と批判している（『平沼騏一郎回顧録』）。

原敬は末松謙澄《すえまつけんちょう》（伊藤博文の娘婿でジャーナリスト、政治家）から聞いた話として、帝室制度審議会で議論していた王公家軌範について「長編にて伊東は之を成立せしめば伯爵に陞る企《くわだて》なりと噂すと云へり」（『原敬日記』大正七年十月十七日条）と記した。

子爵《ししゃく》だった伊東が伯爵《はくしゃく》となった二二年九月二十五日の『倉富日記』は、「陞爵《しょうしゃく》（爵位が上がること）」は多年の宿望なりし模様なり。今後帝室制度審議会の功に因《よ》りまさか侯爵《こうしゃく》と云ふ訳には行かざるべし」と皮肉がこもっている。御歴代数調査の審議再開を働きかけるのは、更に上の爵位を狙うためではないかと倉富は推測している。
鷗外を取り巻く政官界で、伊東の野心は周知のことだった。山県の死から間もない二二年四月十五日に賀古が鷗外に宛てた書簡でも、伊東が話題に上った（『森鷗外宛書簡集1　賀古鶴所』）。

此《この》ごろの政界は伊東が元老気取りに画策（中略）山公〔山県〕法要之《の》席にて彼《か》れ〔伊東〕大《おおい》に人々におせじを云ひ小生にも旧を談じ何となく話しかけ候《そうろう》。取り合はずに置き申候。

山県亡き後、「元老気取りに画策」する伊東に対し、賀古の不快感が伝わってくる。鷗外による返書は残されていないが、共に山県に仕えた者として思いを共有したに違いない。

鷗外も爵位を意識していた

華族制度は一八六九（明治二）年に創設された。江戸時代の旧来の身分制を解体し、天皇を頂点とした新たな貴族階級を設定するものだった。公家《くげ》や大名の出身でなくても「国家に勲功ある者」と認められれば男爵に列せられ、さらに子爵、伯爵、侯爵、公爵と陞《のぼ》ることができる。戦争の功績による「武功」だけでなく、官僚らの「文勲」も対象だった。伊藤博文と山県有朋は下級武士の生まれだったが、最上位の公爵まで上り詰めている。

爵位を望んだのは、何も伊東だけではない。陸軍省医務局長は鷗外の前任者六人のうち、鷗外の上官だった石黒忠悳《ただのり》や東京大医学部同期の小池正直《こいけまさなお》ら五人が男爵もしくは子爵となっている。唯一爵位を授からなかった石坂惟寛《いしざかいかん》は在職期間が約一年と短い。鷗外は八年六カ月務めた。

一九一五（大正四）年九月十六日、「婦女通信」に陸軍引退を事前に報じられた際、鷗外は集まった新聞記者の取材に応じた。「全く寝耳に水だ」と否定した上で、次のように答えたと翌日の読売新聞が報じている。

噂では男爵を授けられるなどとも云《い》はれてゐるさうだが、此《こ》の局長の椅子から男爵になつた石黒閣下は二十七八年の役《えき》〔日清戦争〕に偉功があり、同じく故小池閣下は三十七八年の役〔日露戦争〕に殊勲があつたからで、誰でも華族様になれると思ふのは途方もないことだ謙遜《けんそん》だろうが、爵位を意識していたことは間違いない。陸軍退官に伴い貴族院議員に推された際には、一九一五年十二月六日の石黒宛書簡で謝意と共に率先して受諾する意向を示している。「我家を興さむ」（『舞姫』）という思いは、森家としての宿願でもあった。

だが、期待に反して、鷗外は男爵にも、貴族院議員にもなることはなかった。鷗外の遺言には「宮内省陸軍皆縁故あれども（中略）あらゆる外形的取扱ひを辞す」「宮内省、陸軍の栄典は絶対に取りやめを請ふ」とあり、栄典を固辞している。この一節は、後に見る「遺言の謎」の一部としてさまざまな読まれ方をしてきた。例えば以下のような解釈がある。男爵を望みながらもなれなかった鷗外が自尊心を保つため、「爵位は絶対に受けぬと先制して宣告することによって、授爵が黙殺されるという生涯の屈辱を、模糊《もこ》のうちに免れることができる」（大谷、一九八三年）というものだ。

想像を膨らませた愛憎劇としては面白いが、解釈としてはかなりアクロバティックだ。鷗外研究者の山崎一穎《かずひで》は、一九二〇年に起きた図書寮の火事と帝室博物館の盗難の管理責任を問われた鷗外が進退伺いを提出していることから、死の前年にあたる一九二一年の時点で授爵を断念していたと断定し、大谷説を否定している（山崎、二〇一二年）。

だが、図書寮における歴史事業に死の間際まで取り組んだことから、鷗外は授爵の可能性を捨てていなかったのではないかと筆者は考える。

歴史事業も国家への貢献として爵位を授かる対象だった。伊東巳代治が主導した御歴代数の確定と皇統譜令の制定を終えた一九二六年、帝室制度審議会委員を務めた倉富勇三郎、平沼騏一郎、富井《とみい》政章《まさあき》の三人に男爵が授けられている。倉富と平沼は、臨時御歴代史実考査委員会委員も兼任した。既に伯爵となっていた伊東には、摂政宮（後に昭和天皇）から功績を褒める勅語が授けられた（『昭和天皇実録』大正十五年十月二十八日条）。一九二九（昭和四）年には、水戸《みと》徳川家当主で侯爵だった徳川圀順《くにゆき》が、徳川光圀《みつくに》以来の『大日本史』の編修を完成させた功績で公爵へと陞っている（小田部、二〇〇六年）。

『元号考』が完成していたら

『天皇皇族実録』は当初の計画から大幅に遅れたものの、一九三六（昭和十一）年に脱稿した。印刷を終えた冊から昭和天皇に届けられ、翌々年に以下の行賞があった。

大正天皇実録及び明治以前の天皇皇族実録編修関係者への行賞を行われ、図書寮編修官芝葛盛《しばかずもり》を勲三等に叙し旭日中綬章を授けられる。このほか、図書頭渡部信・前図書頭杉栄三郎・元編修官三条西公正・同武田勝蔵以下の関係者に賜金・賜品あり

（『昭和天皇実録』昭和十三年六月十六日条）

主導した鷗外が存命なら、これ以上の行賞を受けたことは確実だ。刊行済みの『帝謚考』に加え、構想倒れに終わった六国史定本化、生前は未完に終わった『元号考』も完成していれば、男爵を授かった他の陸軍省医務局長と比べても遜色ないどころか、それ以上である。

鷗外は死の床に就いても『元号考』の完成をあきらめていなかった。遺言を口述した翌日の一九二二年七月七日、『元号考』について「ふたたびこれにかかるようになれば……」と、妹・喜美子《きみこ》の夫である小金井《こがねい》良精《よしきよ》に対して語っている（星、一九七五年）。意識が薄れていく中、七月九日に息を引き取る直前まで『元号考』に執着していた。歴史事業が一つ完成するごとに、結果として爵位へ一歩近づくことになる。男爵を授かることができなそうだから「受けぬと先制して宣告する」という大谷説は、説得力に欠ける。遺言に記された栄典拒否の理由は別にあるはずだ。

四、近代国家の「虚」を見つめる

難解な一篇の随筆

鷗外は死の床にありながら、日本の歴史を裏付け、国家の体裁を整えるために欠かせない

『元号考』の編修に執念を燃やしていた。他方、遺言では栄典の授与を頑なに拒んだ。この二つの意識はどのように結びついていたのか。まずは手がかりとなる一篇の作品を取り上げたい。

一九一六（大正五）年四月十三日、鷗外は三十五年間務めた陸軍省を退官し、在野の文士となった。その十日後の四月二十三日、『空車《むなぐるま》』と題する難解で抽象的な随筆を書き上げた。東京日日新聞、大阪毎日新聞に掲載されるのは、二カ月以上経た七月六、七両日である。鷗外が宮内省に再出仕する約一年半前のことだ。

> わたくしの意中の車は大いなる荷車である。其《その》構造は極《きは》めて原始的で、大八車《だいはちぐるま》と云《い》ふものに似てゐる。只《ただ》大きさがこれに数倍してゐる。大八車は人が挽くのに此《この》車は馬が挽く。（中略）
>
> わたくしは此車が空車として行くに逢《あ》ふ毎《ごと》に、目迎へてこれを送ることを禁じ得ない。車は既に大きい。そしてそれが空虚であるが故《ゆゑ》に、人をして一層その大きさを覚えしむる。この大きい車が大道狭しと行《ゆ》く。これに繫《つな》いである馬は骨格が逞《たくま》しく、栄養が好《い》い。それが車に繫がれたのを忘れたやうに、緩やかに行く。馬の口を取つてゐる男は背の直《すぐ》い大男である。それが肥えた馬、大きい車の霊ででもあるやうに、大股に行く。此男は

左顧右眄《さこいうへん》することをなさない。物に遇《あ》つて一歩を緩くすることをもなさず、一歩を急にすることをもなさない。旁若無人と云ふ語は此男のために作られたかと疑はれる。

（傍線は筆者）

この車に逢えば、騎馬の人も、貴人の馬車も、富豪の自動車、隊伍《たいご》をなした士卒も、送葬の行列もことごとく避けるが、「此車は一の空車に過ぎぬ」という。「空車」とは何を指しているのか、一読しただけでは判然としない。

多くの鷗外研究者がこの作品について言及しているが、「多年の官職の重荷を下して空になつた我身の似姿」（『鷗外選集』第一三集所収の小堀桂一郎解説）を描いたとの見方が通説になっている。

松本清張の推理

「空車」はそのまま読めば、音読みで「くうしゃ」、訓読みなら「からぐるま」となる。だが、鷗外は「むなぐるま」と読ませ、「新《あらた》なる語としてこれを用ゐる」と記す。

作家の松本清張《まつもとせいちょう》は『両像・森鷗外』（文藝春秋、一九九四年）で、「これは臭い」と考え、推理を始める。和漢洋の用語に通じた鷗外のことである。どこかに典拠があるに違いない、と。

一九五三（昭和二十八）年に清張が芥川賞《あくたがわ》を受賞した作品は、鷗外の小倉《こくら》滞在時の日記を題材にした『或《あ》る「小倉日記」伝』だ。鷗外に関する著作は複数あり、深い思い入れを持っていた。

清張はまず、五十三万の熟語を収録し「漢字文化の一代宝庫」と称される『大漢和辞典』をめくる。「空車」の項に適切な用例がなかった一方、「虚車」の項に「虚車は、空車に同じ」と出ているのを見つけた。その用例の一つに以下のものがあった。

輪轅飾りて入るも、徒《いたずら》に飾りを庸《もち》ゆるにあらず、況《いわ》んや虚車においてをや、文辞は芸なり、道徳は実なり

清張は「車の輪や轅《ながえ》に装飾を施しているが、これはむやみと飾るものではない。まして虚車はなおさらである。文辞は芸術である、道徳は内容である」と現代語訳した。「空車」とは、無用に飾り立てられた「虚車」のことだという。

ここまではいいのだが、その先の清張の推理は飛躍してしまう。作家の武者小路実篤《むしゃのこうじさねあつ》を先頭とする日本近代文学の一派・白樺派《しらかば》を暗示していると推論した。「虚車」と直接表現して

は、白樺派への揶揄《やゆ》が見破られてしまうため、持って回った言い方になっているのだと。
だが、陸軍省退官を機に文人として自由に執筆できるようになった文豪・鷗外が、他の文学一派に配慮する必要があったとは考えにくい。隠語を使ってまで隠そうとした主題とは、何だったのか。

官僚が牽引した近代国家の「虚」

先ほどの引用部分で傍線を引いたのは、他の鷗外の作品や書簡にも登場する代表的なモチーフである。

まず車を引く「馬」である。『空車』が書かれた際に東京日日新聞に連載中だった『渋江抽斎』は、先に見たように抽斎の述志の詩を引用することから始まる。鷗外はこの漢詩について「老驥《らうき》櫪《れき》に伏《ふく》すれども、志《こころざし》千里に在《あ》りと云ふ意が此中《このうち》に蔵せられてゐる」と解説した。「老驥」つまり老いた馬でも志を失っていないと、抽斎を自らと重ね合わせている。一九一七（大正六）年十二月に宮内省に再出仕した際も、親友の賀古鶴所宛書簡で自らを馬にたとえ、「老いぬれど馬に鞭《むち》うち千里をも走らんとおもふ年立ちにけり」との歌を送っている。

『空車』の馬も鷗外自身の姿であると考えられる。とりわけ、『渋江抽斎』の連載終了から間を置かず、同じ新聞紙上で本作を随筆として読んだ読者なら、まずは中心に位置する馬に著者の思いが込められていると解釈するのが自然だ。

『空車』の馬は、「車に繋がれたのを忘れたやうに」ゆっくりと着実に前進する。鷗外の小説家デビュー作『舞姫』（一八九〇〈明治二十三〉年）で、主人公の若い官吏・太田《おおた》豊太郎《とよたろう》は留学先のドイツで一時は自由な精神を得たと思いきや、結局、国家に仕える官僚としての運命から逃れられないことを悟る。豊太郎は自らを「足を縛して放たれし鳥」にたとえ、「足の糸は解くに由なし」と嘆く。この糸は山県有朋がモデルとされる大臣「天方伯《あまがたはく》」の手中にある。

鳥と天方伯の関係性は、『空車』の馬と「大男」の関係性に重なる。「左顧右眄」は、ドイツ留学から帰国直後、一八八八年十月十四日の賀古宛書簡にも見える。ドイツで交際した女性が来日したものの、最終的に別れを決意した際に記した言葉だ。恋人と共に自由に生きるか、それとも国家に仕えるか。右往左往して躊躇《ちゅうちょ》して来たが、ついに官僚として仕える覚悟を決めた時の書簡とされる。

これらを踏まえると、「空車」を引く「馬」は鷗外ら官僚、「馬の口を取つてゐる」「背の直い大男」は山県ら政治家だと読み取れる。実際、山県は当時の日本人としては「大男」だった（伊藤之雄、二〇〇九年）。国家の手綱を取る指導者は、「左顧右眄」せず前進するのみである。とすると、官僚が牽引し、政治家が手綱を握り、人々がことごとく避ける「大きい車」とは、「国家」に他ならない。その中心に位置するのは天皇である。

「「空車」が暗示するのは天皇制というタブーではないか」と指摘したのは、池内健次《いけうちけんじ》氏だ（池内、二〇〇一年）。カントやデカルトを研究した天理図書館司書であり、鷗外研究の専門家ではないが、鋭い指摘だ。

鷗外が隠した主題とは「天皇制、天皇的日本の雅の伝統あるいは雅と礼の文明の歴史」で、「もともと空虚であったわけはないが、今、近代においては、天皇制も礼の文化も形式だけの空虚なものでしかない」という問題意識だと池内は指摘する。天皇を中心とする近代国家を「空虚」だと直接的に表現しては、当時の日本社会では不敬となる。隠さなければならない動機は十分ある。

伊藤博文や山県らが制度設計した近代日本国家は、実働部隊である若き官僚たちに牽引された。国造りを担う自負を持ち、精力にあふれ、脇目も振らず前進し続けた様を、「骨格が逞しく、栄養が好い」と表現したのだろう。

ようやく官僚としての人生に区切りをつけた時、馬車馬のように牽引してきた日本という国家は、まだ「普請中」で内実は「空虚」であった。実務を担った鷗外には、それがよく見えていた。一九一五年秋に大正天皇の即位礼と大嘗祭に出席し、近代国家として初めて執り行われた代替わりの儀式を目の当たりにしている。いくら古式ゆかしい儀式で飾り付けたとしても、内実との乖離《かいり》を知れば知るほど、空回りで虚《むな》しく見えてくる。解放感や空の境地というよりも、寂寥《せきりょう》や悲哀を感じていたことだろう。

「新たなる形式」を追求する

陸軍退官から約一年半後の一九一七（大正六）年十二月三日、鷗外は随筆『礼儀小言』を書き上げた。同月二十五日に図書頭兼帝室博物館総長に就任し、翌一八年一月一日から十日にかけて東京日日新聞に掲載された（大阪毎日新聞は同五日から十四日）。『礼儀小言』は「人生の所有《あらゆる》形式には、その初め生じた時に、意義がある。礼をして荘重ならしむるものは其《その》意義である」と記す。〈かつて儀礼が生まれた時、人々はその意義を理解していた。そして、儀礼が厳《おご》かで重々しいのは、儀礼に意義があったからである。しかし、時代を経ると形ばかりとなり、その意義は忘れ去れてしまう。さらに時を経て、形骸《けいがい》化しているからといって形式を壊してしまえば、形式だけでなく、残っていた本来の意義まで壊すことになる――〉というのが趣旨だ。

今はあらゆる古き形式の将《まさ》に破棄せられむとする時代である。（中略）人は何故《なにゆゑ》に昔形式に寓してあつた意義を保存せむことを謀らぬのであらうか鷗外は葬礼を例に挙げながら、日本の伝統文化における形式が失われることで、その意義までもが失われている現状を憂える。では、危機的状況にどう対処したらよいのか。

畢竟此《ひっきょうこの》問題の解決は新《あら》たなる形式を求め得て、意義の根本を確保するにある。我邦人をして真に礼あらしむるにある

山崎一穎《かずひで》は「まさに『礼儀小言』は帝室博物館総長兼図書頭就任の挨拶としての意味が込められている」（山崎、二〇二二年）と位置づける。個人の礼の模範となるような国家の礼について、古《いにしえ》の形式を「創られた伝統」として近代によみがえらせるに際し、「新なる形式」として整え直すという意気込みで宮内官僚として再出仕したのだ。そこに「不調べ」があってはならない。『空車』で描かれた国家の空虚さを埋めるように、猛烈な勢いで歴史事業に取り組むことになる。

歴史小説と史伝が描く武家社会

礼と形式を巡る鷗外の考え方は、小説『興津弥五右衛門《おきつやごえもん》の遺書』（一九一二（大正元）年）

にも表れている。明治天皇の大喪当日に陸軍大将・乃木希典《のぎまれすけ》が殉死した事件に触発され、執筆された。

江戸時代前期、肥後《ひご》・細川《ほそかわ》藩士の興津弥五右衛門が、主君の十三回忌に殉死する。その前にしたためた遺書の体裁をとる。かつて主君の命で、茶事に使う珍しい香木《こうぼく》を探した際のことだ。「香木《かうぼく》は無用の翫物《ぐわんぶつ》に有之《これあり》、過分の大金を擲候事《なげうちそろこと》は不可然《しかるべからず》」と廉価な末木《うらき》を購入するよう主張した相方に対し、興津は「茶儀《ちやぎ》は無用の虚礼《きよれい》なりと申さば、国家の大礼《たいれい》、先祖の祭《さい》祀《し》も総《すべ》て虚礼なるべし」と、高価な元木《もとき》を買うべきだと訴えた。口論の末、興津は相方を斬り殺してしまう。元木を持ち帰って切腹を申し出るが、主君は「総《すべ》て功利《こうり》の念を以《もっ》て物を視《み》候《さふら》はば、世の中に尊《たふと》き物は無くなるべし」といたわり、とがめなかった。その恩義が淡々と綴《つづ》られる。

香木や茶儀を題材に取りながら、功名や利得に執着せず形式や型に専念する武士の姿を描いた。以後、鷗外の創作は歴史小説に移るが、武家社会に生きる人々の姿を通じて、為すべき事に専念する人間の生き方を描くことが、全体を通じたテーマとなる。中でも『渋江抽斎』をはじめとする江戸時代後期の考証学者の史伝は、鷗外が理想とする世界だった。

たとえ役に立たない虚礼と言われようとも、国家の大礼を整える宮内官僚としての公務は、鷗外が歴史小説や史伝で描いた武士の姿に通じる。小説として表明される鷗外の思想は、宮内官僚として歴史事業に取り組む中で実践されている。

図書寮編修官の吉田増蔵《ますぞう》は、役所の食堂で鷗外と食事をしながら雑談したことを回想している。『元号考』に取り組んでいた最晩年のことだ。

「神は有るものにして置きたい」

ある時天とか神とかいう問題に触れたので、私は儒学の天という字には、自然界の天と宗教的の天と哲学的の天との三種の意義あることを説明した。この問題について哲学的の天、即ち道徳的の天を主張して宗教的の天即ち神霊的の天に反対する人があったので、先生〔鷗外〕は徐《おもむ》ろに僕は矢張り神は有るものにして置きたいと言われた

（吉田「鷗外先生を追憶して」、宗像和重、二〇二二年所収）

鷗外の考える「哲学的の天」と「宗教的の天」とは、どちらか一方を排したり、取ったりするのでなく、「不離不即の間に在る」との考えだったのではないか、と吉田は推し量る。

史料に基づく事実を踏まえながら、「神は有るものにして置きたい」という姿勢で、歴史事業に臨んでいたのだ。神の存在を信じているわけではないが、神が有るかのやうに振る舞

うという態度であろう。この時国家と個人の間の矛盾や葛藤《かっとう》は消え、自分がなすべき「為《し》事《ごと》」に黙々と取り組むだけとなる。鷗外は「仕事」を表記する際、「為事」の字を使っていた。「事《こと》を為《な》す」という自らの姿勢を表したのだろう。

かのやうにの哲学

小説『かのやうに』（一九一二（明治四十五）年）は、信仰に基づく神話と科学的事実に基づく歴史を巡る問題を描いている。南北朝正閏問題を受けて執筆された。国史の研究を志す洋行帰りの主人公の五条秀麿《ごじょうひでまろ》はこう語る。

祖先の霊があるかのやうに背後《うしろ》を顧みて、祖先崇拝をして、義務があるかのやうに、徳義の道を踏んで、前途に光明を見て進んで行く

神話は事実に基づく歴史ではないと否定すると、「危険思想だと云はれ」「人生の重大な物の一角《いっかく》が崩れ始めて」しまう社会の下、神話が事実である「かのやうに」振る舞う生き方を迫られる。当時の日本では他の選択肢がなかった中で、五条は留学先のドイツのプロテスタント神学者を称賛する。

教義や寺院の歴史をしつかり調べたものが出来てゐると、教育のあるものは、志《こころざし》さへあれば、専門家の綺麗に洗ひ上げた、滓《かす》のこびり付いてゐない教義をも覗《のぞ》いて見ることが出来る。それを覗いて見ると、信仰はしないまでも、宗教の必要丈《だけ》は認めるやうになる。そこで穏健な思想家が出来る

自らはその宗教を信仰していなくても、信仰の必要性を認め、根拠となる歴史について正面から調べることはできるはずだ、と。

執筆時の鷗外は、陸軍の高級官僚だった。「万世一系の天皇」がフィクションだと分かっていても、近代国家を成り立たせるために天皇を中心とした制度を必要とする立場にいる。個人の思想の自由を確保しつつ、国家の秩序を保つにはどう考えればいいのか、という問いへの試案が『かのやうに』だったのだろう。

だとすれば、晩年に宮内官僚として「かのやうにの哲学」を実践したのが、『帝謚考』や『元号考』だった。

明かされた『元号考』の仕掛け

鷗外が「最大著述」と位置づけ、死の間際まで取り組んだ『元号考』は、「大化《たいか》」(六四五~五〇)以来続く日本における元号の典拠を整理したものだ。漢字二文字(飛鳥時代の一時期は四文字)の典拠とされた漢籍と引用文、提案者、選考過程などが定型的に記されるだけで、実務で活用する資料として価値はあっても、一般向けの読み物ではない。これまで内容を分析した研究は皆無だった。ところが、中国哲学研究者の水上雅晴《みずかみまさはる》が論文「森鷗外『元号考』の編纂について――『元秘別録』との関係を中心に――」で編纂手法を明らかにし、内容に疑問を突き付けた。

鷗外がいわゆる「種本」としたのが、『元秘別録《げんぴべつろく》』だという。鎌倉時代の学者・高辻長成《たかつじながなり》が記した元号の先例集『元秘抄《げんぴしょう》』の付録として作成された書物で、長成の死後も増補が繰り返された。高辻家は公家の菅原《すがわら》家の嫡流で、元号考案を長年にわたり担った家だ。『元秘別録』は「養老《ようろう》」(七一七~二四)を起点に記述が始まり、記録がほぼ途切れることなく残されているのは「延喜《えんぎ》」(九〇一~二三)以降である。『元秘別録』に記述がない部分は補わなければならない。

『元号考』では十世紀以前の元号についても、典拠とされる漢籍と引用文が示される。ただし、こちらは考案者や選考過程に関する記述が一切ない。元号には典拠があるものだという前提が一般に流布しているが、水上の研究によると、実際に日本の元号が漢籍に典拠を持つことが常態化するのは、十世紀に入ってからだという。それ以前は史料が少ないこともあるが、縁起のいい社会的出来事があった際に行われる瑞祥《ずいしょう》改元により、「白雉《はくち》」「慶雲《けいうん》」など特に典拠のない好字の組み合わせが多かった（水上「年号勘文と漢籍引文」、髙田宗平、二〇二二年所収）。つまり、歴史上の元号の漢字二文字は、必ずしも漢文の典拠が存在しないというのだ。

では、『元号考』は十世紀以前の元号の典拠について、何を根拠にしたのか。水上が調査で明らかにしたのは、『佩文韻府《はいぶんいんぷ》』という中国・清の時代に編纂された熟語集にある用例が、『元号考』の多くの記述と重なることだった。「佩文」とは、編纂を命じた康熙帝《こうきてい》の書斎名である。

『佩文韻府』は鷗外の蔵書が整理された「鷗外文庫目録　和漢書之部目録」（東京大学附属図書館）にも含まれ、「鷗外もその熱心な利用者のひとりであった」（小島、一九八四年）。

つまり、元号の漢字二文字の典拠となりそうな漢籍と引用文を、複数並べただけというのだ。水上は「年号の『背景』となり得る文章を示す以上の意味はない」「引文は、制定された年号の文字との間に実質的なつながりはなく、『元号考』の中に提示する意味はほとんどないと考えられる」と結論づけた。

『帝諡考』の編纂手法とは

一九二一（大正十）年三月に刊行された『帝諡考』も、『元号考』と同じような形式となっている。鷗外は本書も同様の手法で編纂したのではないか。筆者は試しに『佩文韻府《はいぶんいんぷ》』をめくってみた。

鷗外所蔵本は一四八巻と膨大だが、国立国会図書館のホームページで検索すると、明治期に出版されたものや貴重本がインターネットで閲覧できる。『佩文韻府』では漢字二字あるいは三字の熟語が、末字の韻ごとに配列されている。漢詩を作る際、例えば四句から成る七言絶句なら、起句、承句、結句の下の字は同じ響きの字で韻を踏まなければならない。検索するには現代日本ではなじみが薄い押韻《おういん》と平仄《ひょうそく》の知識が必要だが、コツさえつかめれば作詩をする上で便利に使えそうだ。

画像が最も鮮明な鳳文館蔵版（一八八五（明治十八）年）で、試しに「武」の字を調べる。「神武」「聖武」「文武」の熟語が記されている。いずれも天皇の諡号だ。

「神武」の項には、①易（易経）、②漢書叙伝、③班固竇車騎北征頌、④唐書、⑤杜甫投哥舒翰詩、⑥南史陶弘景伝――の六つの出典に、それぞれ「神武」の熟語が含まれた例文が記される。このうち①～④が、『帝諡考』にほぼ同じ例文で登場する。⑤の杜甫《とほ》は詩聖と呼ばれた唐の詩人、⑥の陶弘景《とうこうけい》は中国・南朝の道士だった。漢詩は儒教経典や王朝の歴史書に比べ格が下がる。神仙思想を基にする道教は厭世《えんせい》的だ。初代天皇を権威付ける典拠にはふさわしくないだろう。

「聖武」の項は、「書」(書経)など四つの出典と例文が記され、その全てが『帝諡考』にも登場する。

「文武」の項も、書など八つの出典と例文が記され、このうち六つが『帝諡考』と重なる。『帝諡考』に記されなかった二つの出典は、文武天皇より後世の漢詩だった。

『佩文韻府』に記された三つの例文は、天皇諡号として適切でないものを除くと、全て『帝諡考』に採用されていた。『帝諡考』では、当然のことながら『逸周書』の「諡法解」など諡号のルールを著した漢籍や、「武」の字が諡号に使われた中国皇帝の歴史書も引用されるが、それ以外の多くの出典と引文は『佩文韻府』に拠《よ》っているようだ。

さらに、『佩文韻府』で「明」の字を調べると、「欽明」「斉明」の熟語が記される。「欽明」には例文が二つあり、「書」の「欽明文思安安」が『帝諡考』に採用されている。採用されていないもう一つの例文は、後世の歴史書だった。「斉明」に記された三つの例文は、全て『帝諡考』に記載がある。

一方、「用明」「舒明」「元明」の天皇諡号は『佩文韻府』の熟語にはない。このうち『帝諡考』に記された典拠の引用文は「舒明」が二つ、「元明」は五つと、他の天皇のものより少ない。『佩文韻府』に記載がない天皇諡号は、『帝謚考』に記される典拠が少ない傾向がある。

中でも顕著なのが「安寧」だ。『帝謚考』に二十二もの典拠が示されているが、このうち十個が『佩文韻府』と一致した。実在が疑わしい古代の第三代天皇の諡号に多数の典拠を示すことができたのは、『佩文韻府』に拠ったためだと考えられるが、そもそも典拠と言えるかどうか疑問も残る。

全ての天皇諡号について詳細な調査が今後必要となるが、史料がない、もしくは元号に典拠がなかった時代を『佩文韻府』に拠って補う『元号考』の手法が、それ以前に編纂された『帝謚考』でも用いられた可能性がある。

典拠がある「かのやうに」

初代の神武天皇から第四十四代の元正《げんしょう》天皇（在位七一五〜七二四）までの漢風諡号は、第四十二代の文武《もんむ》天皇を除き、淡海三船《おうみのみふね》によって七六二〜七六四年に一括して撰進《せんしん》されたと考えられている（野村、二〇一九年）。三船は、壬申の乱で敗れた大友皇子のひ孫で、大学頭《だいがくのかみ》や文章博士《もんじょうはかせ》を務めた奈良時代後期の学者だ。

ただ、どのような基準で諡号にその漢字を選んだのか、詳しいことは史料に残されていない。編修されて間もない『日本書紀』などで各天皇の業績を調べた上で、中国から輸入された「謚法解」などの漢籍に基づき、それぞれにふさわしい漢字を当てはめたのではないかと推測できるだけだ。

漢風諡号は第五十代の桓武天皇（同七八一〜八〇六）から一般的に贈られなくなり、その後は退位後の御所の地名などで呼ぶ追号が主流となった。江戸時代後期を除くと、漢風諡号が一般的に用いられたのは、奈良時代後期から平安時代初期の約四十年間に過ぎない。

『帝謚考』では、古代から飛鳥時代まで二十九人の天皇の国風諡号について「号謚《ごうし》を弁別《べんべつ》すべき徴証《ちょうしょう》なし」と、見極めるための確かな根拠がないと記す。「国風謚の明《あきらか》に徴《ちょう》すべき者」、つまり根拠が明確なのは第四十一代の持統《じとう》天皇（同六九〇〜六九七）以下七人のみだというのだ。『日本書紀』や『古事記』などに記述がなければ、それ以上調べる手立てはない。こちらも漢風諡号と同様、贈られたことが明確に分かるのは短期間だ。

古代の天皇が神話や伝承に基づく後世の創作だとすれば、国風諡号に根拠がないのも当然ではある。神武創業以来の万世一系という物語を、仰々しく厳かに飾り付けたとしても、内実は「虚」な「空車《むなぐるま》」である。

「神武」「天武」「桓武」などの漢風諡号には、各天皇の項目に多数の漢籍が典拠として示される。しかし、淡海三船が何を根拠に選んだのか史料から分からないのであれば、厳密にはこちらも「号諡を弁別すべき徴証なし」と断った上で、典拠の例文はあくまで推定として記さなければならないはずだ。

だが、宮内官僚としての鷗外には、天皇神話の虚構を暴露し、否定するという発想はない。より強固に、そして正確に補強するのが官吏の職務である。

幸いなことに、「諡法解」などの他に、『佩文韻府』を活用すれば、典拠となりそうな漢籍を複数並べることができる。漢風諡号に典拠がある「かのやうに」整理することで、古代の天皇も実在した「かのやうに」著述することができ、万世一系で天皇が続いて来たという物語を補強することが可能となる。

それは鷗外が敬愛する渋江抽斎が実践した、考証家の「道」とも合致していた。鷗外にとっては自らが信じるに足る国家へと鍛え上げる修養と位置づけることで、「虚」だったこれまでの官僚人生に意味を与えようとする意図もあったかもしれない。

『帝諡考』も『元号考』も史料に基づき考証しており、鷗外が歴史小説や史伝を執筆した際に用いた「歴史其儘《そのまま》」の手法を採っている。しかし、依拠した史料は歴史上の事実ばかりではなかった。実態は天皇の歴史の空白を埋める創作ともいえる作業で、「其儘」どころか「歴史離れ」にもなっていた。

平川祐弘《ひらかわすけひろ》は鷗外の歴史小説の手法についてこう指摘する（平川、二〇〇〇年）。

まず一方で、歴史的事実を其の儘書き連ねて歴史としての客観的真実性を印象づけ、他方で、それもまた歴史的事実であるかのような顔をして、実は想像力を働かして描く。その真実と詩をとりまぜた手口は『渋江抽斎』などの史伝にいたるまで用いられた。（中略）鷗外の書き方がいたって自然で、技巧が隠されて表に見えない

『帝謚考』の構成は、古代の天皇について、国風諡号の根拠が確認できないとして実在性に疑問を投げかける一方で、漢風諡号の根拠は漢籍を用いて補強するという巧妙なものだ。国風諡号に重きを置くか、漢風諡号に重きを置くか、で作品の評価は真逆になる。国風諡号の記述に注目した山崎一穎は、鷗外が一九二〇（大正九）年四月二十八日の賀古宛書簡で「謚のことが済んで（印刷はまだ許されず）」と付言したことについて、「宮内省から発行する我が国最初の『帝謚考』に『号謚を弁別すべき徴証なし』の記述があっていいのか。（中略）政府上層部でなんらかの意見交換が行われていたのではないかと考えている」と推測する（山崎、二〇二二年）。

確かなことは、鷗外が天皇の神話を盲信していたわけではないことだ。「帝謚考はよく出来た」と、鷗外は満足げに話していたという（森潤三郎、一九四二年）。

五、遺言の謎

遺言の謎

一九二二（大正十一）年七月九日に病没した鷗外は、その三日前、賀古鶴所に遺言を口述し書き取らせている。「余《よ》は石見人《いわみのひと》森林太郎として死せんと欲す」として、「宮内省陸軍の栄典は絶対に取りやめを請ふ」という内容だ。死に臨んで「奈何《いか》なる官憲威力と雖此《いえどもこれ》に反抗する事を得ずと信ず」という、激しい文言も記されていた。元々は「官権威」という直接的な表現だったが、「官憲威力」に修正された跡が残る。最後は「これ唯一の友人に云《い》ひ残すものにして、何人の容喙《ようかい》〔横からくちばしを挟むこと〕をも許さず」という固い決意で締めくくられた。

生前のしがらみを捨て一個人として死に赴きたいというのは誰しもが抱く自然な感情だとしても、一貫して官僚として生きながら、最後になぜ栄典を拒否し、「官憲威力」という国家権力の介入を拒むと言い残したのか。官僚のみならず、文豪・森鷗外の名声すら捨て去るというのだ。この遺言をどう読み解くかは、「鷗外論の最も大きな、そして最後の課題」（『鷗外追想』所収の宗像和重解説）とされる。

従来の解釈は新旧二説に大別される。戦中から戦後しばらくは、官僚として鬱屈《うっくつ》した不平、反抗、怨念《おんねん》などの表れと見る説がとなえられた。例えば「死を以てする官権への抗議であり、また他方においては官権からの被害妄想のやうな感もないではない」（唐木、一九四三年）。

これに対し、昭和三十年代以降は、一人の人間として安らかに死にたいという意思の表れとする説が多く見られる。「「森林太郎として死せんと欲す」／その気持ちをそのままそっと尊重したい」（平川、一九七一年）、「晩年の或る種の思索・修行の結果としての悟達を示すもの」「安心立命の境地」（小堀、二〇一三年）という解釈だ。いずれにしても、官職を離れた一個人として死ぬことを強調している点は変わりない。

鷗外の病床で看護にあたった看護婦・伊藤久子は以下のように書き記す（伊藤、一九二二年）。

それは、意識が不明になつて、御危篤に陥る一寸前の夜のことでした。枕元に侍してゐた私は、突然、博士の大きな声に驚かされました。

「馬鹿らしい！　馬鹿らしい！」

そのお声は全く突然で、そして大きく太く高く、それが臨終の床にあるお方の声とは思はれないほど力のこもつた、そして明晰なはつきりとしたお声でした。

「どうかなさいましたか。」
私は静かにお枕元にいざり寄つて、お顔色を覗きましたが、それきりお答はなくて、うとうとと眠を嗜むで居られる御様子でした。

これも謎めいている。何に対して臨終の床で憤っていたのか。死に臨んで横やりが入ることを拒んだ「官憲威力」の意味するところが、手掛かりになるはずだ。

加藤拓川宛書簡

賀古は「通夜筆記」（宗像和重、二〇二二年所収）で、鷗外が語った遺言を以下のように記している。

「自分は一個の石見の人、森林太郎で死にたい。死んだ以上すべての事はお上へ対し無礼にならないようにしてくれ。墓標は不折君に書いて貰ってくれ。単に「森林太郎墓」として、それに一字も加えてくれるな」と私に遺言し、その夜から漸次に昏睡状態に入り、九日の朝七時に絶息いたされましたおおむね遺言を要約した内容だ。ただ、「お上へ対し無礼にならないようにしてくれ」という部分だけが、遺言の憤りと異なるどころか、正反対の趣旨となっている。「お上」は天皇、もしくは主君のことだ。

死後しばらく遺言の全文は秘されたが、機微に触れる部分を賀古が婉曲に言い直した上で、公に向けて発表したコメントだと考えられる。だとしても、なぜ「お上へ対し無礼にならないよう」とわざわざつけ加えなければならなかったのか。そもそも、どれほど遺言に忠実だったのか。

一九九六（平成八）年、遺言を巡る新資料が島根県津和野町の森鷗外記念館に入った。賀古が鷗外の死の前後に、親類の加藤拓川《かとうたくせん》へ送った書簡である。拓川は鷗外と賀古の共通の友人でもあった。死の翌月の一九二二年八月二日付書簡に以下の記述がある。

森の遺言は乍遺憾《いかんながら》充分にがんばる事能《あた》はざりしが、其筋《そのすじ》へ不敬に渡らぬ程度に切り上げ申候《もうしそうろう》

十分に頑張ることが出来《でき》ず、はなはだ残念であるが、その筋に対して敬意を欠くことがない程度に切り上げた、という意味である。賀古は何を「がんばる事」ができなかったのか。

「其筋」とは何を指すのか。

山崎一穎は「遺言の内容に賀古の意志が介入している可能性が濃厚」だとして、「鷗外の口述は、現行の遺言以外の言辞のあった可能性さえ窺わせる」と推論する（山崎、二〇〇六年）。そして、元号と諡号に対し鷗外が不満を示した二通の賀古宛書簡（一九二〇年四月二十八日と、推定六月八日＝実際は十月八日）を根拠に、「『其筋へ不敬』という文言は、「宮内省」以外にはない」と結論づける。つまり、元号と諡号が「不調べ」「不体裁」であるにもかかわらず、歴史分野の専門機関の設置や専門家の育成に動こうとしない宮内省への憤りが鷗外から発せられ、それを賀古が抑えようとした。そのせめぎ合いの中で遺言が作られたという説だ。鷗外自身が発した憤りの文言は、遺言に書き記されたものより激しかった可能性がある。

これに対し、宮城教育大学名誉教授の渡辺善雄《わたなべよしお》は別の解釈を示した（渡辺、一九九八年）。賀古は鷗外の遺言通りに栄典辞退を関係方面に働きかけたが、天皇の名において賜る栄典を固辞するのは「不敬」にあたる。そこで、辞退の働きかけを、「不敬に渡らぬ程度に切り上げた」と加藤拓川に伝えたという説だ。「遺言は鷗外の勤務先であるとともに栄典を扱う宮内省に提示して、栄典と『外形的取扱ひ』を辞退するための書式であった」と位置づける。

「栄典は取りやめを請ふ」の真意

「がんばる事」ができなかったとは、山崎説では、鷗外の憤りを遺言に記す際に婉曲な表現に修正できなかったことを指す。渡辺説では、鷗外の遺言を尊重して栄典を辞退しきれなかったことを指すことになり、見解が分かれる。

ただ、死の前日の七月八日、摂政宮（後に昭和天皇）からお見舞品が贈られ、特旨を以て位階が正三位から従二位へと一つ上っている。意識が薄れる中だったとしても、生前に従二位を受けてしまっている以上、鷗外自身も栄典辞退の実行には強いこだわりを持っていなかったのではないか。「官権威力」に対する憤りを書き残したという山崎説に分があるように思う。

なお、山崎、渡辺両説とも「其筋」が宮内省であることは一致する。「栄典は絶対に取りやめを請ふ」という表現は、天皇に対して不敬だと誤解される恐れがあるため、「お上へ対し無礼にならないようにしてくれ」と鷗外が言い残したのだと賀古が「通夜筆記」であえて強調した、という渡辺の指摘には説得力がある。この場合、「お上へ対し無礼にならないようにしてくれ」は、鷗外自身の言葉でなく、鷗外の立場を慮《おもんぱか》った賀古の創作の可能性が生まれる。いずれにしても、八月二日付で加藤拓川に宛てた賀古書簡は、鷗外が官僚としての鬱屈した感情を遺言で吐露したとの旧来の説を補強する材料となる。

鷗外の遺言では「官憲威力（官権威）」に対しては激しい憤りが記される一方、賀古が「お上」「其筋」に「無礼」「不敬」にあたらないよう配慮する。「官憲威力」を拒否しつつ、「お上」は別物として扱われるのだ。

遺言では栄典を辞退すると繰り返し、最後に「何人の容喙をも許さず」と念を押している。山崎は、遺言の底流に「劇しさ」「不満の意」「咆哮《ほうこう》する獅子の荒ぶる心」があると見る。宮内省に対する憤りは、「天皇制国家の制度としての政が、典故の確かさの上に成立していないことの公憤である」（山崎、二〇〇六年）という。そうであるならば、典故の確かさを宮内官僚として整備しようとした鷗外に対し、横からくちばしを挟み、阻んだのは誰だったのか。

「官憲威力」とは誰を指すのか

賀古に遺言を口述する場面で、「官権威」もしくは「官憲威力」と語った時、念頭にあったのは、その具現化としての牧野や伊東だったのではないか。賀古とのせめぎ合いの末に、残された遺言書では婉曲な表現に落ち着いたとすれば、その場では名指ししていた可能性すらあり得る。

空《から》で虚《うつ》ろな『空車《むなぐるま》』のように映った国家の体裁を整え、形式と意義を一致させようと、鷗外は歴史事業に情熱を傾けた。その実現に横やりを入れてきた張本人たちから形ばかりの栄典を与えられることは、屈辱でしかない。栄典を所管するのは宮内省であり、トップは宮内大臣だ。栄典を受けたとしても、形式と意義が一致しない「虚礼」である。

小説『ヰタ・セクスアリス』（一九〇九（明治四十二）年）が発禁処分を受けた翌年に執筆された戯曲『ファスチエス』は、当局の言論統制を題材に取った。文士と役人を前に、「デモン」（悪霊、鬼神）に語らせたセリフも、臨終の床で鷗外の脳裏をよぎったかもしれない。


　やい。役人。国家は貴様にオオソリチイ〔権威〕を与へてゐる。威力を与へている。それはなんの為めに与へてゐるのだと思ふんだ。（中略）威力は正義の行はれるために与へてあるのだぞ。ちと学問や芸術を尊敬しろ

役人（官憲）による威力（権力）の行使の責任を問うデモン。歴史編修事業という、「学問」に基づく「為事」に従事した鷗外にとって、牧野や伊東の横やりには「正義」や学問に対する「尊敬」が感じられなかったのだろう。

百年前の公文書から浮かび上がる宮内官僚・森林太郎の公務を踏まえて遺言を読むと、官憲威力に対する反抗や栄典の取りやめは、自ら官でありながら、さらに上の官権威に対する憤りとして意味を成す。「馬鹿らしい！」との叫びも、同じ思いから発せられたのだろう。

奇《く》しくも山県も死の三週間ほど前、病床で「何だ、馬鹿、殺して仕舞《しま》へ、馬鹿な、馬鹿な」と大声で叫び、目を覚ました。看病していた軍医に向かい、「今、原を殺せしときの夢を見た、原と云《い》ふ男は実に偉い男であつた、ああ云ふ人間をむざむざ殺されては日本はたまつたものでない」と述べたという（『松本剛吉政治日誌』大正十一年一月十日条）。山県閥から首相となった桂太郎、寺内正毅が失脚、死去し、後継者不在の中、山県は政党政治家の原敬を評価するようになっていた。その原も暗殺され、山県より先に逝ってしまった。この国の行く末を憂い、憤りを感じながら、明治国家を体現した元老は亡くなった。

遺言口述の翌日、『元号考』について「ふたたびこれにかかるようになれば……」と語ったのは、組織として取り組んだ『天皇皇族実録』と六国史関連の事業に「官憲威力」の横やりが入ったことに憤りを感じながらも、個人として執筆を続けていた『元号考』だけは完成させたいという、一縷《いちる》の望みだったのではないか。鷗外にとって『元号考』は最後の「最大著述」に他ならなかった。

陸軍医、宮内官僚として終生国家に尽くした鷗外だったが、最後は官憲威力に裏切られた。栄典を拒み、一個人として死に赴こうとした背景には、国家への憤りがあったのだ。達観した安らかな境地とは程遠い。

終章　遺された思い

一、鷗外なき「昭和」改元

吉田増蔵は特別だった

鷗外が「大正」という元号と「昭憲皇太后」という追号の二つの「不調べ」を嘆いた一九二〇（大正九）年、『天皇皇族実録』の編修体制を整えるため、事業を指揮する図書寮編修官の人選が進んでいた。九月三十日に久保得二と田辺勝哉が編修官に就任したのは既定路線と言える。中国文学者の久保は、第一章で紹介したように、『大正大礼記録』の編纂《へんさん》に史実文章掛として関わり宮内省と縁があった。田辺は図書寮の属官（下級官吏）からの昇格だ。

もう一人が吉田増蔵《ますぞう》だった。一八六六（慶応二）年に生まれ鷗外より四歳年少で、京都帝国大学を卒業し「特に漢文学に造詣深く」というのが、図書頭の鷗外が宮内大臣に内申した

採用理由だ（図書寮「進退録」大正九年第一二号文書）。

だが、それだけでなく、吉田は他の二人と異なり、鷗外との個人的な関係から採用されたようだ。鷗外が吉田の任用を大臣に上申する決裁をしたのが十月五日、任じられたのは同月十八日だ。ところが、内閣によって編修官増員の官制改正が了承される前の八月二十日、早くも吉田は福岡・長府より上京して鷗外を訪ねている。

鷗外との出会いについて吉田は「小生の先生を識《し》りしは大正七年の冬にて」と回想する（吉田、一九二二年）。吉田はこの年まで奈良女子高等師範学校で教授をしていた。鷗外は同年十一月に帝室博物館が管理する奈良・正倉院に出張しており、その縁で接点があったのだろう。

『鷗外日記』に吉田が初めて登場するのは、大正八年二月五日条の「〔博物〕館に転《うつ》り参る。吉田増蔵始めて来見《らいけん》す」である。同年三月二十七日条には「吉田増蔵再び至る。詩歌の稿を出し、我に似る。其の号学軒《がっけん》と知る」とあり、吉田の漢詩の作風が鷗外のものに似ていると して親近感を感じている。鷗外は帝室博物館総長の前任者で大正改元に関わった股野琢とも漢詩を通じた交流があったが、漢学官僚にとって、漢詩はお互いを理解し合うための共通言語であった。

ちょうど同年三月二十一日に『天皇皇族実録』の編修計画が立案され、編修官の増員が検討されていた。四カ月半後の七月五日に吉田は「御採用相成《あいな》り候様《そうろうよう》御願い申し上げ度《た》く」と鷗外宛の手紙で宮内省への就職を依頼し、翌年の採用につながっている（村岡、二〇〇八年）。編修官、編修官補は大学で国史を修めた者が多い中、漢籍の専門家を補充したのは、改元の準備作業を見据えていた可能性がある。

大正天皇が体調不良で公務から退き、代替わりが静かに忍び寄る中、鷗外自身も体調を崩していった。一九二二年五月二十六日に賀古宛の書簡で「僕の目下やつてゐる最大著述（中《ちゆう》外《がい》元号考）に連繋《れんけい》してゐる。これをやめて一年長く呼吸してゐると、やめずに一年早く此世をおいとま申すと、どつちがいいか考物《かんがえもの》である」と漏らした。病を押してでも完成させなければならない「最大著述」として、『元号考』を位置づけていた。

六月十五日以降は病床に臥《ふ》せ、役所に出勤できなくなった。二十日の日記に「吉田増蔵を呼び事を託す」と記し、三十日からは吉田が鷗外の日記を代筆している。七月九日早朝、『元号考』の完成を待たずに鷗外は六十歳で病死した。後事は吉田に託された。

全面公開された『昭和大礼記録』

元号を巡る鷗外と吉田増蔵の関係は、作家・猪瀬《いのせ》直樹《なおき》がデビュー作『天皇の影法師』（初刊は一九八三年、朝日新聞社）で紹介した。『鷗外日記』の大正十一年六月二十日条にある

「事を託す」について、猪瀬は「鷗外が吉田に託した事とは未完の『元号考』を完成させることだったとみて間違いない」と指摘する。

『天皇の影法師』は昭和改元の経緯について、国立公文書館の石渡隆之《いしわたりたかゆき》・公文書専門官の論文「公的記録上の『昭和』」を根拠に論を進める。石渡論文が引用したのは、国立公文書館が蔵する『昭和大礼記録』第一冊の改元に関する部分だ。

猪瀬の著作やそれを基にしたその後の研究書は、いずれも石渡論文で引用された『昭和大礼記録』を基にする。ただし、石渡論文が紹介するのは、『昭和大礼記録』に記された改元記録の一部でしかない。

猪瀬が『天皇の影法師』を出版した当時、時代はまだ昭和だった。『昭和大礼記録』について「この本は特別の許可がない限り閲覧できない。原本を見ることが出来なかった」と記している。

平成期になってようやく、『昭和大礼記録』の原本が国立公文書館と宮内公文書館で閲覧できるようになった。昭和改元の背景にあった鷗外の問題意識と吉田との師弟関係を明かした猪瀬著は、昭和の時代としては画期的な論考だった。だが、今や時代は平成を経て令和に改まった。新たな史料に基づき更新される時を迎えている。

『昭和大礼記録』第一冊の改元部分（六五五～六八四頁）は、以下のような構成になっている。

第二章　元号建定の次第
第一節　元号案並《ならび》に元号建定詔書《けんていしょうしょ》案作成の次第
第二節　元号建定の上奏《じょうそう》並に枢密院諮詢《すうみついんしじゅん》
第三節　枢密院議長の上奏並に通牒
第四節　元号建定詔書の奏請並に公布
第三章　参考
一　元号建定に関する沿革概要
第一　改元の度数《どすう》
第二　勘進《かんじん》及難陳《なんちん》
第三　勘進の標準
第四　元号の重複
第五　元号の詮考《せんこう》
二　元号建定に就きての謹話《きんわ》及新聞社説
（一）昭和元年十二月二十六日　諸新聞掲載　内閣総理大臣若槻礼次郎《わかつきれいじろう》謹話

（二）同　文学博士市村瓚次郎《さんじろう》謹話
（三）昭和元年十二月二十六日　東京朝日新聞社説

西園寺は再び元号選定に関わった

前掲の石渡論文が紹介したのは「第二章」のみだ。「第三章」は、平成期になって初めて内容が明らかになった。まずは「第二章」から概要を整理する。

「大正天皇御不豫《ごふよ》大漸《たいぜん》〔病が次第に重くなること〕に渡らせらるるや」、一木喜徳郎《いちききとくろう》宮内大臣が「図書寮編修官吉田増蔵に内意を授け、左記五項の範囲内に於《お》て、慎重に元号を勘進すべきことを命ぜり」と、以下の条件を示した。

一、元号は、本邦《ほんぽう》は固《もと》より言を俟《ま》たず、支那《しな》、朝鮮、南詔《なんせう》、交趾《こうし》等の年号、其の帝王、后妃《こうひ》、人臣《じんしん》の謚号《しごう》、名字等及宮殿、土地の名称等と重複せざるものなるべきこと。
一、元号は、国家の一大理想を表徴《ひょうちょう》するに足るものなるべきこと。
一、元号は、古典に出処を有し、其の字面は雅馴《がじゅん》にして、其の意義は深長なるべきこと。
一、元号は、称呼上、音調諧和《おんちょうかいわ》を要すべきこと。
一、元号は、其の字画簡明平易《かんめいへいい》なるべきこと。

最初の項目に挙げたのは、過去に日本や他国で使用された元号との重複を避けることだった。明治が過去に使われた「南詔」（かつての大理《だいり》。現・中国雲南省）や、大正が使われた「交趾《こうし》」（かつての安南《あんなん》。現・ベトナム）の元号も、考慮するべきだと明記した。

吉田は「先ず三十余の元号を選出し」、その後に第一案として「神化」「元化」「昭和」「神和」「同和」「継明」「順明」「明保」「寛安」「元安」の十種を作成した。一木宮内大臣はこれを半数に絞るよう「綿密に諮問」し、第二案として「昭和」「神和」「神化」「元化」「同和」の五つを選んだ。さらに、精査を経た第三案が「昭和」「神化」「元化」だった。

一木は「昭和」を含む三つの案を、牧野伸顕内大臣と元首相の西園寺公望《さいおんじきんもち》の賛同を得た上で、若槻礼次郎首相に提出した。西園寺は前回の改元に首相として関わっただけでなく、今回は最後の元老として政界に影響力を持っていた。考案者の元号案が次々と首相に退けられた大正改元に比べ、「昭和」は首相に届いた段階で精査済みだった。

一方、若槻首相は「亦《また》、万一の場合に際し」、内閣官房総務課事務嘱託の国府種徳《こくぶたねのり》にも考案を命じた。前回、「大正」を提案した人物である。国府は「立成」「定業」「光文」「章明」「協中」の五案を提出した。

吉田案と国府案について若槻と一木が「綿密なる商議」をした結果、第一案を「昭和」とし、参考として「元化」「同和」を添付することになった。いずれも吉田が考案したものだった。

「光文事件」の真相

一九二六（大正十五）年十二月二十五日午前一時二十五分、体調悪化で公務から退いていた大正天皇が逝去《せいきょ》する。その日の朝に東京日日新聞が「元号は『光文《こうぶん》』枢密院に御諮詢《ごしじゅん》」と号外でいち早く報じた。ところが、その後に政府が発表した新元号は「昭和」だった。

誤報の責任を取って編集幹部が辞任する事態となり、「光文事件」として広く知られている。この事件は、決定済だった「光文」を事前にスクープされたため、政府が急ぎ「昭和」に差し替えたという説が長年語られてきた。実際に『昭和大礼記録』を見ると、光文は確かに案の一つとして検討されている。

大礼記録は公的記録であるが、事後に作成されるため、政府に都合が良く編纂《へんさん》されている可能性も否定できない。第一章で紹介した『大正大礼記録』の稿本と完成版の違いを見れば、潤色は明らかだ。ここに俗説が入り込む余地がある。

吉田が一木宮内大臣から新元号考案の指示をいつ受け、どの時期に案が絞られたかについては、『昭和大礼記録』に記載がないものの、吉田が史料を残していた。

公益財団法人・無窮《むきゅう》会の機関誌「東洋文化」復刊第六四号（一九九〇年三月）に掲載された大谷光男「資料紹介・吉田増蔵氏が係わった新元号『昭和』について」によると、「大正十五年二月　日提出」（筆者注、日付の箇所空欄）という日付の紙に、昭和も含む六十以上の元号案が記されているという。さらに「大正十五年七月」の元号案では、半数の削除と四案の追加があり、三十一に絞られている。また、「（大正十五年九月）三日朝に大臣へ提出した元号案」としては、第一案に含まれる「元安」「元化」など七案も残されている。大正天皇が逝去する十カ月以上前の一九二六年二月以前の段階で、吉田が次の元号考案の指示を受けていたことは確かだ。そして、七月以降に「先ず三十余の元号を選出し」て一木に提出し、九月三日に追加の提案をしたとみられる。

では、「昭和」を含む最終三案はいつ絞られたのか。国立国会図書館が蔵する「倉富勇三郎関係文書」の日記に、経緯が記されていた。倉富は昭和改元時、元号の諮詢を受ける枢密院の議長を務めた。

刊行済みの『倉富日記』はまだ第三巻の大正十三年分までしかない。だが、国立国会図書館のホームページに掲載された「元号伝説――ポスト『大正』は『光文』か？」というコラムで経緯が紹介されている。

大正天皇逝去の二週間ほど前の一九二六年十二月八日、倉富は一木宮内大臣と会談した。

その際に一木から、吉田に命じて三案を選んでいること、第一案が「昭和」であることを聞いていた。「光文」は入っていなかった。さらに一木は、元老の西園寺と牧野内大臣も「大《たい》概《がい》第一が宜《よろ》しからん」との考えだと倉富に伝えている。

『倉富日記』の記述は『昭和大礼記録』の内容と一致しており、この段階で政権中枢が「昭和」を本命として固めていたことが分かる。スクープされたために急遽《きゅうきょ》差し替えたという俗説は、当時の政府や政治家が残した史料によって明確に否定された。

吉田執筆部分に重なる鷗外の書簡

次に『昭和大礼記録』で石渡論文に紹介されていない「第三章　参考」の部分を見てみよう。「一　元号建定に関する沿革概要」という最初の項目の直後に、「図書寮編修官　吉田増蔵稿」と記される。以下は吉田自らが執筆した部分となる。

「第一　改元の度数」では、日本最初の元号とされる大化からの歴史が簡略に記され、明治になって「一世一元を定制とせられたり」としている。「第二　勘進及難陳」では、江戸時代以前の公家《くげ》による元号選定議論を「拘忌《こうき》の妄説大《おおい》に行はれ。遂に元号として勘進せる文字の点画に拠り。正は一にして止まるを以て不祥なりと謂《い》ふ如き」と紹介している（傍線は筆者）。鷗外が賀古宛書簡で「御幣《ごへい》をかつぐには及ばねど、支那にては大いに正の字を『一而《いちにして》止《とまる》』と申候」と指摘したことだ。

「第三　勘進の標準」では、中国で使用済みの元号が平安時代以降に日本で使用されたことについて「漢土学問の影響を被《こうむ》るの甚しき。外国崇拝の風未だ脱せず」と批判した。大正改元時に、北方民族の拓跋《たくばつ》氏が建てた北魏の元号「天興」が退けられた例を挙げ、「斯《か》かる僭《マ》偽《マ》の国、末季の世に於ける元号の文字は之を避くること古来の慣例なりと断せるは。皆以て新時代に於ける元号勘進の標準とすべきなり」とした。

そして「第四　元号の重複」では、明治について「南詔に於ける段素英《だんそえい》（十世紀ごろの大理国の王）の用ひし年号たりしなり」、大正についても「安南に於ける莫方瀛（十六世紀ベトナムの莫朝二代目の莫登瀛《まくとよう》）の用ひし年号たりしなり」と、中国周辺の王朝で使用済みだと明記した。

鷗外が賀古宛書簡で「明治は支那の大理と云ふ国の年号にあり（中略）大正は安南人の立てた越といふ国の年号にあり（中略）不調べの至と存候」と記した指摘を、公的記録として残したのだ。安南で使用済みだった点は大正改元時には黙認されたが、昭和改元時は避けるべきだと明確にされた。

「未だ曽て見ざる元号」

吉田の指摘は続く。「中外〔国内外〕の元号を彙集《いしゅう》せる成書なしと雖《いえど》も、我が国に在りては元号考。支那に在りては南詔安南を併せて紀元編及び亜欧《ママ》紀元韻府に徴《ちょう》し之を知るを得べし」。「中外」の元号について分類して一覧できるように集めた書物はないが、我が国の元号については『元号考』を参照すれば知ることができるという意味だ。

『元号考』は単なる考証のためではなく、新元号作成に不可欠な実務の一環だったことが公的記録としてはっきりした。鷗外が吉田に後事を託した一本の線は明確になった。

ただし、生前の構想では中国や周辺国も含めた過去の元号全てを網羅しようとしたようだ。鷗外の死で作業の縮小を余儀なくされ、吉田が完成させたのは日本の事例のみにとどまった。吉田は足らない部分を補うため、中国で編纂された『紀元編』と『欧亜紀元合表』付録「欧亜紀元韻府」を用い、中国や周辺国の先例を調べて昭和改元に臨んだと推察される（水上、二〇二三年）。

完璧《かんぺき》な元号を作るには、過去の元号を調べるだけでは不完全だ。大正改元で首相の西園寺が次々と退けた元号案には、中国での宮殿名や人名もあった。こうした先例について、「咄《とっ》嗟《さ》の間に之を知ること極めて難し」というのが実情だ。「然《しか》れば将来内閣と宮内省には右に関する完全なる成語彙纂《せいごいさん》を作成備置《びち》するの要あるなり」と吉田は本書で提案している。さもなければ、「大正改元度に於ける西園寺内閣総理大臣の論難《ろんなん》に遭遇せる如き覆轍《ふくてつ》を踏むに至るべし」と。大正改元の失敗を繰り返してはならないと、後世に警鐘を鳴らしている。

内閣と宮内省に「完全なる成語彙纂」（あらゆる熟語を整理した語彙集のようなもの）を作る必要性を指摘したくだりは、鷗外の賀古宛書簡を継承している。宮内省が昭憲皇太后との追号を贈ったのは誤りだとして、鷗外は「根本的に弊《へい》を除くには帝室制度審議会に諮詢機関（中略）を置く外なしと思考す」「審議会には礼や典故を知るもの一人もなし」と不満を漏らしている。

吉田は章末の「第五　元号の詮考《せんこう》」で、「昭和」という元号について自ら解説した。

前述せる所に深く鑑《かんが》み。専ら前轍《ぜんてつ》を踏まざるを務めたる結果。昭和の字面は平安朝以来の元秘《げんぴ》抄《せう》、元秘別録、年号勘文等に挙げられたる数千に上る元号中に未だ曾《かつ》て見ざる所にして朝鮮。支那。南詔。安南等の元号中固《もと》より亦《ま》た曾《かつ》て無き所なり

「昭和」は国外を含め過去に使用されていないだけでなく、我が国では案としても上ったことがないという。鷗外の遺志を引き継ぎ、大正改元の失敗を教訓に完璧な元号を周到に用意した自負がうかがえる。

草案に残された考案者選定の内情

国立公文書館は、『昭和大礼記録』の草案も保管している。改元について記されているのは『昭和大礼記録草案』第一冊の二止。「大礼使」「内閣」「宮内省」と赤く印刷された罫紙《けいし》に毛筆されている。製本された完成版は第三章の冒頭に「吉田増蔵稿」と記されるが、草案の対応する箇所では「吉田増蔵述」となっている。「述」の上に×印が書かれ、脇に「稿」とあり、さらにその横に横棒が引かれ「考」とも記されている。結局、完成版で「稿」が採用されたが、口述を基に作成されたようだ。

また草案では、「第三章　参考　一　元号建定に関する沿革概要」の最後に、「第六　勘進者の選定」という項目が続く。「選定」の右横に「内命」と書かれて修正されている。そして、この項目の冒頭は朱筆で縦線が引かれた上に、ページの上から別の原稿用紙がのり付けされ、隠されている。完成版で削除されたのだ。

だが、のり付けされているのは上部だけなので、上に載った原稿用紙をめくると隠された部分を読むことができる。次のページも同様に隠されているが、原稿用紙をめくると、用紙いっぱいに朱筆で「×」マークがある。その下には次のように黒字で毛筆されていた。

第六　勘進者の選定
　大正度の元号建定に関しては。内閣及び宮内省中より元号勘進者を指命し勘進案を進めしめしも《ママ》。昭和度の改元に際しては。別に元号勘進者の指命なり。但《ただ》宮内省に於《おい》ては図書寮編修官吉田増蔵が当時宮内大臣官房の事務を兼ね。制誥《せいこう》起草の任に当れるを以て一木宮内大臣は之に勘進を内命せるなり。則ち大正度の改元は大《おお》いに明治度と其の事態を異にし。昭和度の改元は大正度と亦《ま》た大に其の事情を異にせり。以て元号の勘進及変遷を観るべきなり。

　大正改元は内閣と宮内省の専門家に考案を指示したのに対し、昭和改元は別だという。宮内省において一木宮内大臣が吉田に指示をしただけだったというのだ。確かに、『昭和大礼記録』の改元部分冒頭で「内意を授け」たと記されるのは、吉田だけだ。若槻首相が内閣側の国府に指示したのは「万一の場合に際し」てで、二人の扱いに軽重が見られる。始めから吉田が本命だったという書きぶりだ。
　指名されたのは、「宮内省に於ては図書寮編修官吉田増蔵が当時宮内大臣官房の事務を兼ね。制誥起草の任に当れる」からだという。「制誥」とは、詔勅など天子の布告する文のことだ。股野琢も鷗外も、詔書や皇室に関する文書の作成、添削を担っていた。草案に書かれた理由の通りなら、もし鷗外が存命していれば考案の指名を受けていたことになる。鷗外と親交があった一木宮内大臣は、鷗外が『元号考』の編纂に取り組んでいたことを把握していたはずだから、なおさらだ。

明治改元と大正改元もまた「事態を異にし」ている。明治改元は、文章博士家《もんじょうはかせけ》と呼ばれた公家の菅原家などが提案し、その中から天皇がくじで選んだ。文章博士家が考案するのは江戸時代以前の先例通りだが、天皇がくじで選んだのはこの時が唯一だ。一方、大正改元は登極《とうきょく》令という法令に基づき、近代国家として初めて行われた改元だった。

昭和改元は、大正改元の手続きを基本的に踏襲している。しかし、急ごしらえの大正改元と用意周到の昭和改元では、「事情を異にせり」と言える。急遽内閣と宮内省の複数の専門家に指示した大正改元と異なり、昭和改元は『元号考』の編纂を鷗外から引き継いだ吉田を本命として事前に準備を進めていた。だが、草案のこの部分は完成版で採用されなかった。理由は不明だ。

「昭和」は完璧な元号だった

以上を踏まえて、鷗外が大正の「不調べ」を指摘した一九二〇（大正九）年四月の賀古宛書簡を改めて四つの内容に分類し、大正・昭和の大礼記録と比較してみる。

①明治は支那の大理と云ふ国の年号にあり。尤《もっと》もこれは一作明統とあるゆゑ、明治ではなかつたかも知れず。
②大正は安南人の立てた越といふ国の年号にあり。
③何も御幣をかつぐには及ばねど、支那にては大いに正の字の年号を嫌候。「一而止」と申候。正の字をつけ滅びた例を一々挙げて居候。
④不調べの至と存候。
『大正大礼記録』には②③の記載があり、「不調べ」のため元号選定が混乱した様子が詳述されていた。鷗外はこれを読んだ上で賀古宛書簡を書いた可能性が高い。①について鷗外が何を基にしたか不明だが、④は①②③に対する鷗外の評価である。

一方、『昭和大礼記録』の「吉田増蔵稿」の部分に①②③の内容が明記され、④の対応策として「中外の元号を彙集せる成書なしと雖、我が国に在りては元号考」が準備されており、さらに今後の備えとして「完全なる成語彙纂を作成備置するの要あり」と提案した。生前の鷗外が記した問題意識が、吉田へ引き継がれたことを明確に確認できる。

大正に代わる新たな元号として、鷗外が準備し、吉田が完成させたのが「昭和」である。この漢字二文字を見て気が付くことはないだろうか。諡号について触れた第一章四に戻り、美諡の一覧を見て欲しい。「昭」も「和」も共に美諡にあたるのだ。

『逸周書』の一編である「諡法解」は、「昭」の諡号としての字義について「昭徳有労〈徳が昭《あきら》かで功績があった〉」「威儀恭明〈立ち振る舞いが厳《おごそ》かで、恭《うやうや》しく聡明《そうめい》であった〉」「聖聞周達〈すぐれた評判が遠方まで伝わった〉」の三つを挙げる。

「和」は『逸周書』の「諡法解」に記載がないが、中国・北宋の文人だった蘇洵《そじゅん》の著書『諡法』に、「柔遠能邇〈遠くの国も近くの国も柔《やす》んじた〉」「号令悦民〈号令を掛けると民が悦《よろこ》んだ〉」「不剛不柔〈剛強でなかったが、軟弱でもなかった〉」「推賢譲能〈賢者を推し、才能ある者に譲った〉」という四つの字義が挙げられている〈現代語訳はいずれも巻末の参考文献を基に筆者作成〉。

生前の業績を振り返って評価するという本来の諡号ではなく、これから即位する天皇の治世への期待を込める「予祝」の意義に転換してしまうのはやむを得ないだろう。だが、過去に元号として使用例がないだけでなく、天皇が亡くなった後には諡号にもなり得る完璧な元号だったのだ。「何故に明治天皇に真の諡を上《たてまつ》らざるか」という鷗外の思いを吉田が引き継ぎ、新元号に込めたのだろうか。

美諡は元々縁起のいい意味を持つ漢字のため、元号で使われる字と少なからず重なる。とはいえ「昭和」は単なる偶然とは思えない。因《ちな》みに、幻の元号「光」「文」の二字も共に美諡だ。だが、「光」は「能《よ》く前業を紹《つ》ぐ」という意味があり、江戸時代後期の光格天皇など本流の皇統が途絶えた際、傍系の血筋から即位した天皇の諡号に使われた。大正天皇の直系である昭和天皇にはふさわしくない。

二〇二六年は昭和改元から百年となる。時代が進み「平成」「令和」の代替わりを経た今日も、元号制度は国民に受け入れられ、定着している。しかし、「平」の字も「令」の字も美諡に含まれていない。「平」は「諡法解」で「治而無眚（治めて災いがなかった）」との字義も挙げられ、積極的に治世を評価する美諡というより、平諡に近い。天皇に真の諡号を贈るべきだという鷗外の問題意識は、平成や令和という元号には引き継がれなかった。

二、「石見人として死せんと欲す」

『舞姫』で描かれた国費留学生

一九二二（大正十一）年七月九日に病没した鷗外は、その三日前、親友の賀古鶴所に遺言を書き取らせた。宮内省、陸軍の栄典を拒否すると記した理由は、第三章で取り上げた。最後に残る謎は「余は石見人《いわみのひと》森林太郎として死せんと欲す」の意味である。

森家は石見の国・津和野藩（現・島根県津和野町）の藩主亀井家に仕える典医だった。だが、鷗外は一八七二（明治五）年、父・静男《しずお》に従い十歳で上京して以来、一度も津和野の地に帰ることはなかった。津和野が登場する鷗外の作品は僅《わず》かだ。にもかかわらず、なぜ最後は「石見人」として死に臨んだのか。その意味を考えるため、最終節は官僚・鷗外の生涯を簡単に振り返りたい。

一八九〇年一月、二十八歳になる鷗外が初めて発表した小説『舞姫』は、ドイツ留学から帰国途上の若い官僚が、ドイツで交際した女性・エリスとの別れを回想する手記である。主人公・太田《おおた》豊太郎《とよたろう》のモデルは、鷗外が留学先のドイツで出会った別の軍医とされるが、鷗外の実体験と重なる部分も多い。豊太郎を通じ、自身の心境を小説の形を借りて表現したと言える。

現地で過ごすうち新たな価値観に触れ、自由な精神とエリスとの恋愛を手に入れたと思ったのもつかの間、豊太郎は国家から逃れられない運命にあった。近代国家建設を担うことが期待された国費留学生は、国家と運命を共にすることが要請された。

嗚呼《ああ》、独逸《ドイツ》に来し初《はじめ》に、自ら我本領を悟りきと思ひて、また器械的人物とはならじと誓ひしが、こは足を縛して放たれし鳥の暫し羽を動かして自由を得たりと誇りしにはあらずや。足の糸は解くに由なし。曩《さき》にこれを繰《あや》つりしは、我某省の官長にて、今はこの糸、あなあはれ、天方伯《あまがたはく》の手中に在り。

天方伯は当時伯爵だった山県有朋、官長は上官の石黒忠悳《ただのり》、天方伯と豊太郎を取り持つ友人の相沢謙吉は賀古と重なる。芽生え始めた自由の精神も確固たるものではなく、天方伯に従わず、ドイツに残ればどうなるか。不安がこう記される。

本国をも失ひ、名誉を挽きかへさん道をも絶ち、身はこの広漠たる欧洲大都の人の海に葬られんかと思ふ念、心頭を衝《つい》て起れり。

日本という後ろ盾も、官僚としての名誉も失えば、個人として残るものがあるのか。エリスとの愛に生きたとしても、広々として果てしない大都会に集まる「群衆」の一人として埋もれるだけだ。根無し草の人間となりかねない実在的な不安、自己喪失感を言い表している。豊太郎は自らの意思にかかわらず、時代や社会の要請として、再び国家に仕える道を選ばざるを得なかった。

ただ、物語はこう締めくくられる。

嗚呼、相沢謙吉が如き良友は世にまた得がたかるべし。されど我脳裡に一点の彼を憎むこころは今日までも残れりけり。

エリスのモデルになった女性

実際の鷗外もドイツで交際した女性と別れ、官僚として生きていくことになる。留学を終えた鷗外が横浜に帰港してから四日後の一八八八（明治二十一）年九月十二日、この女性が横浜港に到着した。エリスのモデルとされるが、鷗外の日記や書簡に彼女の名前や素性は記されていない。多くの研究者らがエリス探索を長年続けて来たが、ドイツ在住の作家・六草《ろくそう》いちか氏によって特定された（六草、二〇一一年）。ベルリンの州公文書館や教会公文書館に残る当時の文書を調査した結果、一八六六年生まれで現・ポーランド領のシュチエチン出身のエリーゼ・マリー・カロリーネ・ヴィーゲルトと判明したのだ。

エリーゼは一カ月間、東京の築地《つきじ》精養軒《せいようけん》ホテルに滞在した。その間、鷗外の家族は、結婚を断念するよう説得を続けた。鷗外は十月十四日、賀古に書簡を送っている。エリーゼに関して鷗外自身が残した唯一の記録である。

彼件《かのけん》は左顧右眄〈左右を見回しためらうこと〉に違《いとま》なく断行仕《つかまつり》候《そうろう》（中略）其源《そのみなもと》の清からざること故《ゆえ》どちらにも満足致《いたし》候《そうろう》様《よう》には収まり難《がた》く、其間《そのかん》軽重する所は明白にて

人に議《はか》る迄《まで》も無御座《ござなく》候《そうろう》

家族や周囲の反対に遭い、「遂にエリーゼと別れることを決心し、それを賀古に伝えた手紙」(山崎國紀、一九九九年)とされる。その三日後、エリーゼは横浜港から帰国し、鷗外は埠頭《ふとう》から見送った。

結局、鷗外はエリーゼとの愛を捨て、海軍中将だった赤松則良・男爵の長女・としこと結婚する。鷗外の帰国前から森家と赤松家で縁談を進めており、その道筋に乗らざるを得なかった。

『舞姫』には登場しないが、鷗外は留学出発前の一八八四年七月二十八日と、帰国後の八八年九月二十七日、明治天皇に拝謁している。国家が国費留学生にかける期待の表れだ。鷗外の自筆年譜『自紀材料』と、天皇の正史『明治天皇紀』に記される。しかも、帰国後の拝謁は、エリーゼが日本滞在中のことだ。エリーゼと国家の狭間で煩悶《はんもん》していたドイツからの帰途、漢文の日記『還東日乗《かんとうにちじょう》』に記した八八年八月九日作の漢詩で「何を以《もっ》てか天恩《てんおん》に報いん」と詠じている。「天皇の官吏」という意識を拭《ぬぐ》い去ることができず、拝謁を終えた以上、もはや逃れられない運命だったに違いない。

『舞姫』で太田豊太郎という創作の人物を通じて国費留学生の苦悩が描かれたが、実際の鷗外も留学で得た自由の精神は捨てがたかったはずだ。エリーゼとの結婚を断念せざるを得ない状況に追い込んだ国家、官僚機構に対し、「一点の憎むこころ」も残したことだろう。

官僚生活の葛藤を創作に込める

官として生きることになった鷗外にとって、自由の精神との二律背反をどう解消すればよいのか。それを昇華できる活動が文筆業だった。鷗外研究者の山崎一穎は「鷗外にとって表現することは、己れを客観化し、組織から個を奪い返し、浄化する行為であった」（山崎、二〇二二年）と指摘する。

陸軍医として本格的に歩み始めた鷗外は、昼に公務、夜や休日に文筆という二重生活を続けた。昼は私を捨てて国家に尽くしつつ、夜の文筆で抑圧された鬱憤《うつぷん》を解き放ち、精神を浄化させる。内面の自由を得るために必要なことだった。官僚にもかかわらず、小説を書いたのではない。官僚として生きるために、小説を書き続けなければならなかったのだ。

『舞姫』を書き上げ、個人と国家の間での葛藤《かつとう》や矛盾の均衡を保てるようになったことで、鷗外は天皇を中心とした国家に仕える「近代官僚＝近代日本人」になることができたといえる。業務に差し障ると上官から注意されても筆を折らなかったのは、官僚・森林太郎のアイデンティティーを保つために文学が必要だったからだろう。

当然の帰結として、小説には、自由を求めながら実現できなかった後悔やエリーゼの影がちらつく。明治天皇の逝去と乃木希典《のぎまれすけ》の殉死に触発され歴史小説を書き始めた大正期は、組織と個人の関係を問うテーマがより強くなる。官僚組織の中でも最も規律が厳しい軍の内部で鷗外は生きた。個人との矛盾や対立が深まれば深まるほど、作品を通じての解放も大きくなる。

これに先立ち、自らの経験を題材に青年の性欲史を描いた『ヰタ・セクスアリス』(一九〇九(明治四十二)年)は、過激な性描写や思想を描いていないにもかかわらず発禁とされ、石本新六陸軍次官から厳重注意を受ける。現職の高級官僚の身で、社会や国家への批判や皮肉を現代小説の形で書くのは差し障りがある。武家社会という歴史の舞台を借りることで、官僚組織への批判を作品に込めることが可能となったのだろう。

官僚人生を全うする

だが、年を経ると作品から権力批判の厳しさは影を潜め、静謐《せいひつ》さが目立つようになる。一九一五(大正四)年七月十八日、鷗外は日記に「韜䵷《てうしん》」と題する官僚としての半生を振り返る漢詩を記し、二十三日に書簡で賀古へ送った。七言律詩の後半四句を紹介する(傍線は筆者)。

酔裏の放言は　客《かく》の怒りに遭《あ》ひ
緒餘《しよよ》の小技は　人に嗤《わら》はる
老来　殊《こと》に覚ゆ　官情の薄きを
柱に題せしは　頭《かうべ》を回《めぐ》らせば　彼《かれ》も一時《いちじ》

酒の勢いにまかせて好き勝手なことを言っては、同席した人々の怒りを買い／本業のかたわら拙《つたな》い作品をつづっては、他人のあざけりに遭うばかりだった。

老いるとともに、官務に対する熱意が薄れてゆくのを強く自覚するようになったが／ふりかえってみれば、野心にあふれていたあの当時はあの当時で、それが自分の偽らざる姿だったのである。

五十三歳の鷗外は陸軍省医務局長として八年近く務め、この年十一月に陸軍次官の大島健《おおしまけん》一《いち》に引退を申し出る。発令は翌一六年四月十三日である。官僚が本務の鷗外にとって、文筆は「緒餘の小技」に過ぎなかった。退官が迫る中、「官情薄」と心境が吐露される。立身出世の志は薄れ、官に対する未練もなくなった。昼の公務がなくなれば、夜の文筆にも変化が訪れる。

「史伝」で一体化した昼と夜

陸軍退官を契機に鷗外が取り組み始めたのが「史伝」である。「鸖巓」の詩を作った翌月の一九一五（大正四）年八月から、江戸時代末期の弘前藩に仕えた医師で儒学者、考証学者だった渋江抽斎の事績を調べ始める。一六年一月から東京日日新聞で連載が始まり、連載中の四月に退官した。

鷗外研究者の山崎一穎は「『渋江抽斎』の世界は〈型〉と〈修養〉を最高の善とする世界である」（山崎、二〇一二年）と分析する。『渋江抽斎』では、抽斎が取り組んだ考証学について「修養の全《まつた》からんことを欲するには、考証を闕《か》くことは出来ぬと信じてゐる」、「道に至るには考証に由《よ》つて至るより外無いと信じたのである」と記される。つまり、テキストの考証を通じてしか古《いにしえ》の教えを伝授することはできず、考証することは学者としての修養、すなわち「道」そのものである、という世界だ。

抽斎らは幕府（公）によって生活が保証され、学問集団に参加する個は、校勘《こうかん》という為事《しごと》を通して充実感を感得する。個と組織が矛盾を来たさない。それ故、至福に生き得た時代の父と、維新後その様に生き得ない子の時代相が見事に浮き彫りになる。

（山崎、二〇二二年）

鷗外は官僚を辞することで初めて文筆に専念できる環境に身を置き、昼の世界と夜の世界が一体化した。しかも、抽斎という敬慕する人物と巡り会い、描く対象と自身を重ね合わせることができた。鷗外自ら「わたくし」という一人称で著作に登場し、抽斎ゆかりの人や史跡を訪ね歩くという、これまでにないルポルタージュ形式で書き進めた。史料に立脚した「史伝」への転換である。

組織や国家の中での葛藤もなくなったことで、創作により精神を浄化させる必要性も薄れた。小説という虚構の形式を取らなくとも、自己表現が可能となったのだ。それは鷗外にとっても「至福な世界」だった。

一九一七年十二月、再び官界に呼び戻されたが、宮内官僚として取り組んだ歴史編修事業は史伝の延長線上にあった。私と公の矛盾、まして若き日に抱いた「一点の憎むこころ」は霧散していた。国家の中心に位置する天皇の歴史を、史料に基づき確定してゆく作業は、江戸期の考証学者が実践した「修養」や「道」である。『空車』で暗示した国家の「虚」を宮内官僚として埋め合わせる仕事は、これまで歩んできた空疎な官僚人生に新たな意味を吹き込み、堅実なものへと再構築してくれる。宮内官僚としての第二の人生は、昼の公務と夜の執筆の世界が一体化したものだった。

しかし、そうした「為事」に情熱を傾ける至福な世界を崩したのが、宮内大臣・牧野伸顕による官制改革に伴うリストラであり、自らの事業を優先させて働きかけを強めた帝室制度審議会総裁・伊東巳代治の横やりだっただろう。それが「官憲威力」に対する憤りとして遺言に記された。

「石見人」の真意

遺言で鷗外が一個人として死に赴きたいと書き残したのは、国家への憤りが前提となる。栄典辞退はその表現だった。「死は一切を打ち切る重大事件なり」と、生涯にわたり尽くしてきた国家と関わりを絶つと宣言し、「奈何《いか》なる官憲威力と雖此《いえどもこれ》に反抗する事を得ずと信ず」と、どのような国家権力であっても自らの死に関与をすることを拒んだ。その上で「石見人森林太郎として死せんと欲す」と、一切の肩書を捨てた一個人として死にたいと望んだ。「石見人」の対義語は、国家に尽くす「近代官僚＝近代日本人」ということであろう。つまり、「近代日本人」として死ぬことを拒んだのだ。

十歳で上京した鷗外は、十九歳で東京大学医学部を卒業し、陸軍入省後に留学の機会を得た。『舞姫』の主人公・太田豊太郎の心境に沿えば、「我名を成さむ」という功名心、「我家を興さむ」という森家再興が先に立ったが、国家から逃れられない明治期の国費留学生の宿命に縛られた。主体的に選んだ道ではなかったが、国家に対し「一点の憎むこころ」を封印しながら官僚として生きる道が定まった時、「官僚・森林太郎＝近代日本人」が誕生したのだ。『舞姫』執筆がその起点となる。

遺言は「余は少年の時より老死に至るまで一切秘密無く交際したる友は賀古鶴所君なり」と書き出される。エリーゼとの恋を捨てるか否かで苦悶した若き日の鷗外の相談に乗り、官の道へと導いたのが賀古だった。ドイツの地で自由の風に当たり芽生え始めた自我を押し殺し、自由との決別という犠牲を払い、身を粉にして尽くした官僚人生である。だが、最後はその国家に裏切られた。そうした「秘密」を最もよく知るのが賀古だった。

では、回帰すべき「石見人」とは何を指すのか。鷗外は津和野から比較的近距離にある福岡・小倉に勤務した時すら、故郷に立ち寄っていない。津和野という土地に愛着があるようには思えない。

『渋江抽斎』が鷗外の最高傑作の一つであるとの評は、石川淳『鷗外覚書』（三笠書房、一九四一年）以降、定着している。確固とした君臣関係を前提に、為すべき事に専念できた江戸時代後期の藩主仕えの医師や考証学者たちを描く筆致が生き生きとしている。急速に構築された近代日本人という虚構を捨て去った時、立ち返るべきは、藩主に忠誠を尽くす前近代の武士の姿である。乃木希典の殉死で改めて自覚させられたものの、大正期にはかすかな残り香が漂うだけとなっていた。

史伝で描いた世界に鷗外が接したのは、史料や伝聞からだけではない。父・静男は最後の津和野藩主・亀井家十二代目の茲監《これみ》に侍する典医として仕えた。維新後に上京したのは亀井家の招きを受けたからで、東京・向島《むこうじま》の旧亀井藩下屋敷（亀井家の別邸）に住み込んだ後、近所に移り住む。その後も交流は続き、一八八五（明治十八）年に茲監が保養先の静岡・熱《あた》海《み》温泉で脳卒中を発症後に死去した際、静男は東京から駆けつけ看取《みと》っている。

鷗外の代になっても主従の親密なつながりは続いた。亀井家の家政に関しては津和野出身の有力者が相談を受けていたが、鷗外はその一人だった。第二章で見たように十四代目茲常《これつね》が宮内省式部官に採用されたのは、鷗外が山県有朋に斡旋《あっせん》を頼んだからだ。賀古宛書簡で「はじめて旧主人家に対し報恩をなしたるやうの心持いたし愉快に不堪候《たえずそうろう》」（一九〇九（明治四十二）年十二月八日）と喜びを伝えた。

茲常に長男が生まれた二日後、鷗外の日記に「亀井伯茲常ぬしの長男を茲建と名づく。これたけなり」（明治四十三年六月二十三日条）と記される。十五代目の命名者となったのだ。鷗外の日記を見ると、晩年まで年末年始のあいさつで東京・小《こ》石川《いしかわ》の亀井宅を訪ねるのが恒例となっていた。

津和野・永明寺

鷗外が生まれた津和野は、亀井家四万三千石の城下町で、津和野川に沿った山間の細長い平地に位置する。幼少時の鷗外が通った藩校・養老館など古い町並みが保存され、「山陰の小京都」と称される。

「石見人」の手掛かりを探ろうと、筆者は津和野を訪ねた。まず向かったのは亀井家菩提所《ぼだい》の永明寺《ようめいじ》だ。ＪＲ山口線の津和野駅から裏手の山へ五分ほど歩く。坂道の上にある山門を抜けると、右手に茅葺《かやぶ》き屋根の本堂が見える。森家代々の墓は、反対側の高台に二十基ほどたたずんでいた。中央奥に「森林太郎墓」がある。三鷹・禅林寺のものと同じ墓石で、没後三十一年の一九五三（昭和二十八）年七月九日、故郷の地に分骨した。ただし、鷗外の三男・類《るい》によると、実際は骨ではなく、禅林寺の墓地から土を分けたものだという（森類、一九五六年）。

亀井家代々の墓は永明寺の隣の乙雄《おとお》山にある。一旦《いったん》、山門を下りてから、「亀井家墓所」の矢印が書かれた掲示板に従い進む。麓《ふもと》の永太院《えいたいいん》の境内を抜けると、裏山へと山道が延びている。山道の途中に「西家墓所」とあるのは、鷗外の親類・西周《にしあまね》の父祖のものだ。石段を更に上る。鳥居をくぐり、鬱蒼《うっそう》とした木々の間を抜けて山の中腹まで歩くこと十分弱。今にも

森家の墓（島根県津和野町・永明寺、中央奥が「森林太郎墓」）

崩れそうな白塀の門を抜けると、平坦《へいたん》な地に出た。

参拝者がほとんどいないのか、足元には雑草が生い茂る。左右を見渡すと、墓石や石灯籠《いしどうろう》が立ち並ぶ幽寂な光景が広がっていた。戦国時代から江戸時代初期の初代茲矩《これのり》以降、一族の墓石は約七十基に及ぶ。

因みに、茲矩は元々、戦国時代に山陰地方を治めた尼子氏の重臣だった。尼子氏が毛利《もうり》氏に滅ぼされた後は羽柴秀吉《はしばひでよし》（後に豊臣秀吉）に仕えた。関ケ原《せきがはら》の戦いで徳川方につき、戦後に因幡《いなば》国・鹿野《しかの》（現・鳥取市西部）藩主となった。茲矩の子・二代目政矩《まさのり》が津和野に封じられ、明治維新まで続いた。

平成期の約三十年間、一貫して元号選定事務を担い、令和改元直前に亡くなった「元号研究官」の尼子昭彦氏は、戦国大名・尼子氏の末裔《まつえい》だと同僚らに話していた。国立公文書館公文書研究官兼内閣事務官の肩書を持ち、鷗外や吉田増蔵の系譜に連なる平成の漢学官僚だった。鷗外の旧主君をさかのぼると尼子氏に辿《たど》り着くのも、元号を巡る縁を感じる。

亀井家の墓から離れてたたずむ

再び歩を進める。門の正面に初代茲矩、右手に二代目政矩の墓石があり、左手にそれ以後のものが並ぶ。

亀井茲監の功績が刻まれた石碑

風化したり、苔むしたりして文字が読みにくいものが多いが、奥へ進むと「従四位勲二等伯爵亀井茲建《これたけ》之墓」とはっきり刻まれた墓石が目に入った。鷗外が命名した十五代目だ。一九九二（平成四）年に亡くなり、墓地の中で最も新しい。その二つ隣は十四代目の「従二位勲四等伯爵亀井茲常《これつね》之墓」（一九四二（昭和十七）年没）。更に奥へ歩むと十三代目の「従三位勲四等伯爵亀井茲明《これあき》之墓」（一八九六（明治二十九）年没）があり、最も奥まった場所に十二代目の「従二位勲三等亀井茲監《これみ》墓」（一八八五年没）が位置する。その向かって右隣に「正二位亀井候碑」の石碑がある。茲監没後の一九二一（大正十）年、「従二位」から「正二位」へと官位が上った経緯と、生前の功績が漢文で刻まれ、文末に「正三位勲一等　森林太郎撰《せん》」と記される。十四代目茲常が鷗外に依頼して作らせた碑文だ。

筆者は永明寺の墓所を歩き、二つのことに気付いた。一つは、墓石や石碑には、鷗外も含

津和野亀井家墓（乙雄山にある代々の墓所。右から 12 代茲監、茲監の妻、13 代茲明の墓石）

めて位階が彫られていること。もう一つは、森家代々の墓と亀井家代々の墓の距離感だ。二つの家の墓は無関係であるかのように建てられている。

乙雄山を下り、津和野の町を歩いた。夕刻で観光客の姿はほとんどない。津和野川沿いにある養老館まで来ると、白鷺《しらさぎ》が大きな羽を優雅に広げ、目の前に舞い降りてきた。門前の小さな広場には「鷺舞」の像が建つ。四百年の歴史を持つ津和野の弥栄《やさか》神社に伝わる神事で、国指定重要無形民俗文化財に指定されている。白鷺はその横を、細くて長い足を交差させながらゆっくり歩み、しばらくするとまた飛び立った。滞在中に津和野川周辺で鷺の姿を何度も見た。幼い鷗外も目にした光景であろう。

ただ、鷗外作品に登場する「鷺」には、暗い影がつきまとう。『舞姫』で、太田豊太郎がエリスを裏切り日本へ帰国せざるを得なくなる最後の山場。厳冬の夜、煩悶する豊太郎がようやく自宅前に辿り着いたところ、エリスの部屋の灯火を遮るのが「降りしきる鷺の如き雪片」だ。自由と愛に暗雲が立ちこめる様子を表現している。

『ル・パルナス・アンビュラン』（一九一〇年）と『雁』（一一年〜）では、田んぼの中を歩くという半ば自由を奪われた様子を「鷺のやうな」と記す。身動きが取れない因習を象徴しているようだ。

果ては『佐橋甚五郎』（一九一三年）では、徳川家康の家臣らによる鉄砲の腕試しで、鷺は撃ち殺されてしまう。鷗外が典拠とした史料に鷺撃ちの場面はなく、創作とみられる（尾形、一九七九年）。

藩主の跡を追って

鷗外の墓は元々、現在の三鷹・禅林寺にあったわけではない。鷗外の死去から四日後の一九二二（大正十一）年七月十三日、東京・向島の弘福寺《こうふくじ》に埋葬された。隅田川《すみだがわ》東岸に隣接し、江戸風情が残る下町だ。

江戸時代以降の森家代々の墓は津和野・永明寺にある。にもかかわらず、なぜ向島の地に葬られたのか。それは一八九六（明治二十九）年に没した鷗外の父・静男に由来する。鷗外の末弟・潤三郎は静男の墓所を「弘福寺としたのは藩主茲監公の墓所があるからで、以後此寺を菩提所と定めた」（森潤三郎、一九二八年）と記す。鷗外の次女・小堀杏奴《あんぬ》も「墓所は父の希望により、向島の弘福寺に葬られた。（中略）父は森家が、先祖代々善政の恩恵を受け、心からの敬慕の情を抱くに至った藩主の御墓所近く眠りたかったのである」（小堀、一九七九年）と振り返る。

亀井家代々の墓所も津和野・永明寺にあるが、参勤交代で江戸と国元を往復したためか、七〜十代目は東京・芝《しば》の青松寺《せいしょうじ》に埋葬され、江戸と津和野の双方に墓があったようだ。だが、維新後に東京に移り住んだため、十二代目茲監の妻以降、向島の弘福寺に葬られるようになる（津和野町教育委員会、二〇一一年）。菩提所を移した藩主の跡を追うように、森家も墓所を移したのだ。一九二二年の弘福寺には、森家当主では静男と林太郎（鷗外）、亀井家当主では茲監と十三代目茲明の墓があった。茲監が「正二位」に上った功績を刻んだ鷗外撰の石碑もである。

関東大震災で被災

ところが、翌一九二三（大正十二）年九月一日の関東大震災によって、両家の墓のつながりは絶たれてしまう。弘福寺の本堂は全焼し、境内は復興に際して区画整理の対象となった。

鷗外を慕い命日に墓参した作家の永井荷風は、二四年七月九日の日記に「弘福寺焼跡は一面の花畑となり、孔雀草、矢車草、千日草、天竺葵など今をさかりと咲乱れたり。堂宇再建の様子もなし」と記した（永井、一九九三年）。

一九二六年、亀井家は弘福寺の墓石を津和野に移した。これが現在の茲監、茲明の墓だ。森家の墓も翌二七（昭和二）年に、東京都内で同じ宗派の三鷹・禅林寺に改葬された。

三鷹や津和野を訪ねても、鷗外が死に臨んだ当時の状況は浮かんでこない。震災で引き裂かれるまでの僅かな期間だったが、鷗外は自ら望んで旧藩主の傍らに眠っていたのである。「石見人森林太郎として死せんと欲す」とは、近代国家に仕えた「官僚森林太郎」を捨て、津和野藩主に仕える武士に戻ることを意識したものではないか。史伝で描いた至福の世界である。具体的に思い浮かべた土地は、旧藩主と森家の墓所があった向島となる。

津和野出身の作家、伊藤佐喜雄《いとうさきお》はふるさとに対する鷗外の意識を次のように考察する。

> 出京後も、祖母や両親や師友・先輩ばかりではなく、旧藩主の亀井家、或ひは郷里から上るひとびと――それらの環境と雰囲気とは、鷗外にとつて、東京へ運ばれて来たふるさとの風土であらう。たとへ現実に回想はされなくとも、ふるさとの風土はたえず鷗外のなかで生きてゐた。（中略）

だが、回帰は徐々に、しかし確実に行はれた。はつきり云ふと、その速度は「渋江抽斎」前後にいちじるしく加はつてゐる。江戸末期を生きた儒学者とその生活とへのひたすらな郷愁は、そのまま自分の魂の風土に対する望郷となつた。そして、回帰の針が安らかな頂点をさしたのは、実にかの死の床においてであつた。

（伊藤、一九四四年）

ただし、臣下として向島の旧主君の側に眠るのであれば、差し障ることがある。茲監の「正二位」追贈の石碑に記された「正三位勲一等」という鷗外の肩書は、主君の功績を高める役割があろう。しかし、鷗外自身の墓石に刻むとなると話は別だ。十三代目茲明は三十六歳で早世したため、「従三位」「勲四等」であり、位階も勲位も鷗外よりかなり低い。十二代目茲監は「正二位」と位階は高いが、勲位は「勲三等」と鷗外より低くなる。鷗外が遺言でこだわった栄典拒否と「森林太郎墓の外一字もほる可らず」と念を押したことは、結びついている。

死の前日、鷗外の意思とは無関係に、政府は特旨を以て鷗外の位階を「従二位」へと一級上げた。茲監の墓石に記された追贈前の位階と並ぶこととなった。ますます鷗外の墓に肩書を彫るわけにはいかなくなる。

向島・弘福寺

鷗外の遺言と向島・弘福寺の関係を考察した論考は、管見の限りでは見当たらない。向島の地に森家と亀井家の墓の手掛かりは残されていないか。弘福寺に手紙を送った上で、電話で尋ねたが、「全くないですね。震災で焼けてしまい、どこに何があったのか分かりません」との話だった。

そこで、実際に訪ねてみた。東武伊勢崎線《とうぶいせさき》の曳舟《ひきふね》駅で下車し、スマートフォンの地図検索を頼りに入り組んだ路地を、隅田川東岸へと歩く。すると、墨田区立言問《こととい》小学校の裏手に「依田学海《よだがっかい》旧居跡」という金属製の史跡案内板が設置されているのを見つけた。

森鷗外の師としても知られ、『ヰタ・セクスアリス』の中では文淵先生として登場。（中略）鷗外が15歳の頃の出会いだが、その後も二人の交流は続き、鷗外のドイツ留学に際しては、『送森軍医遊伯林序』という送別の漢詩を贈っている。

漢詩を学ぶため、この地に住んだ依田のもとに通っていたのだ。依田は股野琢と学友で、鷗外が博物館総長の職を継いだ際、依田と股野の縁故を漢詩で詠じている。

向島・弘福寺（東京都墨田区、本堂は関東大震災で被災し、現在のものは昭和８年に再建）

その痕跡《こんせき》を横目に歩を進めると、弘福寺の山門に着いた。曳舟駅からおよそ十五分の道のりだ。

寺の入り口には、先ほどと同じ形の案内板が設置され、「淡島寒月《あわしまかんげつ》旧居跡」と記される。江戸時代に大流行したせんべいの名店「淡島屋」を経営する大地主で、弘福寺寺内に隠居所を建てて住んだという。

門をくぐると、石畳の先に本堂が建つ。本堂右側に石亀に乗った石碑があり、寺の由来が記される。一六七三（延宝《えんぽう》元）年に創建され、明治、大正期に改修、改築を重ね、「旧時の盛観」となった。ところが、一九二三（大正十二）年九月の関東大震災で灰燼《かいじん》に帰した。一九二八

（昭和三）年から再建計画が始まり、三三年に落慶したという。

　本堂は隅田川を背にして東を向き、北側の本堂の右奥に小さくまとまった墓地がたたずむ。入り口に三基の墓石が立ち、「墨田区登録史跡　池田冠山墓」の案内板が立つ。因幡国・若《わか》桜《さ》藩（現・鳥取県若桜町周辺）の五代藩主だ。境内を見回しても、鷗外の墓の痕跡はおろか、かつてここにあったことを伝える案内板すらない。

　亀井家の墓は三基あるが、いずれも昭和五十年代に建てられたものだ。津和野町教育委員会『津和野藩主亀井家墓所』によると、十三代目茲明《これあき》の次男以下代々の墓だという。

　現地に手掛かりがないため、図書館で古地図を探すことにした。何冊か手に取る中で、『古地図・現代図で歩く　明治大正東京散歩　古地図ライブラリー別冊』（人文社、二〇〇三年）に、弘福寺の周辺図が墓地も含めて記されているのを見つけた。明治四十年に東京郵便局、東京逓信管理局に編纂された「東京市十五区番地界入地図」に基づき書き起こした版だという。

　当時の地図を見ると、本堂の位置は同じだが、向きが異なる。かつては入り口が隅田川の下流、南側にあり、現在よりも長い参道の奥にある本堂は南側を向いていた。墓地は本堂裏の他、隅田川沿いの本堂左手、西側にも広がる。入り口の右手、東側にも墓地が広がるが、隣接する長命寺のものか弘福寺のものかは判然としない。

明治初めに向島に移住した頃の様子は、鷗外の妹・小金井喜美子『鷗外の思い出』（岩波書店、一九九九年）に記される。「亀井家のお墓所弘福寺」について、「御墓所は本堂の右手裏にありました」と記し、祖母と母が「もう国へ帰ることはあるまいから、内の墓所もここにしましょう」と話し合ったと回想している。当時の本堂の右手裏は、現在の本堂の右側手前、墓所の入り口付近だろうか。森家や亀井家の墓もこの辺りにあったと推察される。

大震災による区画整理前の墓地は現在より広かったとしても、隅田川の土手まで二、三十メートルしかない平坦で手狭な土地であったことには変わりない。山を隔てて藩主の墓所を仰ぎ見なければならない津和野・永明寺の森家の墓に比べ、両家の墓の距離はかなり近かったはずだ。向島の地に立ち、かつてあったはずの墓石を思い浮かべれば、「石見人」として死に望んだ意味がより鮮明になる。

墓めぐりを終えて隅田川東岸の堤防を登ると、一羽の鷗《かもめ》がゆったりと上空を舞っていた。中国山地の盆地に位置する津和野から瀬戸内海へ出て、船で上京する際に初めて鷗を見たであろう鷗外は、少年時代の向島、そして青年時代に欧州へ往復した船上でも、こうした光景を目にしたはずだ。雅号「鷗外」の由来には、杜甫の詩「柔艣《じゅうろ》　軽鷗《けいおう》の外《ほか》（軽い櫓《ろ》を動かし、渚《なぎさ》にあそぶ鷗の外に出てゆこうとする）」や、隅田川にあった「かもめの渡し」と呼ばれた船の渡し場の外など、諸説ある。いずれにせよ、身は官僚として縛られたとしても、心はどこへでも飛んで行ける自由を求めたことだろう。

帰路は弘福寺から見上げる東京スカイツリーを目印に、東京メトロ押上《おしあげ》駅を目指した。南東へ五分ほど歩くと、都立本所《ほんじょ》高校の前に「森鷗外住居跡」の史跡板が設置されていた。

所在地　向島三丁目三十七番・三十八番

文久二年（一八六二）に現在の島根県津和野町に生まれた森鷗外（本名林太郎）は、明治五年（一八七二）十歳の時に父静男に随い上京しました。初めに向島小梅村の旧津和野藩主亀井家下屋敷、翌月からは屋敷近くの小梅村八七番の借地で暮らすようになり、翌年上京した家族とともに三年後には小梅村二三七番にあった三百坪の隠居所を購入して移り住みました。（中略）この向島の家のことを森家では「曳舟通りの家」と呼び、千住に転居する明治十二年まで暮らしました。（中略）

明治九年以後は寄宿舎生活となりましたが、曳舟通りの家には毎週帰り、時おり向島の依田学海邸を訪れて漢学の指導を受けていました。鷗外の代表作『渋江抽斎』には「わたくしは幼い頃向島小梅村に住んでいた」と記し、弘福寺や常泉寺などがある周辺の様子や人々についても詳しく書き残しています。また、明治十年代に原稿用紙に用いたという「牽舟居士《こじ》」の号は近くを流れていた曳舟川（現在の曳舟川通り）にちなむものでした。鷗外にとって、向島小梅村周辺での生活は短いものでしたが、思い出深い地として記憶にとどめられていたようです。

平成二十六年二月

墨田区教育委員会

目の前にあるバス停の名称は「森鷗外住居跡」。鷗外の生きた痕跡と思い出が、今も向島の地には刻まれていた。官僚としての肩書きを捨てた「石見人森林太郎」の脳裏を、最後によぎったであろう土地である。

あとがき

未解明だった「官僚」鷗外像

我学問は荒みぬ。されど余は別に一種の見識を長じき。そをいかにといふに、凡《およ》そ民間学の流布したることは、欧洲諸国の間にて独逸に若《し》くはなからん。幾百種の新聞雑誌に散見する議論には、頗《すこぶ》る高尚なるも多きを、余は通信員となりし日より、曽《かつ》て大学に繁く通ひし折、養ひ得たる一隻《いっせき》の眼孔もて、読みては又た読み、写しては又た写す程に、今まで一筋の道をのみ走りし知識は、自《おの》ら《づか》綜括的になりて、同郷の留学生などの大かたは、夢にも知らぬ境地に到りぬ。彼等の仲間には独逸新聞の社説をだに善くはえ読まぬがあるに。

これは『舞姫』の一節である。主人公の太田豊太郎が官費留学中に免官となり、ドイツの地に残って恋人のエリスと新たな生活を始めた場面だ。新聞社のドイツ駐在通信員として欧州の政治・文化情勢を報じるうちに、見識が広がり、知識も深くなっていった。慎ましやかながらも自由な暮らしと精神を手に入れ、豊太郎にとって幸福なひと時だった。「民間学」とは官学との対比で、ジャーナリズムを指す。

私は新聞社の入社試験に向けた勉強をしていた学生時代、『舞姫』のこの一節をコピー用紙に印字し、自宅の部屋に懸けていた。鷗外への敬慕というより、ジャーナリズムへの憧《あこが》れの余りに、このような簡易な「幅《ふく》（掛け物）」を作ったのだが、新聞記者として二十年以上勤めた今でも口ずさむことがある。

本書で記したのは、鷗外文学とは縁もない政治記者の視点から描いた鷗外像である。令和の代替わりを取材した記録は、前著『元号戦記』に記した。ただ、近代元号制度の確立に重要な役割を果たした宮内官僚・森林太郎の公務について、未解明の部分が多々残った。

従来の元号研究は、前近代の日本史か中国史、中国哲学の専門家を中心に行われ、近代史家や政治学者による論考は多くない。当然ながら鷗外研究者は鷗外文学を研究しても、宮内官僚、中でも図書頭の公務に関する研究は僅《わず》かだった。ならば、自分で調べようと思い立ったのが、本書の始まりである。

幸いなことに、勤務する新聞社から徒歩数分の地に国立公文書館と宮内公文書館があったことで、史料収集にはさほど時間を取られずに済んだ。空き時間や非番の日にスマートフォンで必要そうな史料の写真を撮っては仕事に戻り、夜や休日に史料の読み込みと原稿執筆に努めた。陸軍医と作家という「二足のわらじ」を履きこなした鷗外に比べれば、分量も内容も到底及ぶはずもないが、こうした作業を二〇二〇年末から四年近く続けた。

その成果物として、森鷗外記念会の機関誌「鷗外」一〇九号（二〇二一年）から一一二号（二〇二三年）に拙論四本を掲載することができた。それを読み物風に改編して大幅に加筆し、一般社団法人・アジア調査会の月報「アジア時報」に「宮内官僚 森林太郎」と題して二〇二三〜二四年に計十三回連載した。さらにこれを編集し直したものが、本書である。『元号戦記』に続き、企画に関心を持って頂いたKADOKAWAの岸山征寛・角川新書編集長、今回編集を担当していただいた教養書籍課の黒川知樹氏には感謝を申し上げます。

本書が出来るまでに、元号研究の大家である所功・京都産業大学名誉教授、中国哲学専門で前近代の日本における元号選定を研究する水上雅晴・中央大学教授をはじめ、多くの先生方からご教示を賜った。

一方この間、お世話になった方の訃《ふ》報《ほう》にも接した。米田雄介・神戸女子大学名誉教授は宮内庁の書陵部編修課長や正倉院事務所長を歴任され、宮内官僚・鷗外の系譜を昭和・平成期に引き継がれた皇室史研究者だった。令和の改元、代替わり取材でお世話になり、「鷗外」

を送ると、何度か返信をくださった。「どなたも元号と鷗外については通り一遍の理解をしているようですが、かくも丁寧に周辺部まで突っ込んだ調査はなく」などと記され、大変励みになった。二〇二四年八月に八十七歳でお亡くなりになり、本書を届けられなかったことは慚愧《ざんき》に堪えない。

特に記さなければならないのが、鷗外研究の第一人者だった山崎一穎・跡見学園女子大学名誉教授である。同年九月に八十五歳でお亡くなりになった。「森鷗外記念会通信」二二八号（秋）に、同会の倉本幸弘事務局長からの依頼で寄稿した追悼文を転載することで、心より感謝の意を伝えたい。

山崎一穎先生と元号、諡号

山崎一穎先生との出会いは、拙著『元号戦記』（角川新書、二〇二〇年）が縁だった。大正の元号は中国周辺の王朝が使用済みで「不調べの至」だと、賀古鶴所宛書簡（大正九年四月二十八日）に記されていることは知られている。それに類似する記述が『大正大礼記録』『昭和大礼記録』にあることを拙著で紹介した。晩年に宮内省高官を務めた鷗外は『大正大礼記録』を踏まえて賀古宛書簡を書き、さらに、その問題意識が『昭和大礼記録』に引き継がれたのではないか。

元号関連の専門書を調べても、鷗外書簡と大礼記録の関係に言及したものはない。文京区立森鷗外記念館広報担当の上岡恵子《かみおかけいこ》氏を通じ、拙著を先生に届けていただいた。すると先生からびっしりとペンで書き込まれたハガキが届き、「新事実です」と記されていた。

私は令和改元の取材に関わった一介の政治記者に過ぎない。学術論文として発表することは可能か、と身の程をわきまえずに手紙を送った。すると、今度は電話をいただいた。「森鷗外記念会の会員になりなさい。倉本君を紹介するから」と。

常任理事兼事務局長の倉本幸弘氏につないでいただき、論文の作法を教えてもらいながら完成させたのが、「鷗外」一〇九号掲載の拙論「『元号考』成立についての一考察」である。

山崎先生に拙著を届けたのは、先生の著書『森鷗外　明治人の生き方』（ちくま新書、二〇〇〇年）を読んだからだ。元号に関する記述を探して晩年のページをめくり、「病床にあって、鷗外が一番気に掛けていたのは『元号考』のことである」との一文に目が留まった。宮内省と陸軍の栄典を拒否し、石見人森林太郎として死に赴きたいとの遺言には、さまざまな解釈がある。先生によると、怒りの対象は宮内省で、具体的には元号と諡号《しごう》の不備だという。

遺言には、官僚として鬱屈《うっくつ》した不平を吐露したとする旧説と、安らかに死にたい意思の表れとする新説がある。先生のものは旧説に含まれるのだろうが、具体的な理由として元号と諡号を挙げた所が他説と異なる。宮内官僚の側面にも目配りした上で、鷗外という人物を捉《とら》えようとしたからだろう。「国家と作家の狭間《はざま》で」「二生を行く人」という著作のサブタイトルに、先生の鷗外像が凝縮されている。

政治記者として政治家や官僚を取材してきた私は直感として、諸説ある中で先生の解釈が最も的確だと思った。ただし、先生が示す根拠は、大正九年の二通の賀古宛書簡しかない。宮内官僚としての鷗外像を明らかにするには、どうすればいいか。大正、昭和の大礼記録は国立公文書館に保管されている。ならば、宮内公文書館にある鷗外在職時の文書を探せば手掛かりがあるはずだ。公文書を基に、鷗外が『元号考』に取り組む契機となった出来事や、遺言の背景を考察し、「鷗外」一二二号まで計四本の拙論を掲載させていただくことができた。

論文掲載後、先生にお会いし謝意を伝えると、「いやー、参ったよ」とうれしそうに話されていた。私は恐縮しながら聴き入ったが、拙論は先生が投げかけられた問題意識について、宮内省公文書を用いて論証したに過ぎない。問いがなければ学問は始まらない。

最近は各地の公文書館でデジタル化が進み、史料検索が容易となった。私はその恩恵を受けることができた。史料の制約がある中、先生はなぜ遺言の真意が宮内省への怒りや元号の問題にあると考えたのか。尋ねると、「私は史伝研究が出発点だったからね」と教えてくれた。晩年の鷗外が史伝に取り組んだことは、宮内省での歴史編纂《へんさん》事業へと関連していく。そこに着眼したことが、先生の遺言解釈の特徴だったと私は見ている。集大成となった千ページを超える大著『森鷗外論攷 完』（翰林書房、二〇二二年）で、元号や諡号に関する詳細な考察を費やされたのには、以上のような背景がある。

一方、次のような感想も残された。

鷗外のように多面的作家の全貌を捉えるのはもはや個人研究では限界がある。野口武則氏の論文を読むと、政治学、歴史学分野の協力がないと中々できない。研究領域の異なる研究者による共同研究が必要である。

（「森鷗外生誕一六〇年、没後一〇〇年を回顧して」『日本近代文学』第一〇八集、二〇二三年）

わずか数年しか教えを乞うことができず、急な逝去は残念なばかりだ。だが、先生に出会えたことは幸運だった。問題意識を引き継ぎ、鷗外研究を深めるだけでなく、さらに広げることが、恩返しにつながると信じている。

二〇二四（令和六）年十二月

野口　武則

主要参考文献一覧

【第一章】

石川忠久『新釈漢文大系112　詩経』下巻、明治書院、二〇〇〇年
伊藤博文著、宮沢俊義校注『憲法義解』岩波書店、一九四〇年
猪瀬直樹『天皇の影法師』中公文庫、二〇一二年（初版は朝日新聞社、一九八三年）
臼井勝美、高村直助、鳥海靖、由井正臣編『日本近現代人名辞典』吉川弘文館、二〇〇一年
小野沢精一『新釈漢文大系26　書経』下巻、明治書院、一九八五年
宮内庁編『明治天皇紀』全一三巻、吉川弘文館、一九六八〜七七年
宮内庁編修『昭和天皇実録』全一九冊、東京書籍、二〇一五〜一九年
宮内省図書寮編修、岩壁義光補訂『大正天皇実録　補訂版』全六巻、ゆまに書房、二〇一六〜二一年
倉富勇三郎日記研究会編『倉富勇三郎日記』第一〜三巻、国書刊行会、二〇一〇〜一五年
小堀桂一郎『森鷗外　日本はまだ普請中だ』ミネルヴァ書房、二〇一三年
佐野眞一『枢密院議長の日記』講談社、二〇〇七年
田中彰『日本の歴史　第二四巻　明治維新』小学館、一九七六年
遠山美都男『名前でよむ天皇の歴史』朝日新書、二〇一五年
所功『近代大礼関係の基本史料集成』国書刊行会、二〇一八年
苫木虎雄『鷗外年表研究』鷗出版、二〇〇六年

野口武則『元号戦記』角川新書、二〇二〇年
野村朋弘『諡　天皇の呼び名』中央公論新社、二〇一九年
原奎一郎編『原敬日記』全九巻、乾元社、一九五〇～五一年
原武史『大正天皇』朝日新聞社、二〇〇〇年
藤田覚『幕末の天皇』講談社学術文庫、二〇一三年
松尾正人編『日本の時代史21　明治維新と文明開化』吉川弘文館、二〇〇四年
松田好史『内大臣の研究　明治憲法体制と常侍輔弼』吉川弘文館、二〇一四年
宗像和重監修『森鷗外宛書簡集1　賀古鶴所』文京区立森鷗外記念館、二〇一七年
宗像和重編『鷗外追想』岩波書店、二〇二二年
明治神宮監修『昭憲皇太后実録』下巻、吉川弘文館、二〇一四年
森潤三郎『鷗外森林太郎』丸井書店、一九四二年
諸橋轍次『大漢和辞典』全一三巻、修訂版、大修館書店、一九八四～八六年
山崎國紀『森鷗外の手紙』大修館書店、一九九九年
吉田学軒『学軒詩集』汲古書院、二〇〇四年
李崇智『中国歴代年号考』中華書局、一九八五年
『大人名事典』平凡社、一九五七年
『日本人名大辞典』講談社、二〇〇一年
『新訂　政治家人名事典　明治～昭和』日外アソシエーツ、二〇〇三年
『20世紀日本人名事典』日外アソシエーツ、二〇〇四年
井田敦彦「改元をめぐる制度と歴史」『レファレンス』八一一、国立国会図書館、二〇一八年

大塚美保「帝室制度審議会と鷗外晩年の業績」『聖心女子大学論叢』一一七号、二〇一一年
五味均平「英照皇太后昭憲皇太后の御追号に就て」『国学院雑誌』第二九巻第七号、一九二三年
榊原昇造「奚先録」『国学院雑誌』第二八巻第二号、一九二二年
鈴木隆春「『大正大礼記録』の編纂について」、長井純市編著『近代日本の歴史と史料』花伝社、二〇二二年
沼倉延幸「図書頭森林太郎（鷗外）に関する基礎的研究――宮内公文書館所蔵資料を中心として――」『書陵部紀要』第六八号、宮内庁書陵部、二〇一六年
野口武則「『元号考』成立についての一考察――『大正、昭和大礼記録』と宮内官僚・森林太郎――」『鷗外』一〇九号、森鷗外記念会、二〇二一年
野口武則「鷗外『元号考』への道程――昭憲「皇太后」問題を巡って――」『鷗外』一一〇号、森鷗外記念会、二〇二二年
宮間純一「宮内省・宮内府・宮内庁の組織に関する基礎的研究一」『書陵部紀要』第六四号、宮内庁書陵部、二〇一三年
「職員録」印刷局、明治・大正時代の版

【第二章】

伊藤之雄『山県有朋　愚直な権力者の生涯』文藝春秋、二〇〇九年
井上通泰編『常磐会詠草』初篇、歌学書院、一九〇九年
大蔵省編纂『明治大正財政史』第三巻、財政経済学会、一九三八年
岡義武『山県有朋――明治日本の象徴――』岩波書店、一九五八年

岡義武、林茂校訂『大正デモクラシー期の政治　松本剛吉政治日誌』岩波書店、一九五九年
海堂尊『森鷗外　よみがえる天才8』筑摩書房、二〇二二年
唐木順三『鷗外の精神』筑摩書房、一九四三年
宮内庁書陵部編修課『宮内省の編纂事業』宮内庁書陵部、二〇〇七年
小林道彦『山県有朋　明治国家と権力』中央公論新社、二〇二三年
小堀桂一郎『森鷗外　批評と研究』岩波書店、一九九八年
須田喜代次『位相　鷗外森林太郎』双文社出版、二〇一〇年
出口智之『森鷗外、自分を探す』岩波書店、二〇二二年
中島国彦『森鷗外　学芸の散歩者』岩波書店、二〇二二年
西尾勝『行政学〔新版〕』有斐閣、二〇〇一年
藤井譲治、吉岡眞之監修『天皇皇族実録一（神武天皇実録・綏靖天皇実録・安寧天皇実録・懿徳天皇実録・孝昭天皇実録・孝安天皇実録・孝霊天皇実録・孝元天皇実録・開化天皇実録・崇神天皇実録・垂仁天皇実録）』ゆまに書房、二〇〇八年
藤樫準二『千代田城　宮廷記者四十年の記録』光文社、一九五八年
森鷗外『鷗外選集』第三巻、東京堂、一九四九年
森於菟『父親としての森鷗外』筑摩書房、一九六九年
山崎一穎『森鷗外・史伝小説研究』桜楓社、一九八二年
山崎一穎『森鷗外論攷』おうふう、二〇〇六年
山崎國紀『評伝　森鷗外』大修館書店、二〇〇七年
山田弘倫『軍医森鷗外』文松堂書店、一九四三年

『森鷗外記念館館報　ミュージアム・データⅡ』森鷗外記念館（津和野）、一九九八年
『特別展「鷗外遺産～直筆資料が伝える心の軌跡」図録』文京区立森鷗外記念館、二〇二二年
伊藤之雄「山県系官僚閥と天皇・元老・宮中――近代君主制の日英比較――」『法学論叢』第一四〇号第一・二号　高坂正堯教授追悼号、京都大学法学会、一九九六年
木下杢太郎「森鷗外」『芸林閒歩』岩波書店、一九三六年
小泉信三「山県有朋と森鷗外」『小泉信三全集』第二〇巻、文藝春秋、一九六七年
坂本一登「新しい皇室像を求めて――大正後期の親王と宮中――」『年報・近代日本研究・20　宮中・皇室と政治』山川出版社、一九九八年
芝葛盛「図書頭としての森鷗外先生」『鷗外全集』月報19、岩波書店、一九五二年
新保邦寛「『有楽門』論――日比谷焼打ち事件と〈群衆心理学〉言説」『短篇小説の生成――鷗外〈豊熟の時代〉の文業、及びその外延――』ひつじ書房、二〇一七年
武田勝蔵「鷗外博士の思い出」『鷗外全集』月報22、岩波書店、一九五三年
所功「『天皇・皇族実録』の成立過程」『産大法学』第四〇巻第一号、京都産業大学法学会、二〇〇六年
中村文雄「森鷗外と常磐会――主に会の発意者について――」『鷗外』七五号、森鷗外記念会、二〇〇四年
沼倉延幸「帝室博物館総長兼図書頭森鷗外と「功績調書」――「事実」を記録するための覚書㈠――」『鷗外』一〇六号、森鷗外記念会、二〇二〇年
野口武則「大正十年の宮内省官制改革と図書頭――遺言の公憤に至る背景――」『鷗外』一一一号、森鷗外記念会、二〇二二年
東野治之「小杉榲邨旧蔵の正倉院及び法隆寺献納御物――その売却事件と鷗外の博物館総長就任――」

『古代史論集』下、塙書房、一九八九年
古川清彦「森鷗外と常磐会㈠」『研究論集』第一〇号第一部、宇都宮大学学芸学部、一九六一年
松澤克行「『天皇皇族実録』の編修事業について」『史境』第五三号、歴史人類学会、二〇〇六年
丸山忠綱「板沢武雄先生追悼」『法政史学』第一五号、法政大学史学会、一九六二年
村上祐紀「接続する「神話」――『天皇皇族実録』『日本神話』『北条霞亭』」『文学』第一四巻一号、岩波書店、二〇一三年
吉岡真之「明治・大正期宮内省における六国史校訂事業」『書陵部紀要』第三四号、宮内庁書陵部、一九八二年

【第三章】

池内健次『森鷗外と近代日本』ミネルヴァ書房、二〇〇一年
伊藤隆、広瀬順晧編『牧野伸顕日記』中央公論社、一九九〇年
伊藤之雄『明治天皇――むら雲を吹く秋風にはれそめて――』ミネルヴァ書房、二〇〇六年
大谷晃一『鷗外、屈辱に死す』人文書院、一九八三年
小田部雄次『華族　近代日本貴族の虚像と実像』中央公論新社、二〇〇六年
笠原英彦『明治天皇　苦悩する「理想的君主」』中央公論新社、二〇〇六年
栗原広太『人間明治天皇』駿河台書房、一九五三年
小島憲之『ことばの重み――鷗外の謎を解く漢語――』新潮社、一九八四年
蔡升元等編『佩文韻府』鳳文館蔵版、一八八五年
晨亭会編発行『伯爵伊東巳代治』下、一九三八年

須田喜代次監修『森鷗外宛書簡集2〈あ―い〉編』文京区立森鷗外記念館、二〇一九年
髙田宗平編『日本漢籍受容史』八木書店、二〇二二年
平川祐弘『和魂洋才の系譜』河出書房新社、一九七一年
平沼騏一郎回顧録編纂委員会編『平沼騏一郎回顧録』一九五五年
星新一『祖父・小金井良精の記』新潮社、一九七五年
松本清張『両像・森鷗外』文藝春秋、一九九四年
森鷗外『鷗外選集』第一三巻、岩波書店、一九七九年
山崎一穎『森鷗外　国家と作家の狭間で』新日本出版社、二〇一二年
山崎一穎『森鷗外論攷完』翰林書房、二〇二二年
吉野俊彦『虚無からの脱出――森鷗外』ＰＨＰ研究所、一九八〇年
伊藤久子「感激に満ちた二週日　文豪森鷗外先生の臨終に侍するの記」『家庭雑誌』第八巻第一一号、博文館、一九二二年
直木孝次郎「森鷗外は天皇制をどう見たか――『空車』を中心に――」「拙稿『森鷗外が天皇制をどう見たか』補正」『武者小路実篤とその世界』塙書房、二〇一六年
唐木順三『鷗外の精神』筑摩書房、一九四三年
西川誠「大正後期皇室制度整備と宮内省」『年報・近代日本研究』二〇号、一九九八年
渡辺善雄「鷗外の遺言と栄典制度――新資料・加藤拓川宛賀古鶴所書簡の意味するもの――」『鷗外』六三号、森鷗外記念会、一九九八年
野口武則「御歴代数調査を巡る帝室制度審議会総裁・伊東巳代治との確執――遺言の公憤に至る背景（その二）――」『鷗外』一一二号、森鷗外記念会、二〇二三年

平川祐弘「いよいよのところの真実」『鷗外歴史文学集』第二巻、月報6、岩波書店、二〇〇〇年
水上雅晴「森鷗外『元号考』の編纂について――『元秘別録』との関係を中心に――」『斯文』斯文会、二〇二三年

【終章】

石川淳『鷗外覚書』三笠書房、一九四一年
伊藤佐喜雄『森鷗外』大日本雄弁会講談社、一九四四年
黄懐信、張懋鎔、田旭東撰、黄懐信修訂『逸周書彙校集注』下册、上海古籍出版社、二〇〇七年
尾形仂『森鷗外の歴史小説　史料と方法』筑摩書房、一九七九年
小金井喜美子『鷗外の思い出』岩波書店、一九九九年
小堀杏奴「森鷗外文学紀行　切支丹と亡父鷗外」『人と文学シリーズ　現代日本文学アルバム　森鷗外』学習研究社、一九七九年
津和野町教育委員会『津和野町埋蔵文化財報告書第15集　津和野藩主亀井家墓所』二〇一一年
永井荷風著、稲垣達郎、竹盛天雄、中島国彦編『荷風全集第二十一巻　断腸亭日乗一』、岩波書店、一九九三年
松島弘『津和野藩主亀井茲監』津和野ものがたり第一〇巻、津和野歴史シリーズ刊行会、二〇〇〇年
目加田誠『新釈漢文大系19　唐詩選』明治書院、一九六四年
森類『鷗外の子供たち――あとに残されたものの記録――』光文社、一九五六年
山崎一穎監修、津和野町教育委員会編『鷗外　津和野への回想』津和野町郷土館、一九九三年
山崎一穎『森鷗外　明治人の生き方』筑摩書房、二〇〇〇年

六草いちか『鷗外の恋　舞姫エリスの真実』講談社、二〇一一年
『古地図・現代図で歩く　明治大正東京散歩　古地図ライブラリー別冊』人文社、二〇〇三年
石渡隆之「公的記録上の『昭和』」『北の丸』第七号、国立公文書館、一九七六年
大谷光男「資料紹介・吉田増蔵氏が係わった新元号『昭和』について」『東洋文化』復刊第六四号、無窮会、一九九〇年
岡田正弘「鷗外という号について」『鷗外』一四号、森鷗外記念会、一九七四年
中井義幸「鷗外という号について」『鷗外』一五号、森鷗外記念会、一九七四年
村岡功「学軒吉田増蔵の事蹟」『鷗外』八三号、森鷗外記念会、二〇〇八年
森潤三郎「郷土名家の墳墓（上）」『墓蹟』第一一号、一九二八年
吉田増蔵「森先生に就て」『明星』第二巻四号、一九二二年

【宮内公文書館所蔵史料】
大臣官房総務課、大臣官房秘書課「進退録十　判任官以下の部　大正十年」
大臣官房総務課、大臣官房秘書課「進退録一　高等官の部　大正十年」
大臣官房総務課、大臣官房秘書課「進退録四　高等官の部　大正十年」
大臣官房秘書課「進退録三　高等官の部　大正十一年」
大礼記録編纂委員会編『大正大礼記録』第四（国立公文書館にも所蔵）
宮内庁図書寮文庫蔵「校訂六国史　（校合本）」
図書寮「重要雑録　大正二～九年」
図書寮「図書録　大正三～七年」

図書寮「雑件録　大正六～十年」
図書寮「皇統譜録　大正六～十年」
図書寮「例規録四　大正八年」
図書寮「例規録　大正九～十年」
図書寮「例規録　大正十一～十五年」
図書寮「進退録　大正八～十年」
図書寮「進退録　大正十一～十四年」
図書寮「実録成蹟報告　大正十一年」
「機密　皇室喪儀令案定本　伊藤帝室制度調査局総裁上奏」
「皇室喪儀令関係」
「昭憲皇太后追号問題／大正九年」
「昭憲皇太后追号の件／（昭和）」
「謚号追号に関する件」
「実録成績報告　大正五～九年」
「成績表　大正九年七月以後」
「有栖川宮、桂宮、閑院宮実録編修報告第一期」
「御歴代の代数年紀及院号に関する調査の沿革　全　附録　御歴代正数」
「附録　御歴代の代数年紀及院号に関する調査の沿革資料　上巻」
「附録　御歴代の代数年紀及院号に関する調査の沿革資料　下巻」
「追補　御歴代の代数年紀及院号に関する調査の沿革」

「帝室制度審議会関係書類　皇統譜令　副　宮内省参事官室大正六〜十三年」
「臨時御歴代史実考査委員会議事要領　宮内省参事官室」
「内大臣府文書五／大正九年写」
「皇統譜　皇室籍」

【その他の史料】

国立公文書館「大正大礼記録稿本四」
国立公文書館「昭和財政史資料第三号第一冊『大正大礼記録編纂に関する事務要項』」
国立公文書館『昭和大礼記録　第一冊』
国立公文書館『昭和大礼記録草案・第一冊の二止』
国立公文書館「公文類聚・第四十四編・大正九年・第三巻・官職二・官制二（宮内省・外務省・内務省・大蔵省）」
国立国会図書館憲政資料室蔵「憲政史編纂会収集文書」二一七の「皇室典範其他皇室法令の制定史に就いて（栗原広太）」
国立国会図書館「平沼騏一郎関係文書」
国文学研究資料館「徳大寺実則日記」

図表作成　本島一宏
写真提供　宮内公文書館
東京大学総合研究博物館
国立国会図書館
ColBase
坪内通夫
佐佐木信綱記念館
アジア歴史資料センター
（その他の写真はすべて著者提供）

本書はアジア調査会刊「アジア時報」五八八号（二〇二三年七－八月号）から六〇〇号（二〇二四年十月号）まで連載された「宮内官僚　森林太郎」を加筆修正のうえ再構成したものです。

野口武則（のぐち・たけのり）
新聞記者。1976年埼玉県生まれ。中央大学法学部卒。2000年毎日新聞社に入社し、秋田支局、政治部、大阪社会部を経て、令和の代替わりで各部横断の取材班キャップ。20年３月末まで政治部官邸キャップを務めた後、政治部副部長、論説委員。小泉、野田、第２次安倍政権で官邸の皇室問題を担当し、令和改元の約７年半前から元号取材に取り組み、舞台裏を最も深く知る記者の一人。森鷗外記念会会員でもあり、公文書を基に宮内官僚としての森鷗外の公務について独自の研究を続けている。著書に『元号戦記　近代日本、改元の深層』（角川新書）。共著に『靖国戦後秘史　A級戦犯を合祀した男』（角川ソフィア文庫）、『令和 改元の舞台裏』（毎日新聞出版）がある。

宮《く》内《ない》官僚《かんりょう》　森《もり》鷗《おう》外《がい》

「昭和《しょうわ》」改元《かいげん》 影《かげ》の立役者《たてやくしゃ》

野口武則《のぐちたけのり》

2025 年 1 月 10 日　初版発行

発行者　山下直久
発　行　株式会社KADOKAWA
〒 102-8177　東京都千代田区富士見 2-13-3
電話　0570-002-301（ナビダイヤル）
装 丁 者　緒方修一（ラーフイン・ワークショップ）
ロゴデザイン　good design company
オビデザイン　Zapp!　白金正之
印 刷 所　株式会社暁印刷
製 本 所　本間製本株式会社

角川新書
© Takenori Noguchi 2025 Printed in Japan　ISBN978-4-04-082509-0 C0221